U0945021

中等职业汽车运用与维修专业“十二五”系列教材

发动机拆装与检修

主　编　甘勇辉　龙清宇　曾祥越

副主编　杨德宁　梁如佩　蓝卫强　陈明秀

参　编　彭荣富　金　冰　夏　波　侯　捷
胡昌念　赵忠良　卢　义　易坤仁
贺　民　江　巍　洪　科　潘嘉华
黄坚斌　何毅健　何艳锋　刘子荣
吴德忠　蓝子贤　罗永科　陆　瑜
滕　祥　黄英邦　莫　敏　谢云涛
蓝上杰　杨桂建　谭文孝　李连章
钟　益

机 械 工 业 出 版 社

本教材的编写目的是使汽车运用与维修专业学生了解汽车发动机的构造，能进行拆装作业，从而胜任汽车售后服务企业相关岗位的工作。本书由7个单元组成，即发动机的总体构造及检修基础知识、曲柄连杆机构的构造与维修、配气机构的构造与维修、润滑系的构造与维修、冷却系的构造与维修、柴油发动机燃料供给系的构造与维修、涡轮增压系统。

本教材可作为中等职业学校汽车运用与维修专业及相关专业的教学用书，也可以作为职业技能培训机构和相关技术人员的参考用书。

图书在版编目(CIP)数据

发动机拆装与检修/甘勇辉，龙清宇，曾祥越主编．—北京：机械工业出版社，2013.9（2020.9重印）
中等职业汽车运用与维修专业“十二五”系列教材
ISBN 978-7-111-43048-3

Ⅰ.①发… Ⅱ.①甘… ②龙… ③曾… Ⅲ.①汽车—发动机—装配（机械）—中等专业学校—教材②汽车—发动机—车辆修理—中等专业学校—教材 Ⅳ.①U464②U472.43

中国版本图书馆CIP数据核字(2013)第136443号

机械工业出版社(北京市百万庄大街22号　邮政编码100037)
策划编辑：陈玉芝　责任编辑：陈玉芝
责任校对：刘秀芝　封面设计：张　静
责任印制：常天培
涿州市般润文化传播有限公司印刷
2020年9月第1版第4次印刷
184mm×260mm ·13.25印张·324千字
标准书号：ISBN 978-7-111-43048-3
定价：39.80元

电话服务　网络服务
客服电话：010-88361066　机 工 官 网：www.cmpbook.com
010-88379833　机 工 官 博：weibo.com/cmp1952
010-68326294　金 书 网：www.golden-book.com
封底无防伪标均为盗版　机工教育服务网：www.cmpedu.com

前 言

本教材借鉴了国际职业教育的先进理念，突出“以行业为先导，以能力为本位，以学生为中心，以学习需求为基础”的原则，根据学生的特点，决定学习目标；充分利用现代化教学资源，选择、开展灵活的开放性教学活动，采用丰富多样的教学手段，以达到教学目标。本教材每个单元均有学习目的、学习资源等内容，设计了多种方式的开放性教学活动，体现了以“学习者为中心”的思想，有利于学生及时了解自己的学习情况，提高学生的学习兴趣和自信心。

本教材共包括7个单元，参考学时为104个学时(各学校可根据自己的教学特点进行调整)。教学目标是：使学生通过学习，能够掌握汽车发动机各组成部分和各细部的名称、结构类型、作用及构造要求等方面的知识；具备能进行汽车发动机各组成部分的故障诊断和排除、使用与维护及汽车发动机总装与调整、磨合与实验等方面的基本技能；了解汽车发动机燃油、润滑油及防冻液的性能并能正确选用，能正确使用汽车发动机维护过程中常用的工具、设备、仪器及仪表。

本书由甘勇辉、龙清宇、曾祥越担任主编，杨德宁、梁如佩、蓝卫强、陈明秀担任副主编，参加编写的还有彭荣富、金冰、夏波、侯捷、胡昌念、赵忠良、卢义、易坤仁、贺民、江巍、洪科、潘嘉华、黄坚斌、何毅健、何艳锋、刘子荣、吴德忠、蓝子贤、罗永科、陆瑜、滕祥、黄英邦、莫敏、谢云涛、蓝上杰、杨桂建、谭文孝、李连章、钟益。

本教材在编写过程中参考了大量的资料，在此向这些提供资料的作者表示衷心的感谢！

由于编者水平有限，书中难免有不妥之处，恳请广大读者朋友批评指正。

编 者

目录

单元1 发动机的总体构造及检修基础知识

1

教学建议

1. 教学环境：要求在理论实践一体化的专业教室中完成，最好能实现小班制教学。

2. 教材使用：

（1）任务实施——实训任务，先由教师示范关键步骤，再由学生根据具体步骤完成实训任务，也可以由学生自行探索，教师在组织过程中根据需要进行示范和讲解。

（2）知识链接——必要的理论知识，建议采用多媒体动画教学。

（3）思考与练习——趁热打铁，对刚学的知识进行巩固。

知识目标

1. 了解发动机总体构造、原理和常用术语，掌握发动机各组成部件的名称、作用及结构。

2. 熟悉发动机维修常用工具设备及其使用方法，了解安全规范知识。

3. 熟悉各种发动机维修常用工量具，并了解它们的名称和作用。

4. 了解发动机维护和修理的工艺。

5. 了解发动机维修的安全操作规范。

能力目标

1. 了解发动机拆装的正确方法。

2. 熟悉发动机各主要部分的名称和作用。

3. 熟悉发动机各附件的位置和相互间的关系。

4. 能正确地选取和使用常用工量具。

情感目标

1. 体验安全生产规范，遵守操作规程，感受合作与交流的乐趣。

2. 在项目学习中逐步养成自主学习新知识、新技术的良好习惯。

3. 在操作学习中不断积累维修经验，从个案中寻找共性。

项目 发动机的拆装

任务要求

拆装发动机，熟悉发动机各主要组成部分名称及作用。

作业时间：160min。

情境创设

老师把学生带到实训教室，指导学生对发动机进行拆装，在拆装中学习发动机的基本知识，同时学习操作的方法以及相关的理论。也可以播放发动机拆装视频，激发学生的学习兴趣。

教学资料准备：教学用发动机的使用说明书、维修手册等。

任务实施

一、工作安排

养成合作完成工作任务的习惯，请你将工作分工与完成时间记录在表1-1-1中。

表1-1-1 组员工作分工与完成时间表

姓 名	任务分工	完成时间	备 注

二、汽车发动机总成的拆卸

1. 汽车举升(图1-1-1)

1）将车辆停放在举升器内，关闭点火开关、断油。

2）使举升器的四个举升臂与车辆支撑点相接触。

3）举升车辆，当车辆的四个车轮被举升至刚离开地面时，用手摇动车身，检查车辆支撑牢固情况。

图1-1-1 汽车举升

4）车辆举升到所需高度后，检查各支点的固定情况，确认安全后再进行其他作业。

5）拆装过程中根据需要随时调整举升高度。下降时应先确认车辆不会压着人和其他物体。车下作业时，禁止过度用力推动车辆，以防车辆从撑脚上滑下。

2. 拆下电器附件及导线插接器（图 1-1-2 ~ 图 1-1-5）

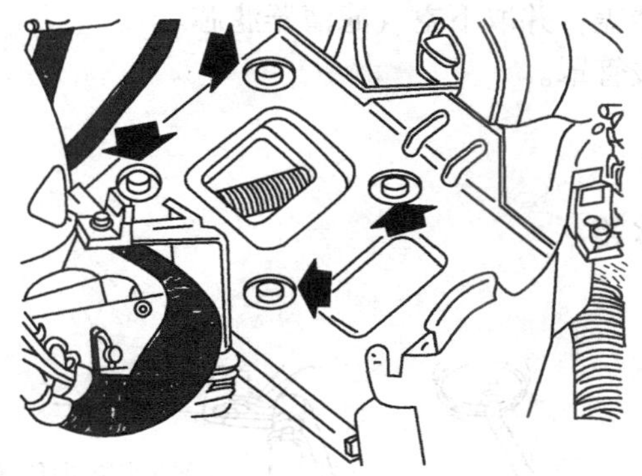

图 1-1-2　拆卸蓄电池支架

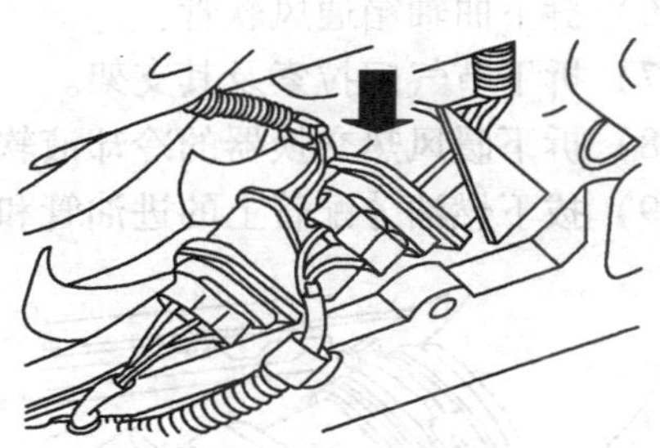

图 1-1-3　拔下电动散热风扇的导线插接器

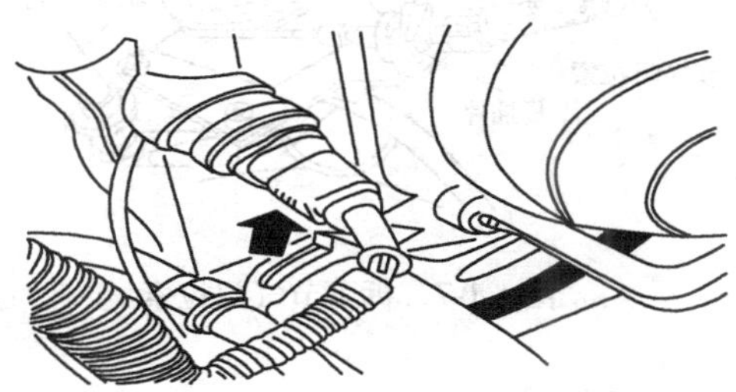

图 1-1-4　拔下热敏开关的导线插接器

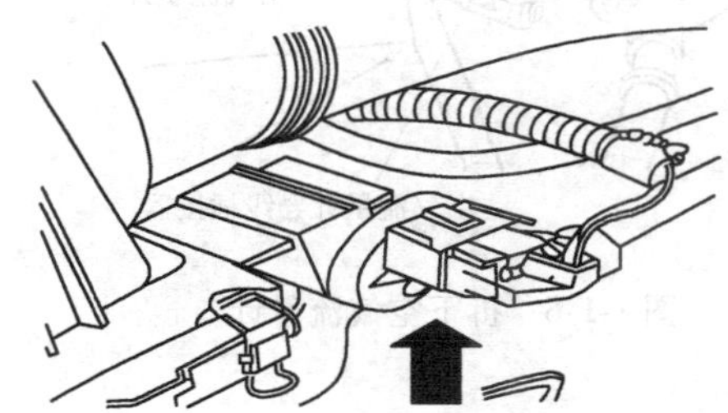

图 1-1-5　拔下活性炭罐电磁阀的导线插接器

1）先后拆下蓄电池的负极、正极，取下蓄电池。

2）旋松蓄电池支架紧固螺栓，拆下蓄电池支架。

3）拔下电动散热风扇上的导线插接器。

4）拔下热敏开关和发电机上的导线插接器。

5）拔下水温传感器、机油压力报警器、爆燃传感器、氧传感器、转速传感器、霍尔传感器等传感器的导线插接器。

6）拔下活性炭罐电磁阀的导线插接器，取下活性炭罐电磁阀。

7）拆下发动机控制单元（ECU）导线插接器。

8）拔下变速器上的车速传感器和倒车灯开关导线插接器。

3. 放净发动机冷却液和润滑油

1）放置好盛油容器，拆下油底壳放油螺塞，放净油底壳中的润滑油，然后装回放油螺塞。

2）在发动机下放置一容器放出冷却液，松开散热器水管抱箍，拆下散热器水管。

3）拆下电动散热风扇的固定螺栓，拆下风扇和散热器。

4. 拆下发动机周围的连接装置(图 1-1-6～图 1-1-9)

1）拔下通往炭罐电磁阀和真空助力器的真空软管。

2）拆下空气滤清器至节气门体之间的进气软管。

3）拔下空气流量计导线插接器，并拆下空气流量计。

4）取下空气滤清器侧的装饰罩和空气滤清器盖，并取下空气滤清器滤芯。

5）拆下进气歧管罩的紧固螺栓，取下进气歧管罩。

6）拆下曲轴箱通风软管。

7）拆下节气门拉索及其支架。

8）拆下暖风热交换器的冷却液软管、膨胀水箱。

9）拔下燃油分配管上的进油管和回油管。

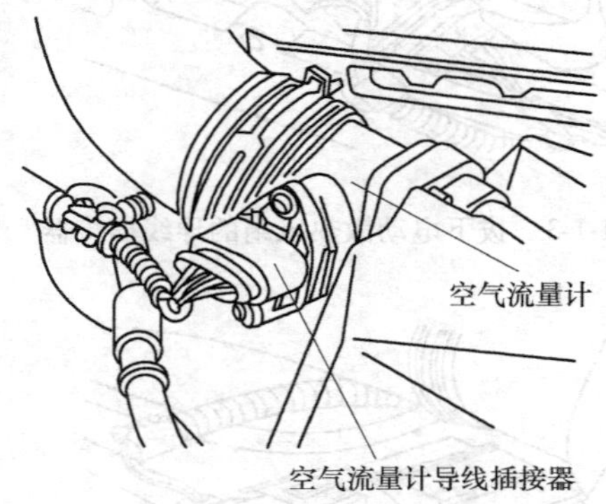

图 1-1-6　拆下空气流量计

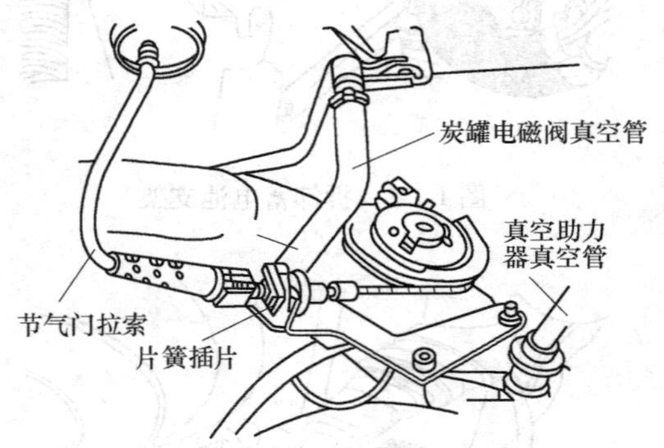

图 1-1-7　拆下节气门拉索

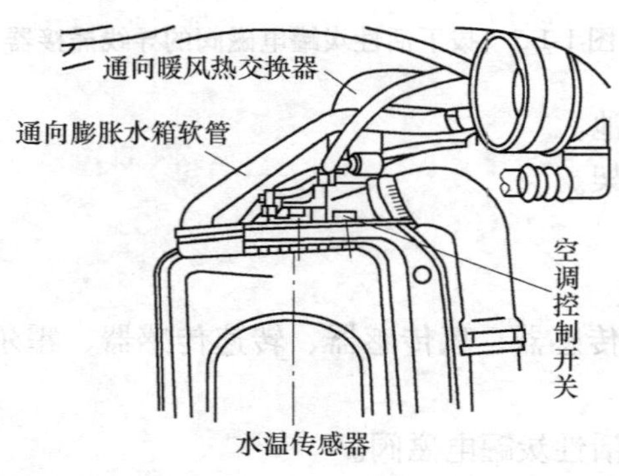

图 1-1-8　拆下暖风热交换器的冷却液软管

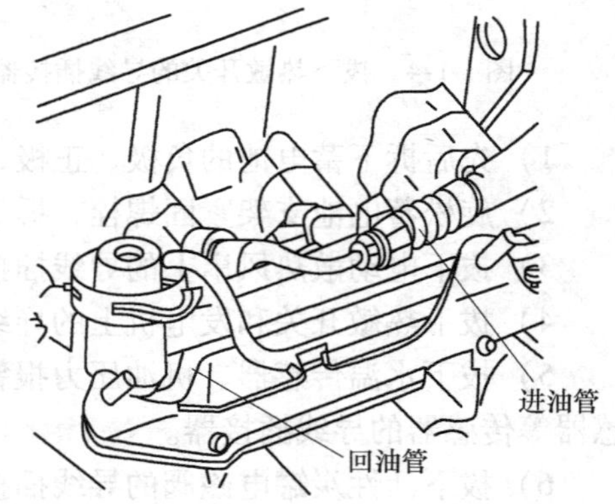

图 1-1-9　拆下进油管和回油管

注意

燃油系统是有压力的，在打开系统之前先在开口处放置抹布，然后小心地松开插头以泄放压力，防止燃油喷出。

5. 拆下发动机的附件和紧固螺栓，吊出发动机(图 1-1-10～图 1-1-11)

1）松开空调压缩机与支架的联接螺栓，取下传动带。拆下传动带前做好转动方向标

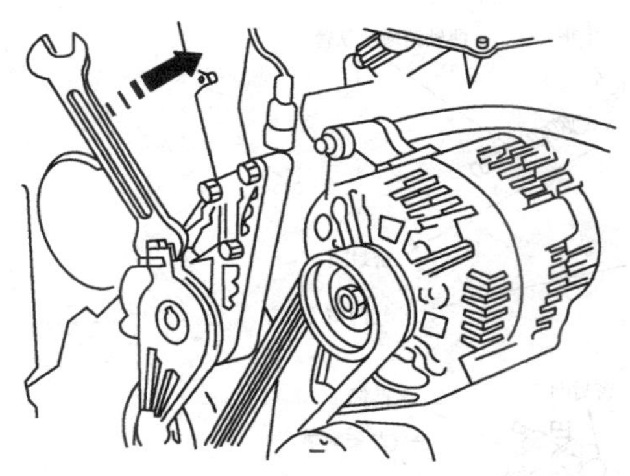

图 1-1-10 拆下发动机的附件和紧固螺栓

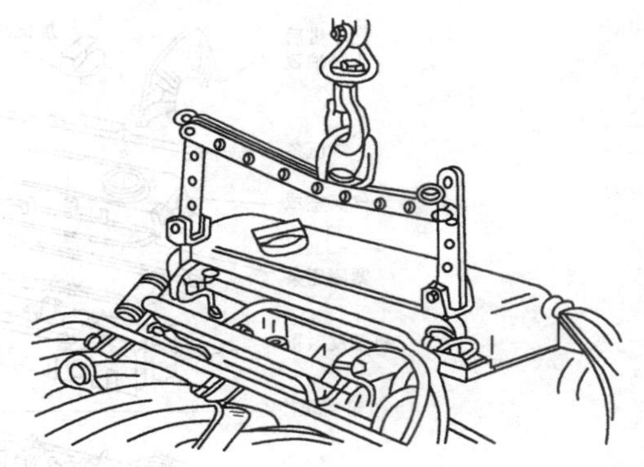

图 1-1-11 吊出发动机

记，装复使用时应按原方向装回，以免损坏传动带。

2）移开空调压缩机并用绳子将其固定在副梁上。不要让空调软管承受空调压缩机重力，以防拉坏软管。

3）使用扳手顺时针方向扳动张紧轮。

4）从发电机上取下传动带和从张紧轮上取下销钉。

5）松开动力转向油泵传动带轮的螺栓，取下传动带轮。

6）从支架上拆下动力转向油泵，并将其固定在发动机舱内一侧。

7）旋下进排气歧管的联接螺栓。

8）旋下所有发动机与车身的紧固螺栓。

9）从变速器壳体上拆下起动机。

10）用变速器托架托住变速器底部，旋下发动机与变速器的紧固螺栓，留一只螺栓固定。使用小起重机和发动机吊架吊住发动机的吊耳。松开变速器上的最后一只螺栓，吊出发动机。

三、发动机总成的主要分解步骤及注意事项

1. 发动机总成的主要分解步骤

发动机附属设备──→气缸盖──→油底壳──→活塞连杆组──→曲轴飞轮组──→分解活塞连杆组──→分解曲轴飞轮组。

（1）拆卸同步带(图 1-1-12)

1）使第一缸活塞处于上止点位置，对准正时标记。

2）拆卸同步带防护罩。

3）拆下曲轴正时齿轮。

4）用专用工具松开同步带张紧轮，取下同步带。

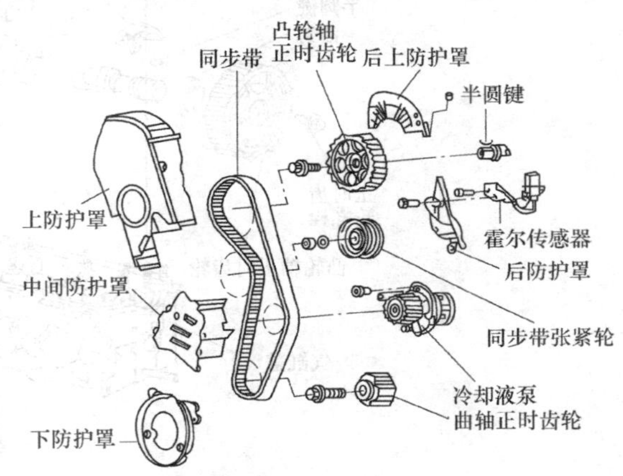

图 1-1-12 拆卸同步带

（2）拆卸进、排气歧管(图 1-1-13)

拔出喷油器上的插接器并取下喷油器；拔下高压分缸线；拆下气缸盖上的

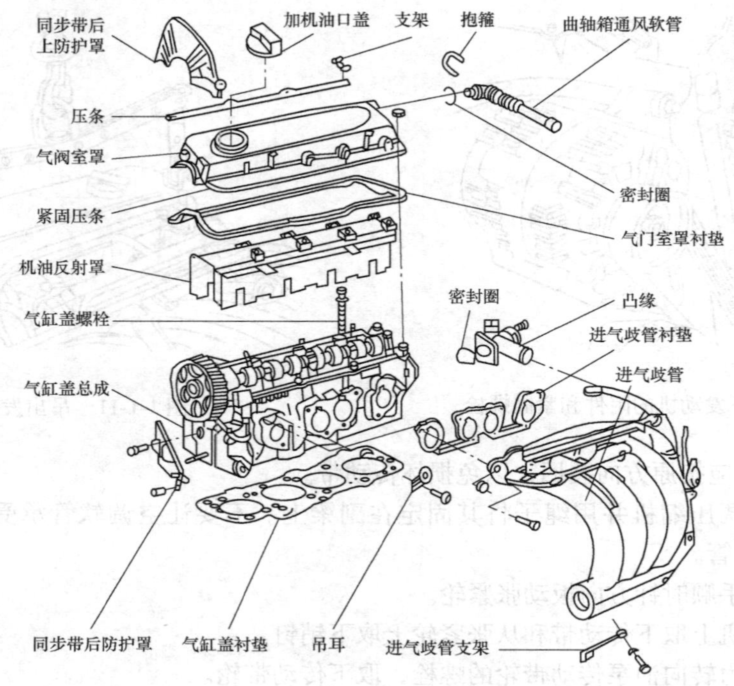

图 1-1-13　进气歧管及气缸盖

软管和冷却液管；拆下进、排气歧管联接螺栓，取下进、排气歧管。

（3）拆卸气缸盖（图 1-1-13）

1）拆下同步带后防护罩，旋下气阀室罩螺母。

2）拔下水温传感器、机油传感器的插接器拔下后防护罩及霍尔传感器。

3）按规定顺序松开气缸盖螺栓并取下气缸盖。

（4）拆卸凸轮轴(图 1-1-14)

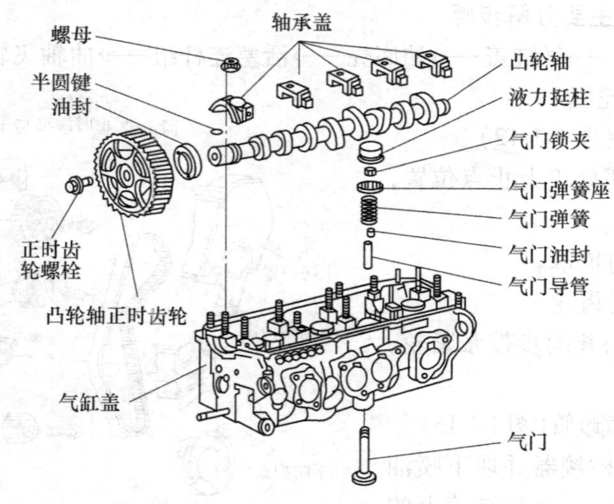

图 1-1-14　拆卸凸轮轴

1）拆下凸轮轴正时齿轮并取下半圆键。

2）拆下轴承盖并取下凸轮轴。

（5）拆卸曲轴飞轮组（图 1-1-15～图 1-1-17）

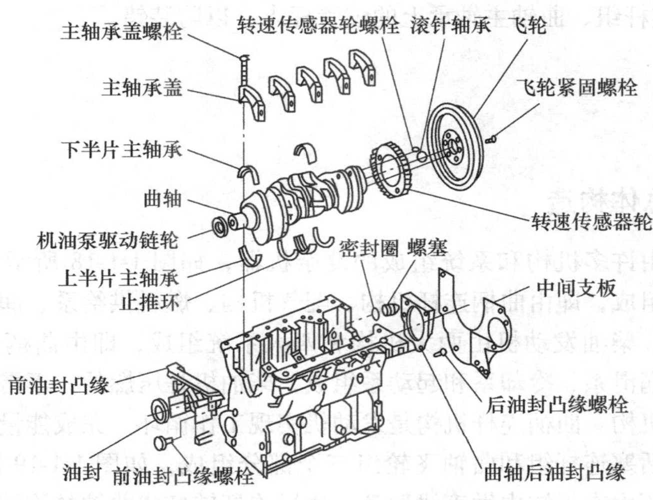

图 1-1-15　曲轴飞轮组

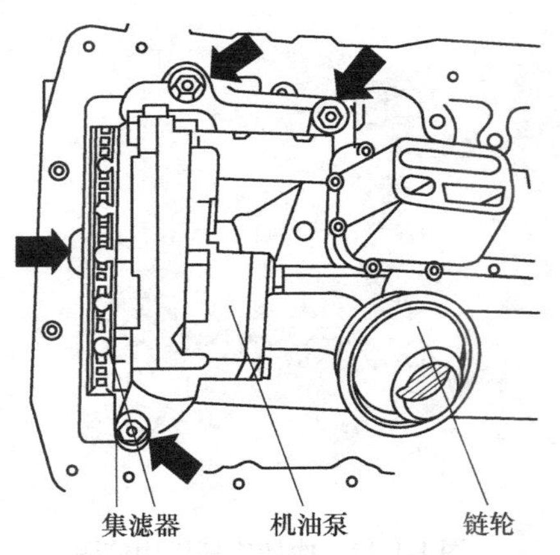

图 1-1-16　链轮和机油泵

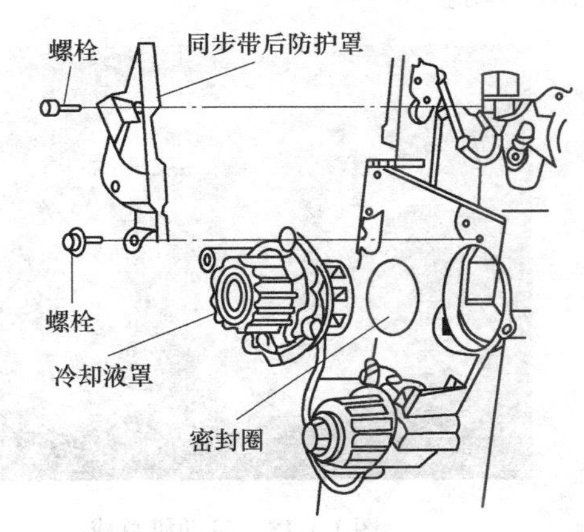

图 1-1-17　冷却液泵总成

1）拆除油底壳。

2）拆卸链轮和机油泵总成。

3）用专用工具拆下飞轮和曲轴后滚针轴承。

4）拆下活塞连杆组件。

5）拆下冷却液泵。

6）拆下曲轴正时齿轮、油封凸缘。

7）按规定顺序松开曲轴主轴承盖螺栓，并取下曲轴。

2. 注意事项

1）起动发动机时，应遵照操作规程，注意安全。

2）正确使用工具。

3）分解发动机总成时应首先断电和清除燃油，并按正确的工艺和步骤分解。

4）各缸液力挺柱不要相互混淆。

5）检查活塞连杆组、曲轴主轴承上的位置标志，以防装错。

知识链接

一、发动机总体构造

发动机是一种由许多机构和系统组成的复杂机器，如图 1-1-18 所示。汽油发动机由两大机构和五大系统组成，即由曲柄连杆机构、配气机构、燃料供给系、润滑系、冷却系、点火系和起动系组成；柴油发动机由两大机构和四大系统组成，即由曲柄连杆机构、配气机构、燃料供给系、润滑系、冷却系和起动系组成，柴油机是压燃的，不需要点火系。

（1）曲柄连杆机构　曲柄连杆机构是发动机实现工作循环，完成能量转换的主要运动机构。它由机体组、活塞连杆组和曲轴飞轮组三个部分组成，如图 1-1-19 所示。在做功行程中，活塞承受燃气压力在气缸内做直线运动，通过连杆转换成曲轴的旋转运动，并从曲轴对外输出动力。而在进气、压缩和排气行程中，飞轮释放能量又把曲轴的旋转运动转化成活塞的直线运动。

图 1-1-18　发动机总成

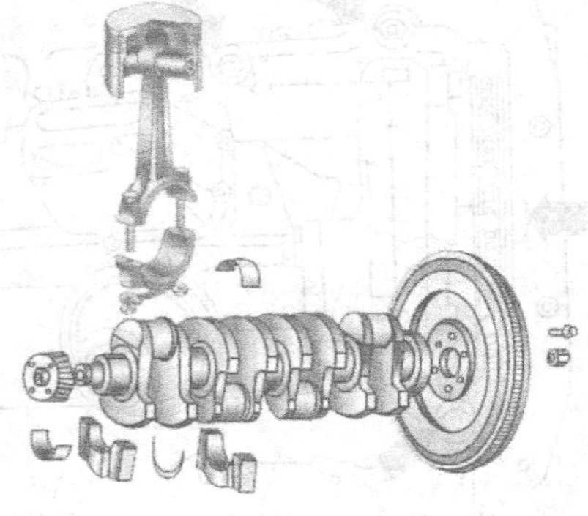

图 1-1-19　曲柄连杆机构简图

（2）配气机构　配气机构的功用是根据发动机的工作顺序和工作过程，定时开启和关闭进气门和排气门，使可燃混合气或空气进入气缸，并使废气从气缸内排出，实现换气过程。配气机构大多采用顶置气门式配气机构，一般由气门组、气门传动组和气门驱动组组成，如图 1-1-20 所示。

（3）燃料供给系　汽油机燃料供给系的功用是根据发动机的要求，配制出一定数量和浓度的混合气，供入气缸，并将燃烧后的废气从气缸内排出到大气中去；柴油机燃料供给系的功用是把柴油和空气分别供入气缸，在燃烧室内形成混合气并燃烧，最后将燃烧后的废气排出，如图 1-1-21 所示。

（4）润滑系　润滑系的功用是向做相对运动的零件表面输送定量的清洁润滑油，以实现液体摩擦，减小摩擦阻力，减轻机件的磨损，并对零件表面进行清洗和冷却。润滑系通常由润滑油道、机油泵、机油滤清器和一些阀门等组成，如图 1-1-22 所示。

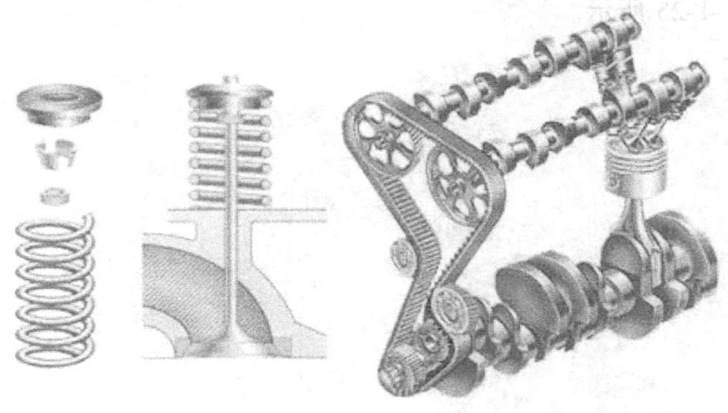

图 1-1-20　配气机构简图

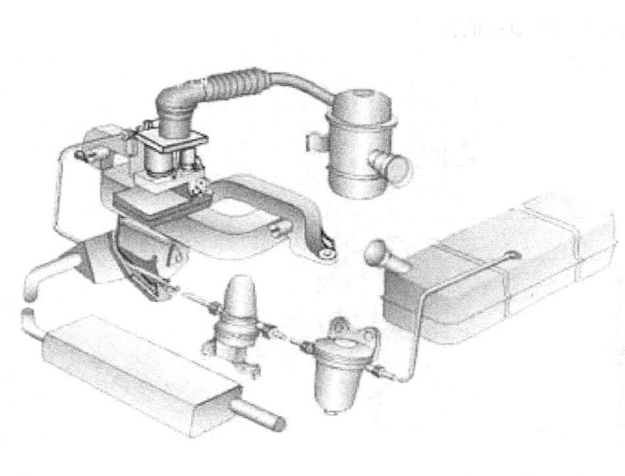

图 1-1-21　燃料供给系简图

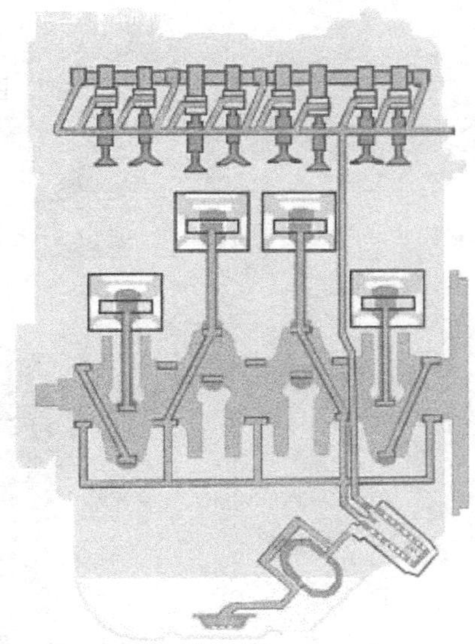

图 1-1-22　润滑系简图

（5）冷却系　冷却系的功用是将受热零件吸收的部分热量及时散发出去，保证发动机在最适宜的温度下工作。水冷发动机的冷却系通常由冷却水套、水泵、风扇、散热器、节温器等组成，如图 1-1-23 所示。

（6）点火系　在汽油发动机中，气缸内的可燃混合气是靠电火花点燃的，为此在汽油发动机的气缸盖上装有火花塞，火花塞头部伸入燃烧室内。能够按时在火花塞电极间产生电火花的全部设备称为点火系，点火系通常由蓄电池、发电机、分电器、点火线圈和火花塞等组成，如图 1-1-24 所示。

（7）起动系　要使发动机由静止状态过渡到工作状态，必须先用外力转动发动机的曲轴，使活塞做往复运动，气缸内的可燃混合气燃烧膨胀做功，推动活塞向下运动使曲轴旋转，发动机才能自行运转，工作循环才能自动进行。因此，曲轴在外力作用下开始转动到发动机开始自动地怠速运转的全过程，称为发动机的起动。由起动控制设备和执行机构组成的安装在发动机上的系统，以提供一系列操作程序，直至使发动机独立运转的装置，称为发动机的起动系，如图 1-1-25 所示。

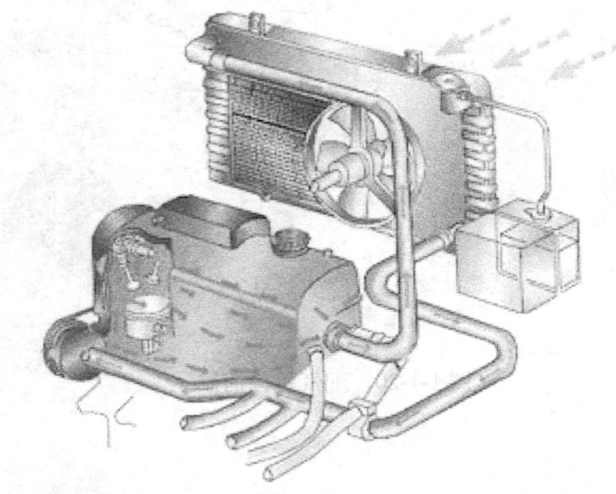

图 1-1-23　冷却系简图

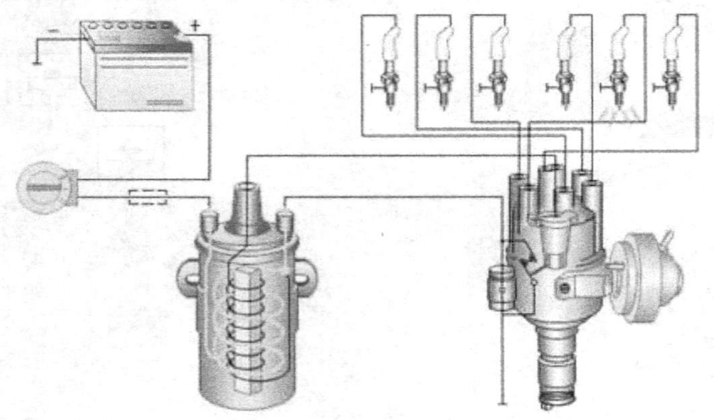

图 1-1-24　点火系简图

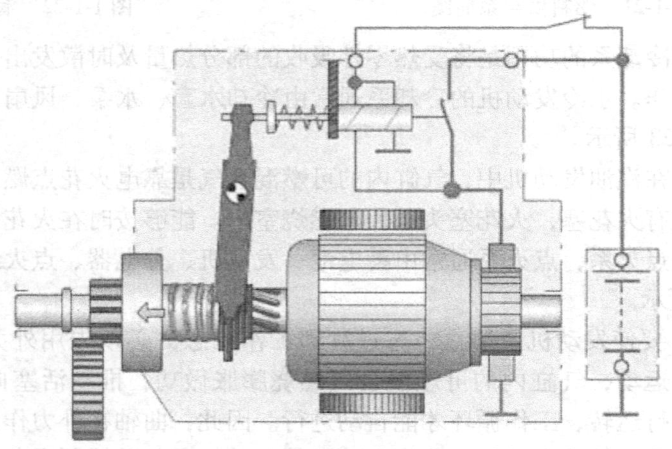

图 1-1-25　起动系简图

二、发动机的分类

1. 按照所用燃料分类

内燃机按照所使用燃料的不同可以分为汽油发动机和柴油发动机。

2. 按照行程分类

内燃机按照完成一个工作循环所需的行程数可分为四冲程内燃机和二冲程内燃机。

3. 按照冷却方式分类

内燃机按照冷却方式不同可以分为水冷发动机和风冷发动机。

4. 按照气缸数目和排列形式分类

5 缸以下的发动机的气缸多采用直列式排列，少数 6 缸发动机也有直列式的。大多 6 ~ 12 缸发动机采用 V 形排列。

5. 按照进气系统是否采用增压方式分类

内燃机按照进气系统是否采用增压方式可以分为自然吸气（非增压）式发动机和强制进气（增压式）发动机。汽油机常采用自然吸气式；柴油机为了提高功率常采用增压式的。

三、转子发动机介绍

以上介绍的都是一般的往复式活塞发动机的相关知识。工作时，活塞在气缸里做往复直线运动，为了把活塞的直线运动转化为旋转运动，必须使用曲柄连杆机构。除了这类发动机，还有一种知名度很高，但应用很少的发动机——转子发动机。它采用三角转子旋转运动来控制压缩和排放，与传统的活塞往复式发动机的直线运动迥然不同，它可以直接将可燃气的燃烧膨胀力转化为驱动扭矩。与传统的发动机相比，转子发动机取消了无用的直线运动，因而同样功率的转子发动机尺寸较小，质量较轻，而且振动和噪声较低，具有较大优势。

四、发动机的基本工作原理

1. 四冲程发动机工作原理

这里以四冲程汽油发动机为例进行讲解。四冲程汽油发动机的一个工作循环由进气、压缩、做功、排气四个行程组成，如图 1-1-26 所示。

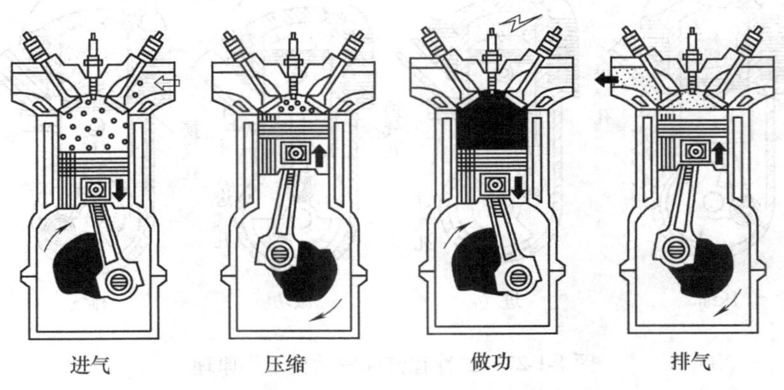

图 1-1-26　四冲程汽油发动机工作原理

（1）进气行程　曲轴带动活塞由上止点向下止点移动，此时，进气门开启，排气门关闭。活塞在运动过程中，气缸的容积增大，气缸内的气体压力下降，形成一定的真空度而产生吸力，新鲜可燃混合气由进气通道被吸入气缸，当活塞移动到下止点时，气缸内已充满了新鲜可燃混合气。此行程终了时，缸内压力约为0.075～0.09MPa，温度为370～400K。

（2）压缩行程　活塞由下止点向上止点移动，进、排气门关闭。曲轴推动活塞向上移动，气缸内容积逐渐减小，气体被压缩，气缸内的混合气压力与温度随之升高，直至活塞抵达上止点。此行程终了时，缸内压力可达0.6～1.2MPa，温度可达600～700K。

（3）做功行程　进、排气门关闭，火花塞点火，可燃混合气迅速燃烧使气缸内的气体温度、压力迅速上升，高温、高压气体推动活塞由上止点向下移动，通过连杆带动曲轴旋转，输出动力。此行程中，缸内压力可高达3～5MPa，温度可高达2200～2800K。

（4）排气行程　进气门关闭，排气门打开，活塞从下止点移动到上止点，废气在自身压力作用和随着活塞上行的推动下被排出气缸。由于排气时遇有阻力，所以在排气终了时，不可能将废气排净，这部分留下来的废气称为残余废气。排气终了时，缸内压力约为0.105～0.115MPa，温度约为900～1200K。

排气行程结束时，活塞又回到了上止点，完成一个工作循环。如此周而复始，发动机就能够连续不断地运转。

在四冲程柴油发动机的一个工作循环中，与汽油发动机不同之处在于柴油发动机在进气行程吸入的是纯空气；在压缩行程即将结束时，由喷油器向气缸内喷入柴油，柴油在气缸内迅速雾化蒸发并与空气混合形成可燃混合气，在高温高压条件下开始燃烧。其他方面与汽油发动机相同。

2. 二冲程发动机工作原理

活塞在气缸内往复运动两个行程即曲轴旋转一周完成一个工作循环的发动机，称为二冲程发动机。二冲程发动机与四冲程发动机相比，具有运转平稳、噪声低、维护方便且成本低等特点，并且在相同的容积下，转速相同时功率较大，假如平均有效压力相同，则理论上功率为四冲程发动机的2倍(实际功率也能达到1.5～1.6倍)。

二冲程汽油发动机的工作过程如图1-1-27所示。

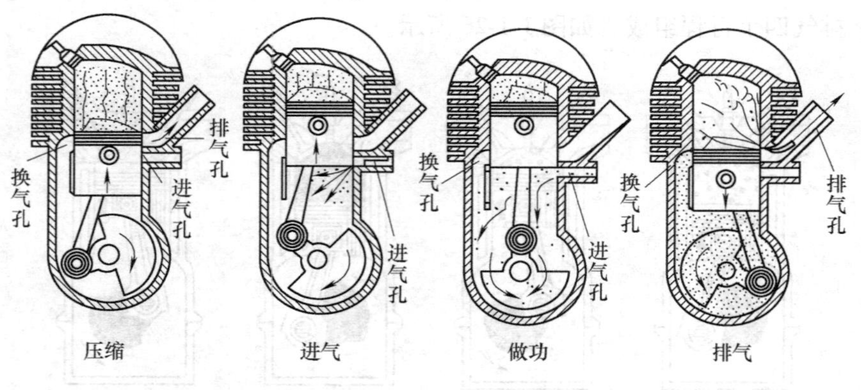

图1-1-27　二冲程汽油发动机工作原理

（1）活塞由下止点往上止点运动，完成进气和压缩过程　当活塞由下止点向上止点运动而关闭进气孔和排气孔时，开始压缩在上一循环进入气缸内的新鲜可燃混合气。同时，活塞下方的曲轴箱内压力下降而形成真空度，在真空吸力作用下，新鲜可燃混合气从进气孔被吸入曲轴箱内。当活塞上行将要临近上止点时，可燃混合气被压缩温度和压力上升，由火花塞点燃可燃混合气。燃烧膨胀的气体推动活塞向下运动，活塞即通过连杆、曲轴做功。

（2）活塞由上止点向下止点运动，完成做功和排气过程　在活塞由上止点向下止点运动时，进气孔逐渐被关闭，曲轴箱内的可燃混合气体被预先压缩。当活塞继续下行时，排气孔开启，废气在剩余压力的作用下排出气缸，曲轴箱内被预先压缩的新鲜可燃混合气体便通过换气孔进入气缸，由于进气气流的作用，气缸内的废气被进一步排出气缸。至此发动机完成了一个工作循环。

二冲程柴油发动机的工作原理与二冲程汽油发动机的工作原理相似。

思考与练习

1. 仔细观察各总成和零件的结构，了解其作用和特点及其相互关系。
2. 汽油发动机外部装有哪些附件？柴油发动机外部装有哪些附件？
3. 拆装活塞连杆组时，要注意些什么？
4. 汽油发动机和柴油发动机各由哪些机构和系统组成？它们各有什么作用？

单元2 曲柄连杆机构的构造与维修

2

项目1 机体组的构造与维修

教学建议

1. 教学环境：要求在理论实践一体化的专业教室中完成，最好能实现小班制教学。

2. 教材使用：

（1）任务引导——引导文，由学生根据“知识链接”和教师讲解在实训前完成。

（2）任务实施——实训任务，先由教师示范关键步骤，再由学生根据具体步骤完成实训任务，也可以由学生自行探索，教师在组织过程中根据需要进行示范和讲解。

（3）实训报告——实训记录，任务完成后上交。

（4）实训考核——实训评价，根据情况全面考核或抽考。

（5）知识链接——必要的理论知识，建议采用多媒体动画教学。

知识目标

1. 能熟悉机体组的作用、基本组成及基本工作原理。
2. 了解各主要构件主要部件的结构和维护方法。
3. 掌握气缸体裂纹的检查方法。

能力目标

1. 掌握机体组主要机件的结构、作用。
2. 掌握气缸体和气缸盖变形的检测方法。
3. 掌握气缸磨损的检测与维护方法，并能确定其修理尺寸。

情感目标

1. 体验安全生产规范，遵守操作规程，感受合作与交流的乐趣。
2. 在项目学习中逐步养成自主学习新知识、新技术的良好习惯。
3. 在操作学习中不断积累维修经验，从个案中寻找共性。

任务1 机体组的拆装

任务要求

要求能够正确地对机体组进行拆装、清洁，并能结合教材认识机体组的结构以及工作原理。

完成操作后，要求记录作业内容，整理好工具及其他设备。

作业时间：45min。

情境创设

教师将要进行拆装的发动机排列好。建议教师先对机体组进行拆装示范，并联系教材讲解各个主要部件的结构以及拆装过程当中需要注意的问题，引导学生按汽修厂的工作过程完成机体组的拆装，从而使学生能在完成任务的过程中学到相关技能，并掌握相关的理论知识。

也可以播放机体组拆装的相关视频，激发学生学习的兴趣。

教学资料准备：教学用发动机台架、维修手册、拆装工具等。

任务实施

一、工作安排

养成合作完成工作任务的习惯，请你将工作分工与完成时间记录在表2-1-1中。

表2-1-1 组员工作分工与完成时间表

姓 名	任务分工	完成时间	备 注

二、拆装步骤

1. 机体组拆卸(图2-1-1～图2-1-3)

(1) 准备工作

1) 检查工具是否完备 □完成

2) 发动机体是否放置牢靠 □合格

3) 放掉发动机机油 □完成

4) 放掉发动机冷却液 □完成

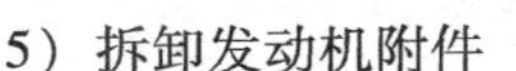

5) 拆卸发动机附件

图2-1-1 拆卸发动机附件

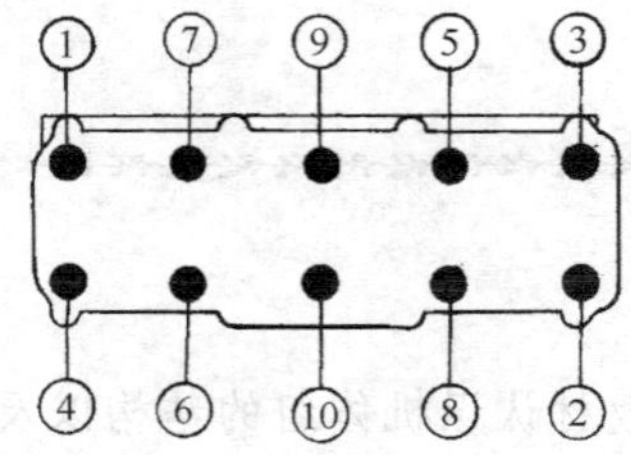

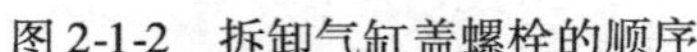

图 2-1-2　拆卸气缸盖螺栓的顺序

图 2-1-3　清洁气缸盖及缸体平面

各种连接管　□完成

气缸盖罩　□完成

进、排气歧管　□完成

(2) 拆卸气缸盖

1) 按顺序均匀拆下气缸盖螺栓　□完成

2) 取出螺栓并按顺序摆好　□完成

3) 拆下气缸盖　□完成

4) 把气缸盖放置在条形木块上　□完成

5) 拆下气缸垫　□完成

(3) 清洁气缸盖及缸体平面

1) 清洁附着的密封材料　□完成

2) 清洁各个零部件　□完成

2. 机体组安装(图 2-1-4 ~ 图 2-1-7)

图 2-1-4　安装气缸垫

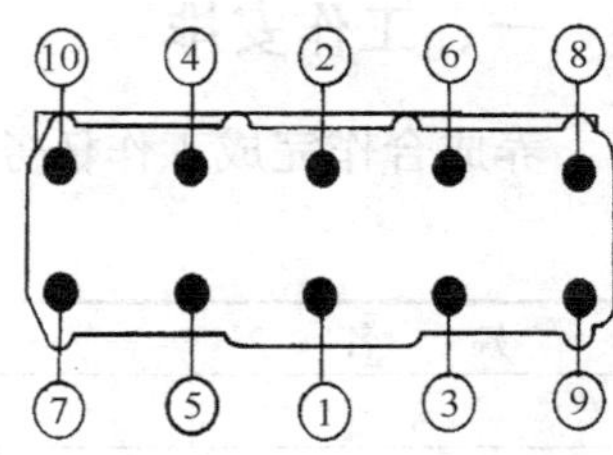

图 2-1-5　安装气缸盖

图 2-1-6　安装气缸盖罩

图 2-1-7　安装发动机附件

（1）安装气缸垫 □完成

安装时注意缸垫上的标记

“TOP”朝上并装到前端

“IN”装到进气歧管侧

“EX”装到排气歧管侧

压力油路油孔不能被堵塞

（2）安装气缸盖

1）气缸盖正确的安装在气缸体上 □完成

2）螺栓按拆卸时的位置装好 □完成

3）按规定的顺序旋紧气缸盖螺栓 □完成

第一次拧紧，按规定力矩的30%

第二次拧紧，按规定力矩的60%

第三次拧紧，按规定力矩的100%

（3）安装气缸盖罩

交叉拧紧气缸盖罩螺栓 □完成

（4）安装发动机附件

安装各种连接管 □完成

安装气缸盖罩 □完成

安装进、排气歧管 □完成

三、评分标准（表2-1-2）

表2-1-2 评分标准

班级		姓名		学号	
考核内容	机体组拆装			规定考核时间	20min
				实际考核时间	
序号	检查维修内容/评分标准		配分	考核及评分记录	得分
1	准备	检查工具完备情况	4		
		检查发动机体放置情况	4		
2	拆卸	放掉发动机机油	5		
		放掉发动机冷却液	5		
		拆卸各种连接管	3		
		拆卸气缸盖罩	4		
		拆卸进气歧管	4		
		拆卸排气歧管	4		
		按顺序均匀拆下气缸盖螺栓	4		
		检查拆卸部件摆放是否整齐	3		
3	清洁	清洁附着的密封材料	5		
		清洁各个零部件	3		
4	安装	安装气缸垫	4		
		安装气缸盖	4		

（续）

序　　号	检查维修内容/评分标准		配分	考核及评分记录	得分
4	安装	按顺序安装气缸盖螺栓	5		
		按规定力矩分步骤紧固气缸盖螺栓	5		
		安装气缸盖罩	4		
		安装进、排气歧管	4		
		安装其他发动机附件	2		
5	安全文明	防护措施得当，作业规范，安全整洁	10		
		工具、零件不落地	5		
6	工具使用	工具选用合理	2		
		工具使用规范	2		
7	考核时间	每超1min扣3分，超时3min终止考核	5		
合计			100		
监考教师		考核日期		年　月　日	

任务2　发动机气缸体和气缸盖的检测

任务要求

要求对气缸体和气缸盖的平面度进行测量，掌握正确的测量方法并能对测量结果进行分析。

完成操作后，要求记录作业内容，整理好工具及其他设备。

作业时间：25min。

情境创设

老师通过播放教学视频等方法，讲解气缸体和气缸盖在使用过程当中可能出现的损伤，并探讨产生的原因，从而使学生能够在完成任务的过程中学习到相关技能，并掌握相关的理论知识。

教学资料准备：教学用发动机机体散件、维修手册、各种工量具等。

任务实施

一、工作安排

养成合作完成工作任务的习惯，请你将工作分工与完成时间记录在表2-1-3中。

表 2-1-3　组员工作分工与完成时间表

姓　　名	任 务 分 工	完 成 时 间	备　　注

二、气缸体和气缸盖破裂的检修

1. 检测方法

（1）水压试验　如图 2-1-8 所示，将气缸盖和气缸垫装在气缸体上，用一盖板装在气缸体装水泵的位置上，用水管与水压机相连，其他水道口一律封闭，将水压入水套内。

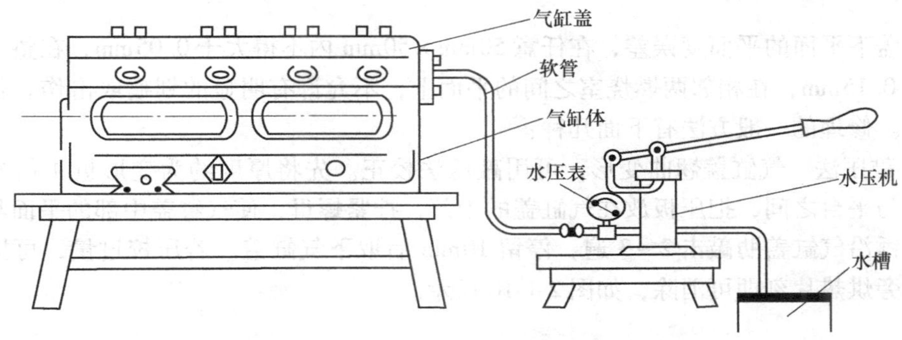

图 2-1-8　水压试验

水压机的压力在 340 ~ 440kPa 时，保持 5min，应无任何渗水现象。

若有水珠出现，即为该处有裂纹。修补过的气缸体，以及新镶气缸套的气缸体，均应作水压试验。

（2）气压试验　在没有水压机的情况下，可往水套内加入自来水，用气泵或打气筒向水套内充气，借气体的压力检查渗漏部位。为防止水气倒流，应在充气管上装入单向阀。

2. 修理方法

（1）粘接法　环氧树脂胶粘接，具有粘接力强、收缩性小、耐疲劳、设备简单和操作方便等优点，适合急救与抢修。但它存在不耐高温、不耐冲击的缺点，不能在燃烧室、气门座附近温度高、受力较大的部位使用。除此之外的任何部位均可使用环氧树脂胶粘接法修理。

（2）焊修法　气缸体、气缸盖的裂纹，若发生在受力较大或用其他方法不易操作的部位，则可采用焊修法修复。

三、气缸盖变形的检修

气缸盖下平面的检测与修理

气缸盖下平面的平面度，可以采用平板接触法检测，也可以用刀口形直尺和塞尺检测，如图 2-1-9 所示。

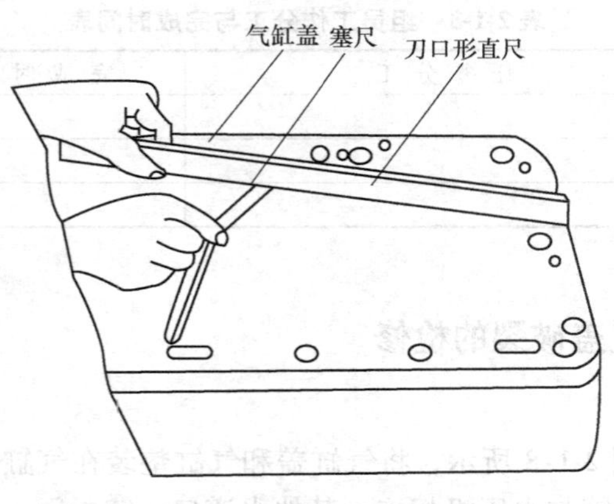

图 2-1-9　气缸盖下平面的检验

气缸盖下平面的平面度误差，在任意 50mm×50mm 内不得大于 0.05mm，在整个平面上不得大于 0.15mm，在相邻两燃烧室之间的平面上，不允许有明显的划痕或击伤。否则，应予以修理。修理的一般方法有下面几种：

（1）敲压法　气缸盖翘曲变形，可用敲压法校正。先将厚度约为变形量 4 倍的钢片垫在气缸盖与平台之间，把压板放在气缸盖的中部，拧紧螺母，使气缸盖中部的平面与平台贴合，用小锤沿气缸盖肋敲击 2～3 遍，停留 10min 后取下气缸盖。若压校过量，可把气缸盖放在锻炉旁烘热片刻即可消除，如图 2-1-10 所示。

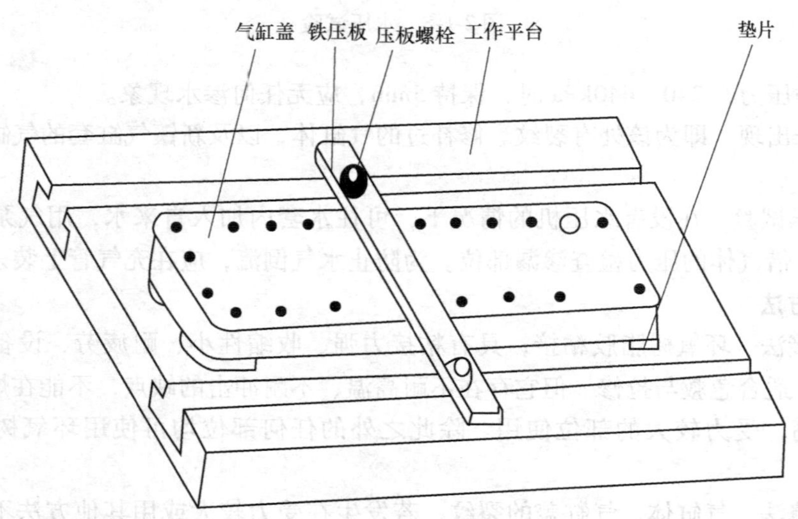

图 2-1-10　敲压法

（2）铣、磨机加工法　对气缸盖的不平、划伤、可采用铣、磨等机加工法使之修复。但机加工的加工量不应过大，否则燃烧室容积变小，从而增大了压缩比，将引起爆燃。

对于经过修整的气缸盖，一般都应检查燃烧室容积。其方法是：彻底清除燃烧室内的积炭和污垢，装上火花塞，把气缸盖平放于工作台上，用水平尺找正使其处于水平位置，用量杯往燃烧室内加入80%（体积分数）的煤油和20%（体积分数）的机油的混合液，加至约为燃烧室容积的95%时，应将玻璃板盖在燃烧室平面上，此时应用注射器注入，到液面与玻璃板接触为止，总加入量即为燃烧室容积，如图2-1-11所示。

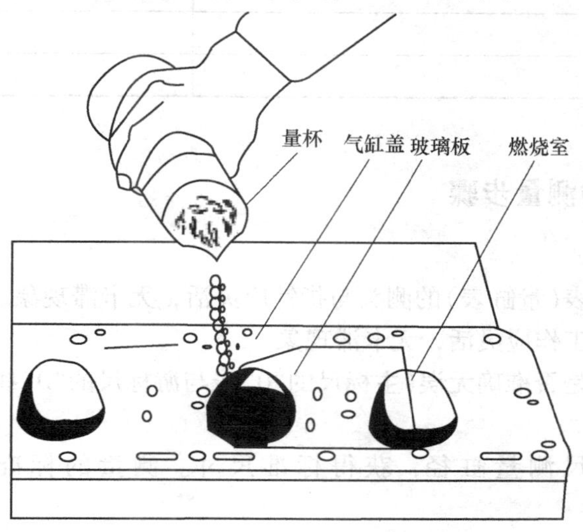

图2-1-11　检查燃烧室容积

任务3　气缸的测量

任务要求

要求对气缸的磨损进行测量，掌握正确的测量方法并能对测量结果进行分析。

完成操作后，要求记录作业内容，整理好工具及其他设备。

作业时间：25min。

情境创设

老师通过播放教学视频等方法，讲解气缸在使用过程当中可能出现的损伤，并探讨产生的原因，从而使学生能在完成任务的过程中学习相关技能，并掌握相关的理论知识。

教学资料准备：教学用发动机机体散件、维修手册、各种工量具等。

任务实施

一、工作安排

养成合作完成工作任务的习惯，请你将工作分工与完成时间记录在表2-1-4中。

表 2-1-4　组员工作分工与完成时间表

姓　名	任务分工	完成时间	备　注

二、气缸磨损的测量步骤

1. 量具准备

1）检查内径指示表(量缸表)的测头与指针应灵活，无卡滞现象。

2）检查千分尺的工作应灵活，无卡滞现象。

3）检查游标卡尺是否准确无误(主标尺的“0”线与游标尺的“0”线是否对齐)。

2. 量缸表的设定

1）使用游标卡尺测量缸径，获得标准尺寸。测量的标准尺寸应为 ϕ78.70 ~ ϕ79.43mm。

2）根据游标卡尺测得的数据，选择一根长度为 74 ~82mm 的固定测量杆和一个调整垫圈装上。

3）当指示表安装到量缸表的规体上时，测头有0.5 ~1.0mm 的移动量(即指针向右旋转0.5 ~1 圈)。锁紧指示表并将指针调回到“0”位。

3. 量缸表的校准

1）将千分尺设置到由游标卡尺取得的标准尺寸(以 0.5mm 为分界线，大于 0.5mm 则取整数，如 62.42mm 则设为 62.0mm，62.68mm 则设为 62.5mm)，锁紧测微螺杆。用夹具固定住千分尺尺身。

2）将测头放入千分尺的两个测砧之间，调整可换测头，使指针向右转过0.5 ~1 圈。锁紧固定螺母。

3）将量缸表的指针设定到零点(在这一点指示表指针在测头的收缩侧回转)。

注意

指针调到“0”位后，将量缸表取下后就不能再调整指针，如图 2-1-12 所示。

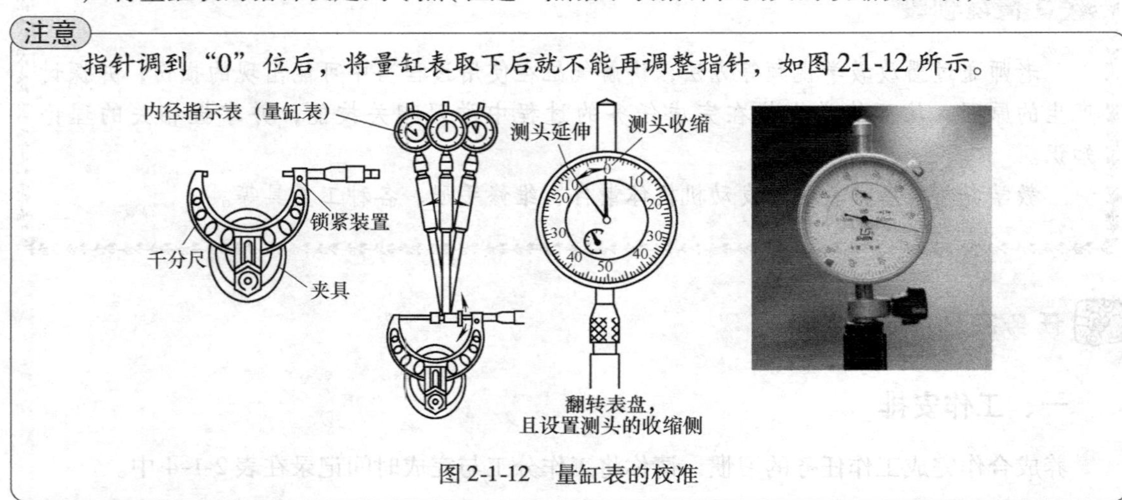

图 2-1-12　量缸表的校准

4. 气缸直径的测量

1）先将量缸表的活动测头以一定的角度放进气缸中，然后用手压住量缸表的杆身，慢慢地移动杆身使其与气缸的轴线平行。

注意

不要使量缸表和气缸套相接触，以免损坏量缸表。

2）左右（或者上下）移动量缸表寻找最短距离的位置，即气缸内径的最小值。

3）读出指针所指示的最小值，如图 2-1-13 所示。

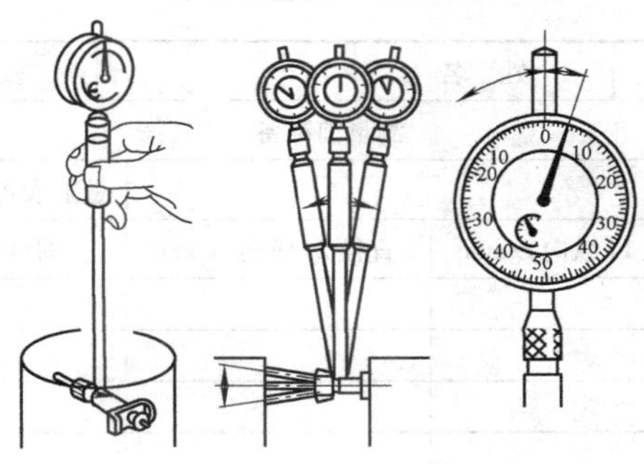

图 2-1-13　气缸直径的测量

5. 测量位置

测量位置在距气缸套上平面 10mm 处、气缸套中间位置和距气缸套下端 10mm 处三个位置。每处测量位置都要测量其横向和纵向两个方向，如图 2-1-14 所示。

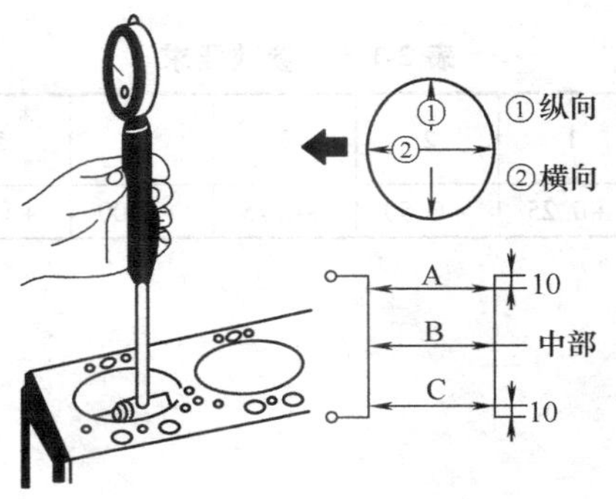

图 2-1-14　气缸直径的测量位置示意图

6. 读取测量值

1）读取延伸侧的值 $X+Y$。

2）读取收缩侧的值 $X-Z$。

其中　X——标准尺寸（测微计的值，mm）；

Y——量缸表读数（延伸侧，mm）；

Z——量缸表读数（收缩侧，mm）。

例如：$X+Y=62.00\text{mm}+0.05\text{mm}=62.05\text{mm}$

注意

- 缸径是一个精确的圆。但是，活塞止推面受到来自气缸顶面的压力，而且活塞均暴露在高温高压下。为此，缸径就可能变成椭圆或部分锥形。
- 根据缸径的直径计算椭圆度和锥度。

三、测量作业表(表2-1-5～表2-1-6)

表2-1-5　测量作业表

<table>
<tr><td>学　号</td><td></td><td>姓　名</td><td></td><td>教师签字</td><td></td></tr>
<tr><td colspan="6">测量前准备</td></tr>
<tr><td colspan="2">千分尺校正前读数</td><td colspan="2"></td><td>量缸表可换测头长度</td><td></td></tr>
<tr><td>气缸号</td><td>位置号</td><td>直径1(纵向)/mm</td><td>直径2(横向)/mm</td><td>圆度误差/mm</td><td>圆柱度误差/mm</td></tr>
<tr><td rowspan="3">1</td><td>位置1(上部)</td><td></td><td></td><td></td><td rowspan="3"></td></tr>
<tr><td>位置2(中部)</td><td></td><td></td><td></td></tr>
<tr><td>位置3(下部)</td><td></td><td></td><td></td></tr>
<tr><td rowspan="3">2</td><td>位置1(上部)</td><td></td><td></td><td></td><td rowspan="3"></td></tr>
<tr><td>位置2(中部)</td><td></td><td></td><td></td></tr>
<tr><td>位置3(下部)</td><td></td><td></td><td></td></tr>
<tr><td rowspan="3">3</td><td>位置1(上部)</td><td></td><td></td><td></td><td rowspan="3"></td></tr>
<tr><td>位置2(中部)</td><td></td><td></td><td></td></tr>
<tr><td>位置3(下部)</td><td></td><td></td><td></td></tr>
</table>

表2-1-6　参数要求　　(单位:mm)

修理部位 \ 分级	0	1	2	3	4	5	6	7	8
气缸或气缸套内径	0	+0.25	+0.50	+0.75	+1.00	+1.25	+1.50	+1.75	+2.00

知识链接

一、曲柄连杆机构简介

1. 曲柄连杆机构的功用

曲柄连杆机构是发动机实现能量转换的主要机构。它的功用是把燃料燃烧后作用在活塞顶上的压力转变为曲轴的转矩，并向外输出机械能。

2. 曲柄连杆机构的受力分析

曲柄连杆机构是在高温、高压、高速和化学腐蚀的条件下工作的，因此它在工作中的受力情况相当复杂。其受到的力主要有：气体作用力、运动质量的惯性力、相对运动件接触的表面所产生的摩擦力以及外界阻力等。

3. 曲柄连杆机构的组成

曲柄连杆机构由三个部分组成：机体组、活塞连杆组、曲轴飞轮组，如图2-1-15所示。

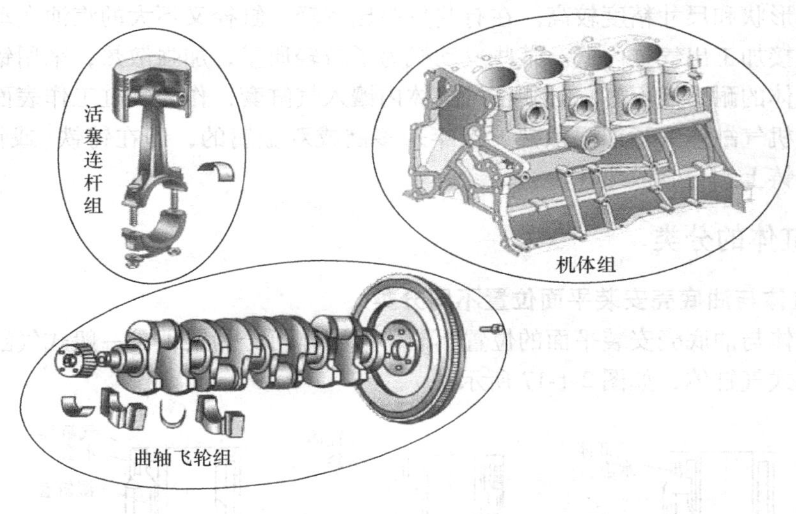

图2-1-15　曲柄连杆机构的组成

二、机体组的组成及作用

机体组主要由气缸体、气缸盖、曲轴箱、油底壳、气缸套、气缸垫等组成，如图2-1-16所示。

机体组是发动机各机构和各系统的安装基础，其内外安装着发动机所有主要零件和附件，承受各种复杂的交变载荷，因此机体组需要有足够的强度和刚性。

气缸体和气缸盖是发动机的基础零件，其结构形状复杂，并在高温、高压及交变载荷下工作，同时，气缸体和气缸盖各部分因工作温度不均匀所引起的热应力，还可能与工作载荷、铸造残余应力等相叠加，使零件应力集中处产生裂纹等，这些都将影响发动机的性能指标和使用可靠性。

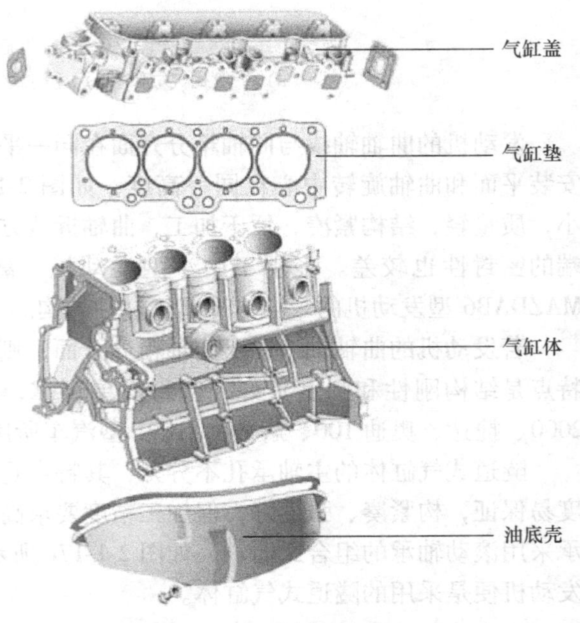

图2-1-16　机体组的组成

气缸体不仅承受有较大的机械负荷，还有汽车行驶时发动机本身质量引起的各种冲击力，气缸体还要承受较复杂的热负荷——燃烧气体给予气缸壁的热量，主要通过气缸体来散发。气缸体曲轴箱的变形会破坏各运动件间的相互位置关系，导致发动机的技术状况变坏及寿命降低。因此，要求气缸体具有足够的强度、刚性和良好的耐热性、耐蚀性等。

气缸体的材料一般采用优质灰铸铁、球墨铸铁，气缸内壁经过精加工，其工作面的表面粗糙度较低、形状和尺寸精度较高。在有些负荷比较轻、缸径又不大的汽油发动机中，可以在气缸体上直接加工出气缸内壁。某些发动机为了减轻质量，加强散热，采用铝合金材料制造。铝合金缸体的耐磨性不好，必须在气缸体内镶入气缸套，作为气缸工作表面。

风冷发动机气缸体为了加强散热，近年来多制成双金属的，即在铸铁(或钢)气缸套外面渗铝后，再铸上钼合金散热片。

三、气缸体的分类

1. 按气缸体与油底壳安装平面位置不同分类

根据气缸体与油底壳安装平面的位置不同，气缸体可分为三种：一般式气缸体、龙门式气缸体和隧道式气缸体，如图 2-1-17 所示。

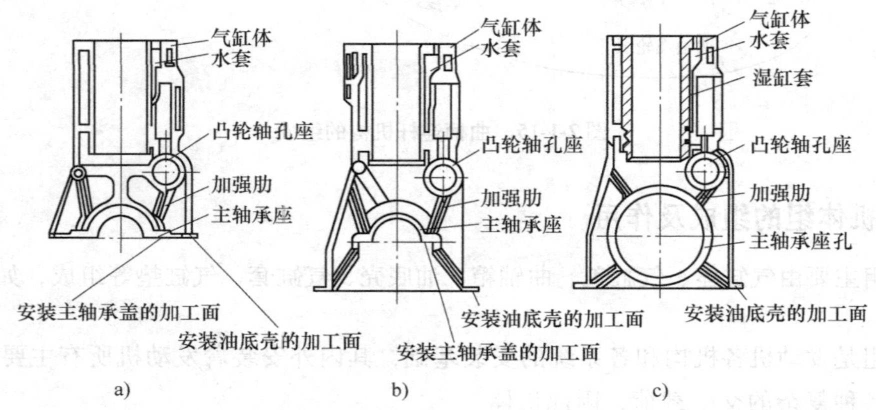

图 2-1-17　气缸体示意图

a）一般式气缸体　b）龙门式气缸体　c）隧道式气缸体

发动机的曲轴轴线与曲轴箱分开面在同一平面上的称为一般式气缸体，其特点是油底壳安装平面和曲轴旋转中心在同一高度，如图 2-1-17a 所示。这种气缸体的优点是机体高度小，质量轻，结构紧凑，便于加工，曲轴拆装方便；但其缺点是刚性和强度较差，曲轴前后端的密封性也较差。多用于中小型发动机，富康 ZX 轿车 TU3. 2K 发动机、夏利 376Q、MAZDAB6 型发动机的气缸体即属于这种结构。

若发动机的曲轴轴线高于曲轴箱分开面，则称为龙门式气缸体，如图 2-1-17b 所示。其特点是结构刚性和强度较好，密封简单可靠，维修方便，但工艺性较差。大众的桑塔纳 2000、捷达、奥迪 100、解放 CA1091 型汽车所用的 CA6102 发动机气缸体都属于这种结构。

隧道式气缸体的主轴承孔不分开，其特点是其结构刚性比龙门式的更高，主轴承的同轴度易保证，构紧凑、强度好，但加工精度要求高，工艺性较差，拆装比较麻烦，多用于主轴承采用滚动轴承的组合式曲轴，如图 2-1-17c 所示。黄河 JN1181C13 型汽车所用的 6135Q 型发动机便是采用的隧道式气缸体。

2. 根据气缸的排列方式分类

汽车发动机气缸排列形式常见的有三种：直列式、对置式和V形，如图2-1-18所示。

各气缸排成一直列的称为直列式气缸排列，一般只用于六缸以下的发动机。六缸直列式发动机的平衡性最好，发动机工作时不产生振动。

a)

对置式气缸排列是指两列气缸水平相对排列，其优点是重心低，平衡性好。

b)

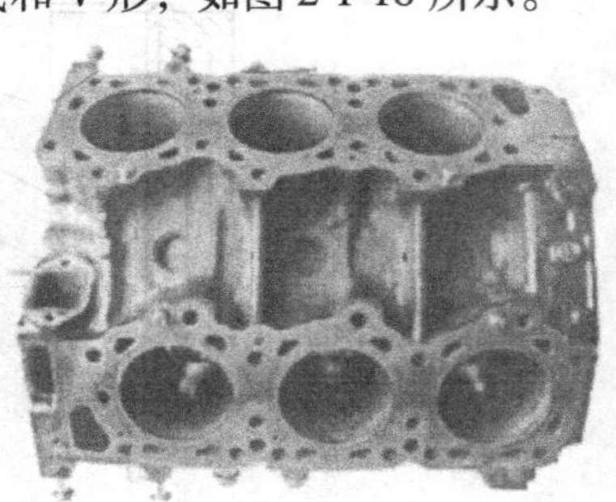

两列气缸呈V形排列的称为V形气缸排列。目前有V4、V6、V8、V10、V12和V16等机型。

c)

图2-1-18 气缸排列形式

a）直列式 b）对置式 c）V形

直列式(单列式)发动机的各个气缸排成一列，一般是垂直布置的，如图2-1-18a所示。为了降低发动机的高度，有时也把气缸布置成倾斜的甚至是水平的。直列式气缸体结构简单，加工容易，但发动机长度和高度尺寸较大。一般六缸以下发动机多用直列式，如桑塔纳、捷达、富康、红旗、一汽奥迪100等轿车的发动机均采用这种直列式气缸体。有的汽车为了降低发动机的高度，把发动机倾斜了一个角度，如桑塔纳、夏利等。

V形发动机将气缸排成两列，两列气缸中心线的夹角$\gamma<180°$。与单列式气缸体相比，V形气缸体缩短了机体长度和高度，降低了发动机高度，增加了气缸体的刚性，减轻了发动机的重量，但加大了发动机宽度，且形状复杂，加工困难，一般用于六缸以上的大功率发动机上，如奥迪2.6L发动机，如图2-1-18b所示。

对置式气缸排成两列，左右两列气缸在同一水平面上，即左右两列气缸中心线的夹角$\gamma=180°$。对置气缸式发动机的高度比其他形式要小得多，总体布置方便，有利于风冷。这种布置的发动机在轿车中应用不多，如图2-1-18c所示。

3. 根据气缸套的形式分类

气缸套有干式和湿式两种，如图2-1-19所示。制造气缸套常用珠光体灰铸铁、合金铸铁、高磷铸铁、含硼铸铁等高级铸铁材料。

干式气缸套不直接与冷却液接触，如图2-1-19a所示。干式气缸套的壁厚一般为1~3mm，直接在气缸体的气缸承孔上压入由特殊耐磨性好的合金铸铁等材料的缸套。

湿式气缸套(图2-1-19b)则与冷却液直接接触，壁厚一般为5~9mm。气缸套的外表面有两个保证径向定位的凸出的圆环带，分别称为上支承定位带和下支承密封带。气缸套的轴向定位是利用的是上端的凸缘。为了密封气体和冷却液，有的气缸套凸缘下面还有纯铜垫片。湿式气缸套的优点是缸体铸造较容易，便于维修，且散热效果好。缺点是缸体刚性较差，易产生穴蚀，且易漏水、漏气。它主要用于高负荷的柴油发动机和铝合金缸体发动机。

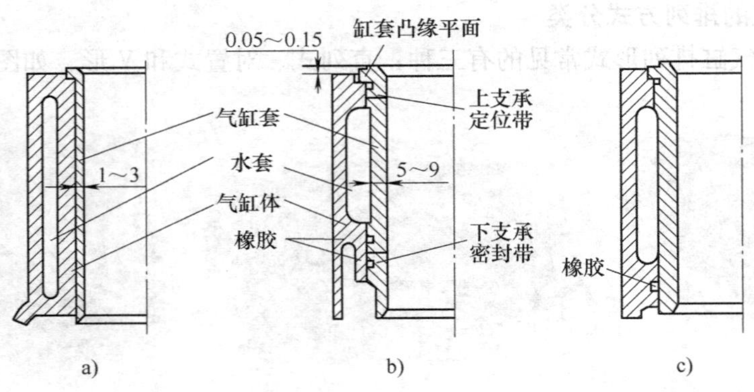

图 2-1-19　气缸套

a）干式　b）湿式 1　c）湿式 2

气缸套的上支承定位带直径略大，与气缸套座孔配合较紧密。下支承密封带与座孔配合较松，通常装有 1 ~3 道橡胶密封圈来封水。常见的密封结构形式有两种。一种形式是将密封环槽开在缸套上，将具有一定弹性的橡胶密封圈装入环槽内，如图 2-1-19b 所示。另一种形式是将安置密封圈的环槽开在气缸体上，这种结构的工艺性较差，故应用较少，如图 2-1-19c 所示。

气缸套装入座孔后，通常气缸套顶面略高出气缸体上平面 0. 05 ~0. 15mm。这样当紧固气缸盖螺栓时，可将气缸盖衬垫压得更紧，以保证气缸的密封性，防止冷却液和气缸内的高压气体窜漏。

4. 根据冷却方式分类

为保证气缸表面能在高温下正常工作，必须对气缸和气缸盖及时加以冷却。冷却方式有两种：一种用水来冷却(水冷)；另一种直接用空气来冷却(风冷)。汽车发动机较多采用水冷发动机，如图 2-1-20 所示。用水冷却时，气缸周围和气缸盖中均有用以充水的空腔，称为水套，气缸体和气缸盖上的水套是相互连通的。利用水套中的冷却液流过高温零件的周围而将热量带走。

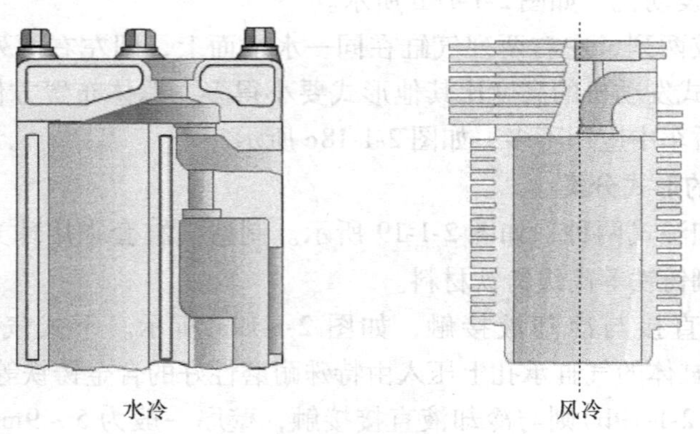

图 2-1-20　水冷发动机和风冷发动机的气缸体、气缸盖示意图

发动机用空气冷却时，在气缸体和气缸盖外表面铸有许多散热片，以增加散热面积，保证散热充分。一般风冷发动机的气缸体与曲轴箱是分开铸造的。

5. 按有无气缸套分类

按有无气缸套，气缸体分为整体式和镶嵌式两种，整体式气缸体与镶嵌式气缸体的构造、性能及特点见表2-1-7。

表2-1-7　气缸类型、构造、性能及特点

类　型	构　造	性能及特点
整体式	气缸直接镗在气缸体上	强度和刚性好，能承受大负荷，成本高
镶嵌式	用耐磨优质材料制成气缸套，再装到由一般材料制成的气缸体内	降低了制造成本，便于修理和更换气缸套，延长了使用寿命

思考与练习

1. 曲柄连杆机构由三个部分组成：________、________、________。
2. 机体组主要由________、________、________、________、________、气缸垫等组成。
3. 汽车发动机气缸排列形式基本上有三种：________、________和________。
4. 汽油发动机的燃烧室是主要由________及________上相应的凹部空间组成。
5. 气缸盖用螺栓紧固在气缸体上，拧紧螺栓时，必须按由________的顺序分几次进行。
6. 气缸盖的主要功用是封闭________，并与气缸、________构成了发动机的燃烧室。
7. 气缸体是________的壳体，曲轴箱是________的壳体，水冷式发动机的气缸体和曲轴箱常铸成一体，可称为气缸体—曲轴箱，简称为________。
8. 气缸体可分为三种：________、________和________气缸体。

项目2　曲轴飞轮组的构造与维修

教学建议

1. 教学环境：要求在理论实践一体化的专业教室中完成，最好能实现小班制教学。
2. 教材使用：

（1）任务引导——引导文，由学生根据“知识链接”和教师讲解在实训前完成。

（2）任务实施——实训任务，先由教师示范关键步骤，再由学生根据具体步骤完成实训任务，也可以由学生自行探索，教师在组织过程中根据需要示范和讲解。

（3）实训报告——实训记录，任务完成后上交。

（4）实训考核——实训评价，根据情况全面考核或抽考。

（5）知识链接——必要的理论知识，建议采用多媒体动画教学。

知识目标

1. 能熟悉曲轴飞轮组的作用、基本组成及基本工作原理。
2. 了解各主要部件的结构及维护方法。

能力目标

1. 掌握曲轴飞轮组主要机件的结构和作用。
2. 掌握曲轴飞轮组的拆装方法。
3. 掌握曲轴、飞轮的检测与维护方法。

情感目标

1. 体验安全生产规范，遵守操作规程，感受合作与交流的乐趣。
2. 在项目学习中逐步养成自主学习新知识、新技术的良好习惯。
3. 在操作学习中不断积累维修经验，从个案中寻找共性。

任务1　曲轴飞轮组的拆装

任务要求

要求对曲轴飞轮组进行正确的拆装、清洁操作，并能结合教材认识曲轴飞轮组的结构以及工作原理。

完成操作后，要求记录作业内容，整理好工具及其他设备。

作业时间：45min。

情境创设

教师将要进行拆装的发动机排列好。建议教师对曲轴飞轮组进行拆装示范，并联系教材讲解各个主要部件的结构，以及在拆装过程当中需要注意的问题，引导学生按汽修厂的工作过程完成曲轴飞轮组的拆装，从而使学生在完成任务的过程中能够学到相关技能，并掌握相关的理论知识。

也可以播放曲轴飞轮组拆装的相关视频，激发学生学习的兴趣。

教学资料准备：教学用发动机台架、维修手册、拆装工具等。

任务实施

一、工作安排

养成合作完成工作任务的习惯，请你将工作分工与完成时间记录在表2-2-1中。

表 2-2-1 组员工作分工与完成时间表

姓　　名	任 务 分 工	完 成 时 间	备　注

二、拆装步骤

1. 曲柄飞轮组的拆卸(图 2-2-1 ~ 图 2-2-4)

图 2-2-1 拆卸飞轮与曲轴后盖

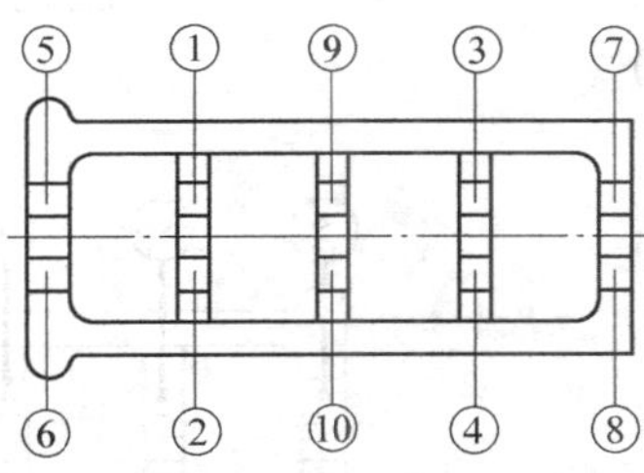

图 2-2-2 主轴承盖螺栓拆卸顺序

图 2-2-3 从气缸体中取出曲轴

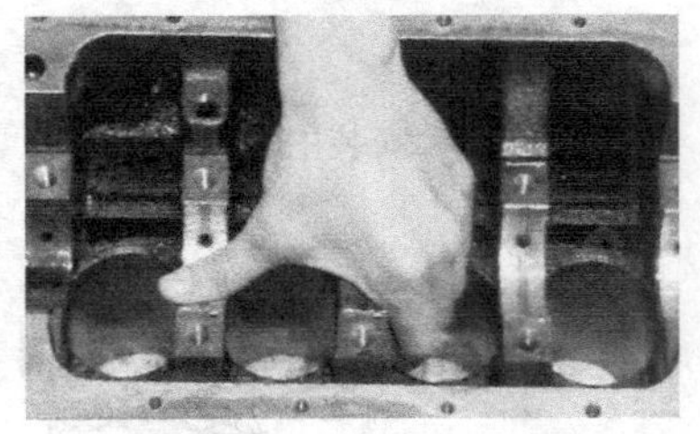

图 2-2-4 清洁主轴承螺纹孔

(1) 准备工作

1) 检查工具是否完备 □完成

2) 发动机体是否牢靠放置 □合格

3) 看清楚飞轮安装形式，如有销钉定位，不需检查记号；如没有，则要做好记号 □完成

4) 应按对角交叉的顺序拆卸飞轮螺栓 □完成

5）拆卸曲轴前机油泵壳体总成 □完成

6）拆卸曲轴后油封壳体总成 □完成

（2）拆卸曲轴

1）检查主轴承盖是否有顺序记号 □完成

2）用扭力扳手按从两端到中间的顺序分两次拧松螺栓

第一次 □完成

第二次 □完成

3）将螺栓和主轴承盖一起拆下 □完成

4）按顺序放好 □完成

5）将曲轴从气缸体中垂直取出，平稳放置在干净的桌面上 □完成

6）取出止推环 □完成

7）拆下曲轴下主轴承(下瓦) □完成

8）将拆卸下来的轴承盖、轴承与止推环按顺序放好 □完成

（3）清洁气缸盖及缸体平面

1）将零件用清洗剂清洗干净 □完成

2）清洁各个零部件 □完成

3）清干主轴承螺纹孔内的机油和水 □完成

2. 曲轴飞轮组的安装(图 2-2-5 ~ 图 2-2-8)

图 2-2-5 安装主轴承

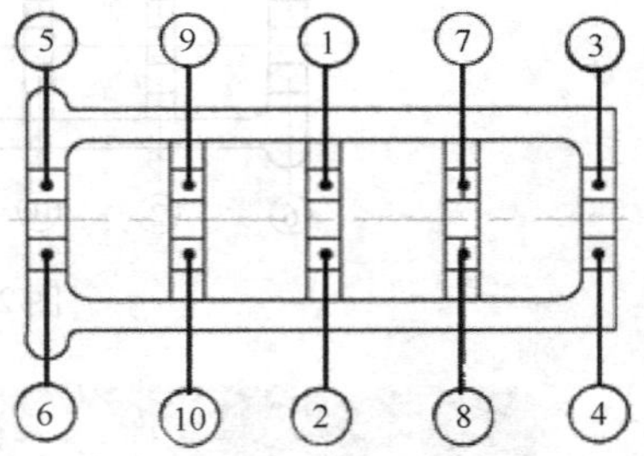

图 2-2-6 主轴承盖螺栓拧紧顺序

图 2-2-7 装机油泵和后端盖总成

图 2-2-8 安装飞轮

（1）安装曲轴 □完成

1）按顺序将主轴承装到气缸体和轴承盖上

2）将曲轴垂直放置于气缸体上，在曲轴主轴上涂机油；压力油路油孔不能被堵塞

3）按编号顺序装上每个主轴承盖，注意主轴承盖上的箭头应该朝向发动机的头部

4）将螺栓按顺序放在主轴承盖的螺栓孔中，检查螺栓是否一样高

（2）拧紧主轴承盖螺栓

1）将气缸盖正确的安装在气缸体上 □完成

2）将螺栓按拆卸时的位置装好 □完成

3）气缸盖螺栓按规定的顺序拧紧 □完成

第一次拧紧，按规定力矩的30%

第二次拧紧，按规定力矩的60%

第三次拧紧，按规定力矩的100%

（3）安装机油泵和后端盖总成 □完成

装机油泵时还要注意曲轴上机油泵的安装位置，安装时要转动曲轴或者机油泵的内齿圈，以便将机油泵内齿圈正确地装到曲轴头部机油泵的安装位置。还要注意定位销应对准定位销孔

（4）安装飞轮 □完成

按记号或者定位销孔装上飞轮，按对角交叉的顺序将螺栓分两次拧紧

三、评分标准（表2-2-2）

表2-2-2 评分标准

班 级			姓 名		学 号	
考核内容	曲柄飞轮组拆装				规定考核时间	20min
					实际考核时间	
序 号	检查维修内容/评分标准			配分	考核及评分记录	得分
1	准备	检查工具完备情况		4		
		检查发动机体放置情况		4		
2	拆卸	看清飞轮的安装形式并做好记号		5		
		按对角交叉顺序拆卸飞轮螺栓		5		
		拆卸曲轴前机油泵壳体总成及后油封壳体总成		5		
		按规定力矩和顺序拆卸主轴承盖		5		
		将主轴承盖和螺栓摆放整齐		5		
		取出并放置好曲轴		5		
		拆下曲轴下主轴承		5		
3	清洁	清洁各个零部件		3		
		清干各个零部件		3		
4	安装	安装主轴承		5		
		安装曲轴		5		
		按规定力矩分步骤紧固轴承盖螺栓		5		
		装上机油泵及后端盖		5		
		安装飞轮		5		

（续）

序号		检查维修内容/评分标准	配分	考核及评分记录	得分
5	安全文明	防护措施得当，作业规范安全整洁	10		
		工具、零件不落地	5		
6	工具使用	工具选用合理	3		
		工具使用规范	3		
7	考核时间	每超 1min 扣 3 分，超时 3min 终止考核	5		
合计			100		
监考教师			考核日期		年　月　日

任务2　曲轴、飞轮的检修

任务要求

要求个人对曲轴、飞轮进行检测，掌握正确的测量方法并能对测量结果进行准确分析。

完成操作后，要求记录作业内容，整理好工具及其他设施。

作业时间：25min。

情境创设

老师通过播放教学视频等方法，讲解曲轴飞轮组的构成以及在使用过程当中可能出现的损伤，并探讨产生的原因，从而使学生能在完成任务的过程中学习相关技能，并掌握相关的理论知识。

教学材料准备：教学用发动机机体散件、维修手册、各种工量具等。

任务实施

一、工作安排

养成合作完成工作任务的习惯，请你将工作分工与完成时间记录在表 2-2-3 中。

表 2-2-3　组员工作分工与完成时间表

姓　名	任务分工	完成时间	备　注

二、曲轴的检修

1. 曲轴裂纹的检查

裂纹部位：一般在轴颈两端过渡圆角处或油孔处。

检查方法：观察，敲击，磁力探伤。

曲轴清洗后，将其置于煤油中浸一会儿后取出，擦干净表面并均匀地涂上白色粉末，再用小锤子分段轻轻敲击，如有明显的油迹出现，则表明该处有裂纹。磁力探伤则是把曲轴清洗后，将其安装在磁力探机上进行检查。

根据国家标准：轴颈上沿油孔四周有长度不超过 5mm 的短浅裂纹或有未延伸到轴颈圆角和油孔处的纵向裂纹(轴颈长度小于或等于 48mm，裂纹长度不超过 10mm；轴颈长度大于 40mm，裂纹长度不超过 15mm)时，仍允许修复。

2. 曲轴轴颈及连杆轴颈的检测(图 2-2-9)

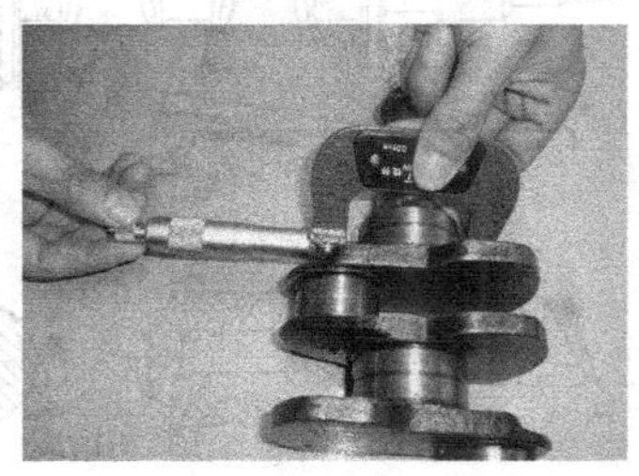

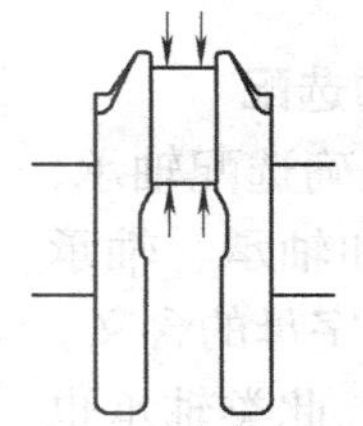

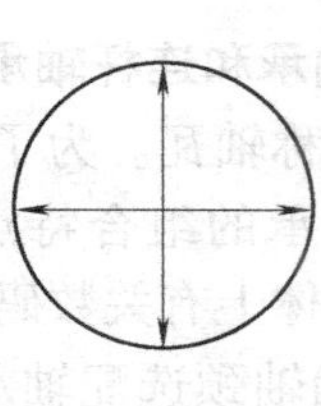

图 2-2-9 曲轴轴颈及连杆轴颈的检测

曲轴修磨后，同名轴颈必须为同级修理尺寸，测量方法是：用千分尺测量。

用千分尺检查曲轴主轴承、连杆轴颈的最大磨损量、圆度误差、圆柱度误差：圆度和圆柱度误差一般不超过 $\phi 0.02$mm。

检测位置：每个轴颈两端两个方向。

评分标准和数据记录表见表 2-2-4、表 2-2-5。

表 2-2-4 评分标准

序号	操作步骤	操作内容	配分	评分标准	扣分	得分
1	检测前准备	量具校准	1	未做扣 1 分		
2	清洁零件	将曲轴擦拭干净	1	未做扣 1 分		
3	测量曲轴	检测曲轴并填写计算下面的数据记录表	5	1. 未按照规范测量扣 5 分 2. 测量数据不正确的每项扣 2 分 3. 未填写相关数据的每项扣 1 分		
4	安全文明操作	1. 尊重、服从老师的工作安排	2	未做到扣 2 分		
		2. 工装整洁、操作完毕，清洁和整理工量具	1	未做扣 1 分		
5	合计		10			

表 2-2-5　数据记录表　（单位：mm）

	截面 1		截面 2		圆度 1	圆度 2	圆柱度
	测量点 1	测量点 2	测量点 1	测量点 2			
主轴颈 1							
主轴颈 2							
连杆轴颈 1							
连杆轴颈 2							

3. 曲轴压力油道的检查（图 2-2-10）

压力油道以清洗为主，用一根细小的铁线和汽油将油道清洗干净，然后用清洁的高压气体将孔吹干，如果气体流畅无阻，则证明油道畅通。

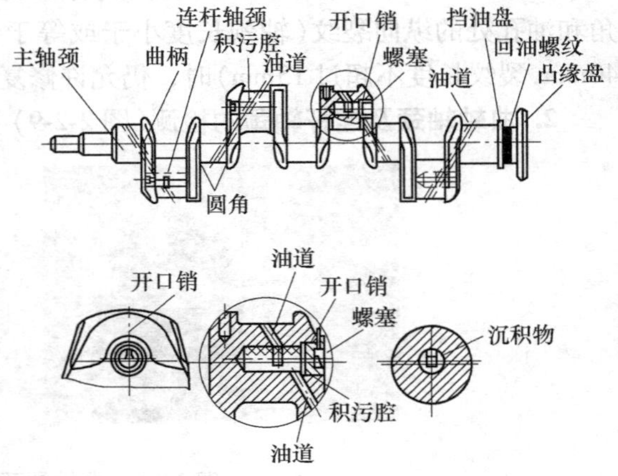

图 2-2-10　曲轴压力油道

4. 曲轴主轴承和连杆轴承的选配

曲轴轴承俗称轴瓦。为了正确选配轴承，应了解上、下轴承的组合特点和轴承、轴承盖、曲柄以及缸体上有关数码和字母的含义。

（1）按曲轴轴颈选配轴承　此类轴承也称“组瓦”，当轴颈尺寸确定后，则轴承尺寸也就确定了，在一组主轴承或连杆轴承中，可任意选取一片上轴瓦和一片下轴瓦配对。

（2）以轴承承孔尺寸选配轴承　这种轴承也叫“对瓦”，只能对号入座。例如，丰田 22R 发动机曲轴的标准主轴承尺寸分 4 组，以轴承背面印的数码 1、2、3、4 表示。在缸体下平面上打印出一组 5 位数码（1 号 ～ 5 号），依次代表从第一 ～ 第五道主轴颈应选配的轴承号，如图 2-2-11 所示。

（3）根据轴颈尺寸或色标选配轴承　选配切诺基的连杆轴承和主轴承时，应根据所测轴颈尺寸或色标（轴颈尺寸按公差分组的标记），并结合配合间隙来选配。一对上、下轴承尺寸（或色标）可以相同，也可以不同，但上、下轴承尺寸差不得大于 1 个轴承级别尺寸。表 2-2-6 为切诺基连杆轴承选配表。

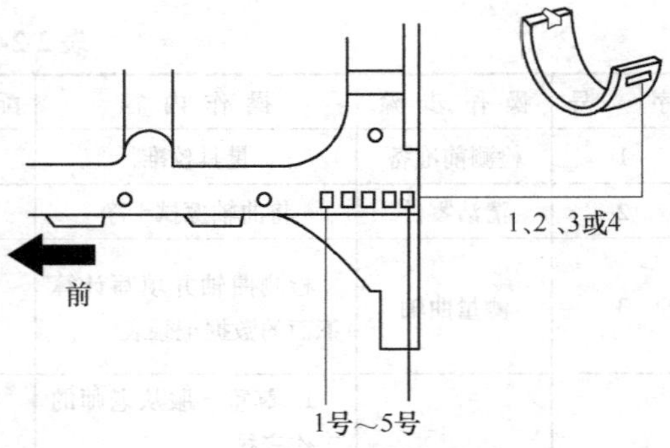

图 2-2-11　丰田 22R 主轴承选配

（4）根据轴承承孔、轴颈和轴承上的尺寸数字选配　更换丰田 IUZ—FE 发动机曲轴主轴承时，可这样选配：将打印在缸体和曲轴上的数字相加，然后按表 2-2-7 中的数字范围选配相应的轴承尺寸数字。标准轴承有五个尺寸，分别用 1、2、3、4、5 表示。而选配连杆轴承时，将印在连杆盖和曲轴上的数字相加，然后选择与上述数字之和相同的轴承数字。标准连杆轴承有六个尺寸，分别以印在连杆盖上的数字2、3、4、5、6、7表示。

表2-2-6 切诺基连杆轴承选配表

连杆轴颈的色标和直径/mm	选配连杆轴承的色标和尺寸/mm	
	上轴承	下轴承
黄—53.2257—53.2079标准	黄—标准	黄—标准
橙—53.2079—53.1901缩小尺寸0.0178	黄—标准	蓝—缩小尺寸0.025
黑—53.1901—53.1723缩小尺寸0.0356	蓝—缩小尺寸0.025	蓝—缩小尺寸0.025
红—52.9717—52.9539缩小尺寸0.254	红—缩小尺寸0.254	红—缩小尺寸0.254

表2-2-7 TOYOTA IUZ—FE曲轴轴承选配表

<table>
<tr><th colspan="2">项 目</th><th colspan="12">数字及标记</th></tr>
<tr><td rowspan="2">主轴承</td><td>缸体数字+曲轴数字</td><td colspan="2">0~5</td><td colspan="2">6~11</td><td colspan="2">12~17</td><td colspan="2">18~23</td><td colspan="2">24~28</td><td colspan="2">—</td></tr>
<tr><td>相应轴承数字</td><td colspan="2">1</td><td colspan="2">2</td><td colspan="2">3</td><td colspan="2">4</td><td colspan="2">5</td><td colspan="2"></td></tr>
<tr><td rowspan="3">连杆轴承</td><td>连杆盖上数字</td><td>1</td><td>1</td><td>2</td><td>1</td><td>2</td><td>3</td><td>2</td><td>3</td><td>4</td><td>3</td><td>4</td><td>4</td></tr>
<tr><td>曲轴上数字</td><td>1</td><td>2</td><td>1</td><td>3</td><td>2</td><td>1</td><td>3</td><td>2</td><td>1</td><td>3</td><td>2</td><td>3</td></tr>
<tr><td>相应轴承数字</td><td colspan="2">2</td><td colspan="2">3</td><td colspan="2">4</td><td colspan="2">5</td><td colspan="2">6</td><td colspan="2">7</td></tr>
</table>

丰田IUZ—FE轴承选配标记如图2-2-12所示。

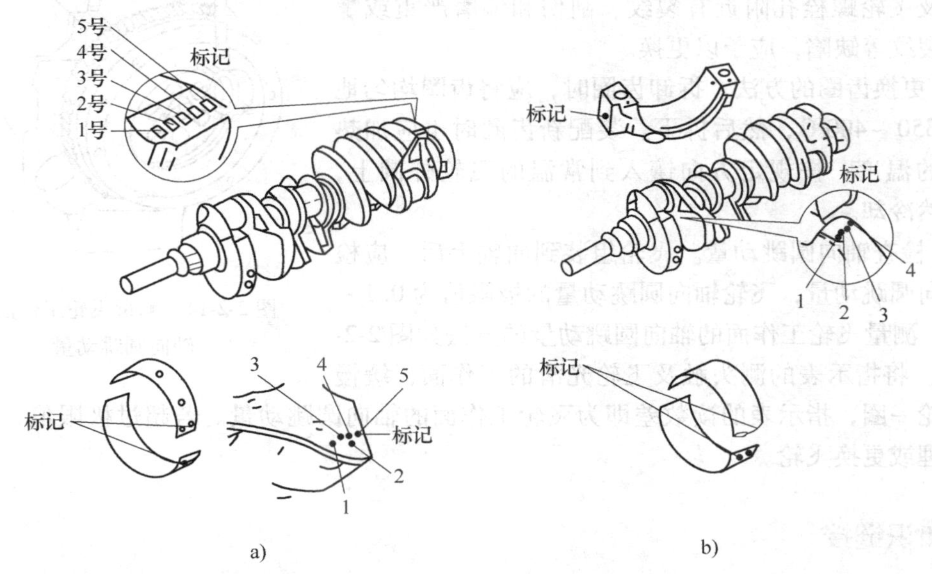

图2-2-12 丰田IUZ—FE轴承选配标记

a）主轴承的选配数字 b）连杆轴承的选配数字

5. 轴承与轴颈油膜间隙检查

曲轴轴颈与轴承的配合间隙，也称油膜间隙。轴颈与轴承的油膜间隙是根据轴承材料和轴颈尺寸确定的，当轴承的滑移速度为9m/s时，不同轴承材料的油膜间隙与轴颈尺寸的变化关系是确定的。

切诺基主轴承油膜间隙为0.03～0.06mm，连杆轴承的油膜间隙为0.025～0.076mm。桑塔纳主轴承油膜间隙和连杆轴承油膜间隙均为0.03～0.08mm，当该间隙超过极限值时，应更换轴承，必要时应更换曲轴。

油膜间隙的检查方法：用外径千分尺测量轴颈外径，用内径千分尺测量安装好的轴承内径，内径与外径的差值即为油膜间隙。此外，也可用塑性塞尺（用合成树脂制成的细丝状量具，也叫压力量规）进行测量。测量时把轴颈、轴承上的油擦干净，把塑性塞尺放在轴颈上（与轴径平行），装上轴承盖，按规定力矩拧紧紧固螺栓、螺母，然后卸下轴承盖。根据被压扁的塑性塞尺的宽度与塑性塞尺标尺的宽度对合比较，便可获得油膜间隙，如图 2-2-13 所示。

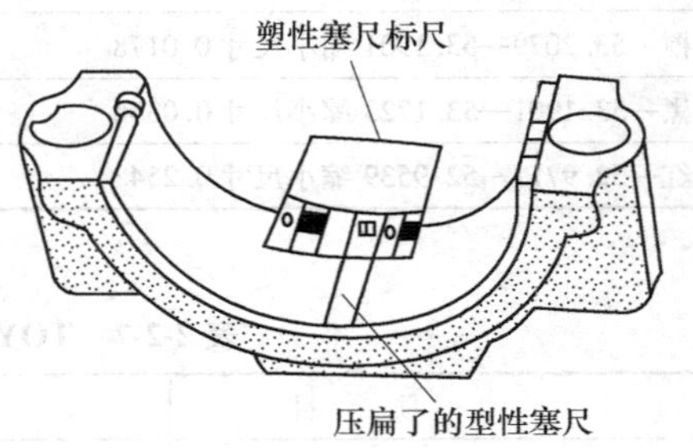

图 2-2-13　用塑性塞尺测量

三、飞轮的检修

1）外观检查。若飞轮齿圈有龟裂、磨损、拉伤等缺陷，飞轮工作面（与离合器摩擦片接触的表面）有刮伤、偏磨以及飞轮螺栓孔附近有裂纹、刮伤和偏磨严重或螺栓孔有裂纹等缺陷，应予以更换。

2）更换齿圈的方法。拆卸齿圈时，应将齿圈均匀地加热到350～400℃，然后拆下。装配新齿圈时也应加热到同样的温度，按规定方向镶入到常温的飞轮外圆上，然后自然冷却。

3）检查轴向圆跳动量。飞轮组装到曲轴上后，应检查其轴向圆跳动量，飞轮轴向圆跳动量的极限值为0.1～0.2mm。测量飞轮工作面的轴向圆跳动量的方法如图 2-2-14 所示。将指示表的测头触及飞轮光滑的工作面，缓慢转动飞轮一圈，指示表的读数差即为飞轮工作面的轴向圆跳动量。若超过极限值，应该调整、修理或更换飞轮。

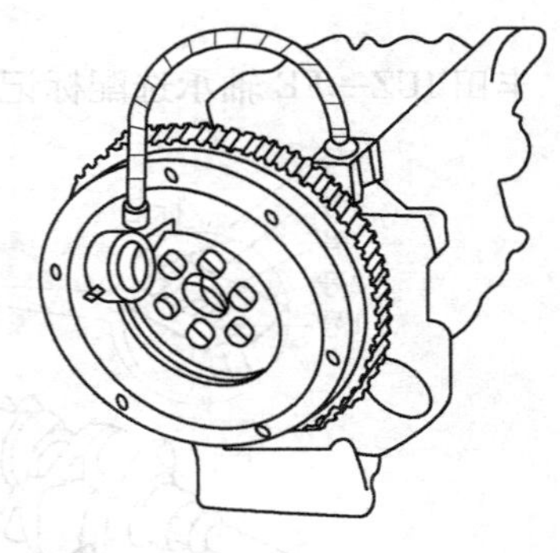

图 2-2-14　测量飞轮工作面的轴向圆跳动量

一、曲轴飞轮组的组成

曲轴飞轮组由曲轴、曲轴主轴承、飞轮等组成，如图 2-2-15 所示。

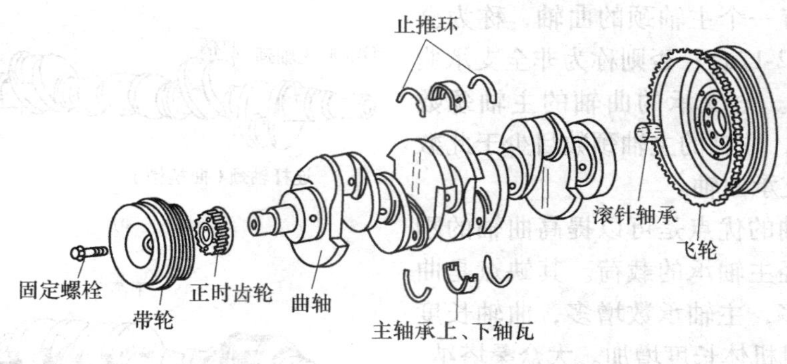

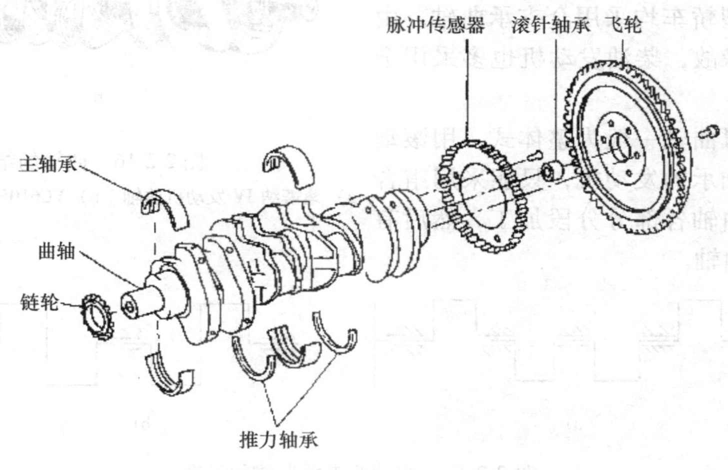

图 2-2-15　曲轴飞轮组

二、曲轴

曲轴的功用是：①承受连杆传来的力，并将其转变为转矩，经汽车传动系驱动车辆行驶。②利用曲轴和飞轮的旋转惯性，通过连杆带动活塞上下运动，完成排气、进气、压缩等辅助行程，为做功行程做准备。③驱动配气机构、机油泵、风扇、水泵、发电机、转向油泵、空气压缩机等附属装置。

在发动机工作时，曲轴承受着复杂的、周期性变化的气体压力、离心力和往复运动惯性力以及它们的力矩的共同作用。为了保证其工作可靠，因此要求曲轴具有足够的刚度和强度，各工作表面要求耐磨而且润滑良好，且动平衡要求很高。

曲轴由主轴颈、连杆轴颈、前端轴、平衡重和后端凸缘等组成，如图 2-2-16 所示。主轴颈将曲轴支承在曲轴箱内，连杆轴颈与连杆大头相配合，曲柄连接主轴颈和连杆轴颈。一个连杆轴颈和它左右两边的主轴颈组成一个曲拐。曲轴的曲拐数取决于气缸的数目和排列方式。直列式发动机曲轴的曲拐数等于气缸数；V 形发动机曲轴的曲拐数等于气缸数的一半。

平衡重的作用是使曲轴旋转时保持平衡状态。前端轴安装正时齿轮，某些发动机还装有起动爪，用于在手摇起动发动机时安装手摇柄。后端凸缘用于安装飞轮。

按照曲轴的主轴颈数，可以把曲轴分为全支承曲轴和非全支承曲轴。在相邻的两个曲拐之间，都设置有一个主轴颈的曲轴，称为全支承曲轴(图2-2-17a)；否则称为非全支承曲轴(图2-2-17b)。全支承的曲轴的主轴颈数目为气缸数+1，曲轴的主轴颈数目少于此数者均称为非全支承曲轴。

全支承曲轴的优点是可以提高曲轴的刚性，并且可减轻主轴承的载荷。其缺点是曲轴加工表面增多，主轴承数增多，曲轴长度较长，使发动机机体长度增加。大众桑塔纳、一汽奥迪100型轿车均采用全支承曲轴。由于载荷较大的缘故，柴油发动机也多采用全支承曲轴。

多缸内燃机曲轴一般为整体式。用滚动轴承作曲轴主轴承的发动机，只能采用组合式曲轴，即将曲轴各部分分段加工，然后有序组合成一个曲轴。

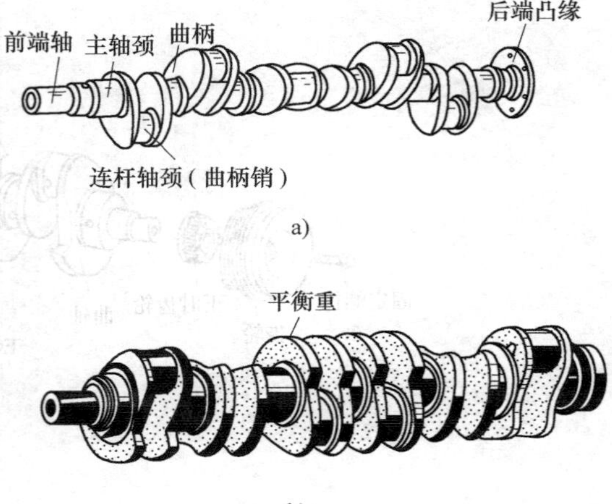

图2-2-16　曲轴的结构

a）桑塔纳JV发动机曲轴　b）YC6105QC柴油发动机曲轴

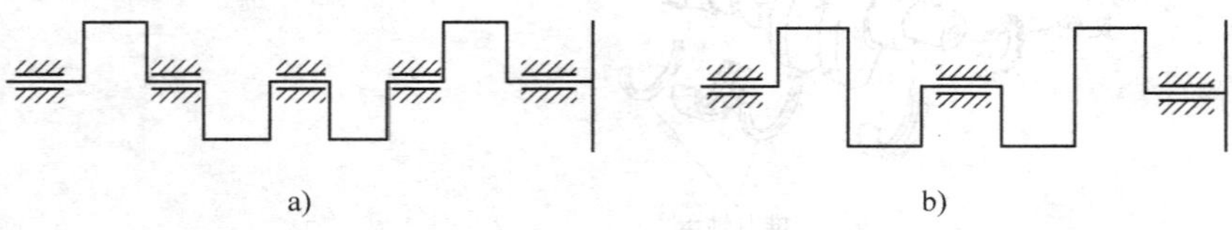

图2-2-17　曲轴的支承形式示意图

a）全支承式　b）非全支承式

三、飞轮

飞轮是一个转动惯量很大、轮缘较厚的圆盘零件，安装在曲轴后端的凸缘上，如图2-2-15所示。

飞轮的作用有：

1）储存做功行程的能量，为非做功行程提供动力。

2）使曲轴均匀旋转。

3）使发动机能够克服短时间的超负荷。

4）起动机通过飞轮外缘齿圈起动发动机。

5）通过飞轮外缘上的刻线校正发动机的点火时刻或喷油时刻。

6）飞轮被用作传动系中摩擦式离合器的驱动件。

为了保证在有足够的转动惯量的前提下，尽可能减小飞轮的质量，应使飞轮的大部分质量都集中在轮缘上，通常会将轮缘通常做得宽而厚。

飞轮多采用灰铸铁制造，当轮缘的圆周速度超过50m/s时，要采用强度较高的球墨铸铁或铸钢制造。飞轮外缘上压有一个齿圈，可与起动机的驱动齿轮啮合，供起动发动机用。

飞轮边缘刻有第一缸活塞位于上止点的标志(刻线或钢球)，汽油发动机用以作为调整和检查点火正时的依据，柴油发动机用以作为检查调整供油正时，以及检查调整气门间隙的依据，简称正时标记，如图 2-2-15 所示。修理中安装飞轮时，不允许改变它与接盘的相对位置，安装面要保持干净、无损伤。CA6102 型发动机的正时记号是“$\frac{\text{上止点}}{\text{1-6}}$”，当这个记号与飞轮壳上的刻线对正时，即表示 1、6 缸的活塞处在上止点位置，如图 2-2-18a所示。EQ6100 -1 型发动机的飞轮上的这一记号为一个镶嵌的钢球，当钢球与飞轮壳上的刻线对准时，为 1、6 缸的活塞处于上止点位置，如图 2-2-18b 所示。BJ492Q 发动机带轮边缘的缺口与正时齿轮罩上记号对准时，为 1、4 缸的活塞处于上止点位置，如图 2-2-18c 所示。

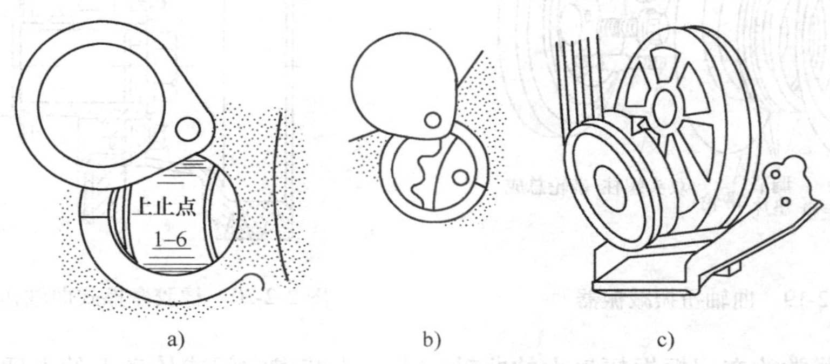

图 2-2-18 汽车发动机点火正时记号

飞轮与曲轴装配后应进行动平衡试验，以防止由于质量不平衡而引起内燃机振动和加速主轴承磨损。所以在某些发动机飞轮上和曲轴上能看到有钻过的孔。平衡试验通过后，飞轮与曲轴的相对位置不可再变。为了在拆装时不破坏它们的平衡状态，飞轮与曲轴之间应有严格的相对位置，用定位销或不对称布置螺栓予以保证。

四、扭振减振器

在发动机工作过程中，连杆作用在曲轴上的力是呈周期性变化的。曲轴系统有一定的质量和扭转刚度，因而在气体力和惯性力形成的简谐干扰力的作用下，会使质量较小的曲拐相对于质量较大的飞轮有扭转摆动(曲拐转速较飞轮转速忽快忽慢)，即曲轴的扭转振动。曲轴的自振频率随着气缸数的增加和曲轴的增长而降低。另外，气缸数的增加，使点火时间间隔变小，扭振频率和点火频率接近一致，从而容易引起共振，并使曲轴扭转振幅迅速地增大，导致下列不良后果：

1）曲轴扭转变形导致又一种附加应力产生，甚至会使曲轴因扭转疲劳而断裂。

2）使曲轴回转均匀性变差，影响配气正时和喷油正时，导致输出功率下降。

3）当扭转振动附加转矩超过装置中离合器、齿轮传动等的平均转矩时，就会使离合器、齿轮传动等零件间产生来回敲击的异常声响并加剧零件磨损。

4）使发动机原有平衡条件遭受破坏，导致发动机产生剧烈的振动。

为了避免曲轴产生强烈的扭转共振，常在振幅最大的曲轴前端装有扭振减振器，如图 2-2-19所示。

汽车发动机最常用的曲轴扭振减振器是摩擦式扭振减振器，它又可分为橡胶式和硅油式两类。

大众桑塔纳、一汽奥迪100型轿车发动机的曲轴上都采用了橡胶摩擦式扭振减振器，如图2-2-20所示。这种减振器结构简单，工作可靠，可选择获得最大减振效果的固有频率，也可系列化。此外，还有干摩擦式扭振减振器和黏液式减振器。

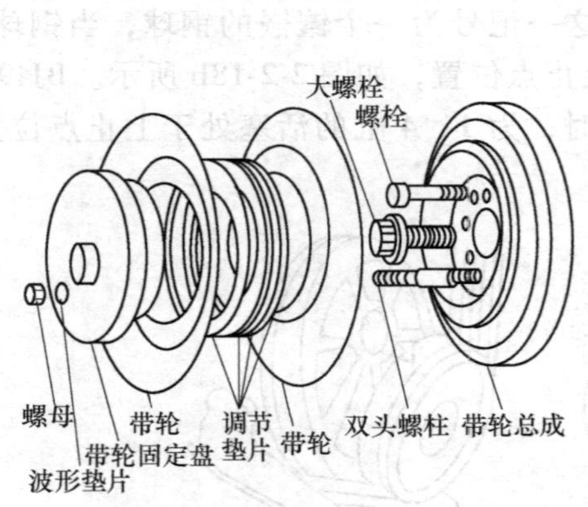

图2-2-19 曲轴扭振减振器

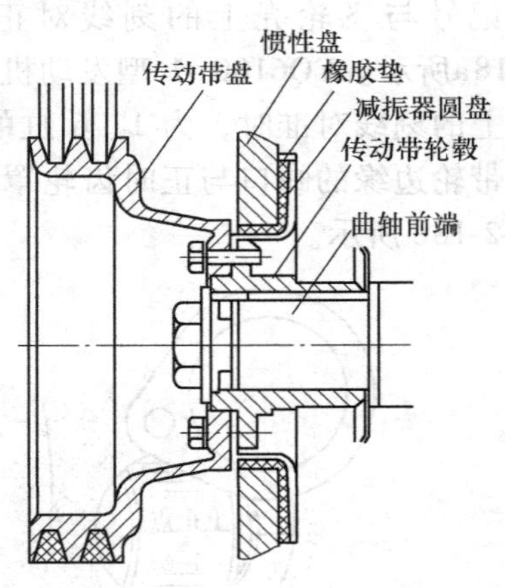

图2-2-20 橡胶摩擦式曲轴扭振减振器

扭振减振器常放在扭振振幅最大的曲轴前端。为节省空间或传动上的方便，很多小轿车发动机上常利用带轮作为减振体。在一些高级轿车发动机上，还采用双重减振器，它是在带轮的外圆柱面和内侧端面分别用橡胶与一个扭振减振体和一个弯曲减振体硫化成整体，它可抑制曲轴的扭转振动和弯曲振动。

思考与练习

1. 曲轴飞轮组由________、________、________等组成。
2. 曲轴由________、________、前端轴、________和后端凸缘等组成。
3. 平衡重的作用是________。
4. 按照曲轴的主轴颈数，可以把曲轴分为________和________。
5. 主轴颈是曲轴的________，位于曲轴箱________和________之中。
6. 曲柄用来连接________和________，曲柄内设________。
7. 曲轴后端凸缘用来安装________，通常加工有________，它的旋向和曲轴转向相反，从而起到封油的作用。
8. 曲轴轴向定位是通过________实现的，只能有一处设置________。
9. 飞轮边缘刻有________活塞位于________的标志（刻线或钢球），汽油发动机用以作为调整和检查________的依据，柴油发动机用以作为检查调整________，以及检查调整________的依据，简称________。

项目3 活塞连杆组的构造与维修

教学建议

1. 教学环境：要求在理论实践一体化的专业教室中完成，最好能实现小班制教学。

2. 教材使用

(1) 任务引导——引导文，由学生根据“知识链接”和教师讲解在实训前完成。

(2) 任务实施——实训任务，先由教师示范关键步骤，再由学生根据具体步骤完成实训任务，也可以由学生自行探索，教师在组织过程中根据需要进行示范和讲解。

(3) 实训报告——实训记录，任务完成后上交。

(4) 实训考核——实训评价，根据情况全面考核或抽考。

(5) 知识链接——必要的理论知识，建议采用多媒体动画教学。

知识目标

1. 熟悉活塞连杆组的作用、基本组成及基本工作原理。
2. 了解各主要部件的结构和维护方法。

能力目标

1. 掌握活塞连杆组主要部件的结构和作用。
2. 掌握活塞连杆组的拆装方法。
3. 掌握活塞连杆组主要部件的检测与维护方法。

情感目标

1. 体验安全生产规范，遵守操作规程，感受合作与交流的乐趣。
2. 在项目学习中逐步养成自主学习新知识、新技术的良好习惯。
3. 在操作学习中不断积累维修经验，从个案中寻找共性。

任务1 活塞连杆组的拆装

任务要求

要求对活塞连杆组进行正确的拆装、清洁，并能结合教材认识活塞连杆组的结构以及工作原理。

完成操作后，要求记录作业内容，整理好工具及其他设备。

作业时间：45min。

情境创设

教师将要进行拆装的发动机排列好。建议教师对活塞连杆组进行拆装示范，并联系教材讲解各个主要部件结构以及拆装过程当中需要注意的问题，引导学生按汽修厂的工作过程完成活塞连杆组的拆装，从而使学生能在完成任务的过程中学习相关技能，并掌握相关的理论知识。

也可以播放活塞连杆组拆装的相关视频，激发学生学习的兴趣。

教学资料准备：教学用发动机台架、维修手册、拆装工具等。

任务实施

一、工作安排

养成合作完成工作任务的习惯，请你将工作分工与完成时间记录在表 2-3-1 中。

表 2-3-1 组员工作分工与完成时间表

姓　名	任务分工	完成时间	备　注

二、拆装步骤

图 2-3-1 检查活塞连杆组标记

1. 活塞连杆组拆卸(图 2-3-1)

(1) 准备工作

1) 检查工具是否完备 □完成

2) 发动机体是否牢靠放置 □完成

3) 放掉发动机机油 □完成

4) 放掉发动机冷却液 □完成

5) 拆卸发动机附件 □完成

6) 拆卸气缸盖 □完成

7) 检查各缸活塞连杆组标记，若无标记，则在活塞顶部做标记 □完成

(2) 拆卸活塞连杆组(图 2-3-2 ~ 图 2-3-3)

1) 将要拆卸的活塞连杆组转到下止点。用扳手分 2 ~ 3 次拧松连杆盖螺母，拆下连杆盖

一缸 □完成

二缸 □完成

图 2-3-2　拆卸连杆盖螺母

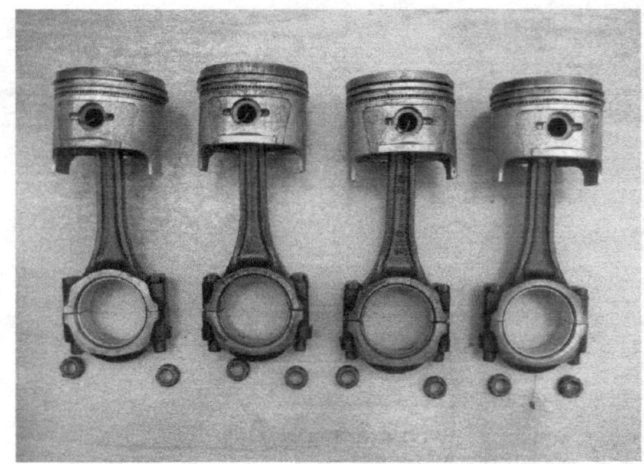

图 2-3-3　拆卸活塞连杆组

三缸　□完成

四缸　□完成

2）用木柄将活塞连杆组从缸体内拆出，并将连杆盖套回连杆上

□完成

3）将拆下的活塞连杆组（活塞、活塞销、连杆、连杆盖）配对装在一起。并将活塞连杆组总成按顺序放好

□完成

（3）拆卸活塞环（图 2-3-4）

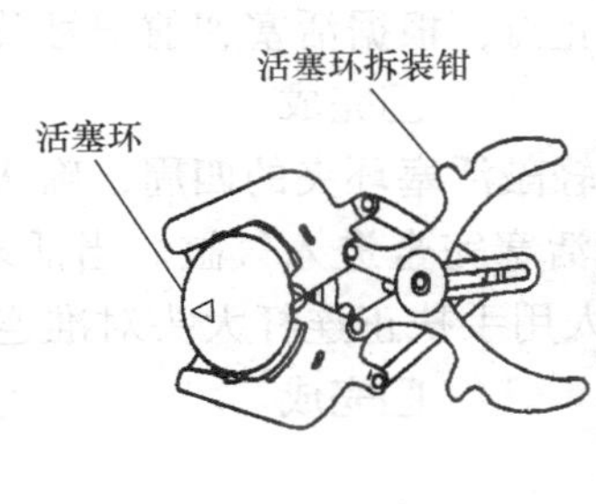

图 2-3-4　拆卸活塞环

1）用活塞环拆装钳拆出活塞环　□完成

2）拆油环。先将上、下钢片拆出，再拆衬环　□完成

2. 活塞连杆组安装

（1）活塞连杆组装配（图 2-3-5 ~ 图 2-3-7）

1）装配油环　□完成

先装入衬环，再装上、下钢片，上、下钢片开口要错开 180°，并且最好与活塞销轴线成 45°（或 135°）的角度。涨圈插头应在簧端的对面。

2）装配气环　□完成

用活塞环拆装钳钳口抵住活塞环开口两端后，撑开活塞环至其内径略大于活塞外径即可装入。先装最下一道环，逐步往上装。

图 2-3-5 装配油环

图 2-3-6 装配气环

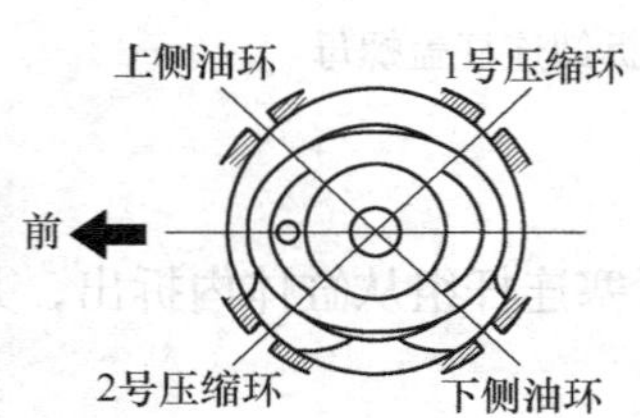

图 2-3-7 安装活塞连杆组

3）用手转动活塞环，检查活塞环是否有卡滞并将机油涂均匀。将活塞环的开口位置按要求摆放好。 □完成

4）转动曲轴，把要装的连杆轴颈转到下止点，根据活塞朝前记号及缸号标记将活塞连杆组放入气缸中。 □完成

5）用活塞环夹具夹好活塞环，再用木柄轻敲活塞环夹的四周，确认活塞环夹贴紧缸体表面后，用锤子柄（或木柄）轻敲活塞顶，使活塞完全进入气缸。当活塞完全进入气缸后，一人继续用锤子柄（或木柄）轻敲活塞顶，一人用手扶正连杆大头对准连杆轴颈直至连杆大头完全进入轴颈。 □完成

（2）安装连杆盖（图 2-3-8）

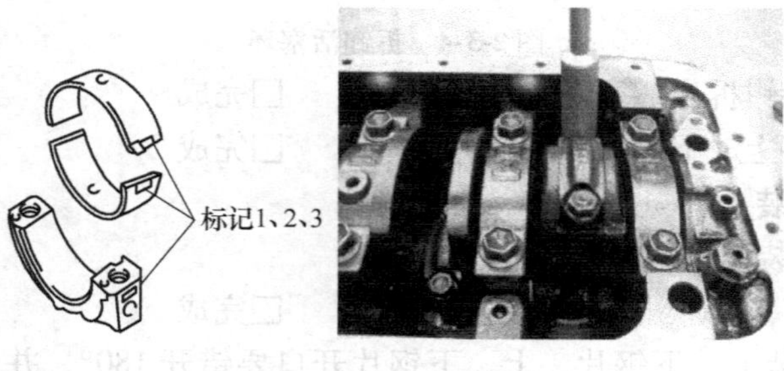

图 2-3-8 安装连杆盖

1）安装连杆盖 □完成

注意朝前标记，如没有朝前标记，应使连杆轴瓦的定位凸键在同一侧

□完成

2）拧紧连杆盖螺栓 □完成

按规定的力矩拧紧连杆盖螺栓

第一次拧紧，按规定力矩的30%

第二次拧紧，按规定力矩的60%

第三次拧紧，按规定力矩的100%

（3）安装机油泵及后端盖总成（图2-3-9）

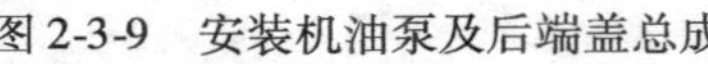

图2-3-9 安装机油泵及后端盖总成

1）装机油泵，注意内齿轮上的安装定位槽应对准曲轴上的安装定位槽 □完成

2）装曲轴后端盖总成，注意油封的方向及保护油封 □完成

3）安装上机体组零件 □完成

三、评分标准（表2-3-2）

表2-3-2 评分标准

班级		姓名		学号	
考核内容	活塞连杆组拆装			规定考核时间	20min
				实际考核时间	
序号	检查维修内容/评分标准		配分	考核及评分记录	得分
1	准备	检查工具完备情况	3		
		检查发动机体放置	3		
		拆卸气缸盖	5		
		活塞顶部做标记	3		
2	拆卸	拆卸连杆盖	6		
		拆卸活塞连杆组	8		
		将拆卸的活塞连杆组配对	8		
		拆卸活塞环	6		
3	清洁	清洁附在活塞上的积炭	3		
		清洁各个零部件	3		
4	安装	装配活塞环	4		
		安装连杆盖	4		
		安装机油泵及后端盖总成	8		
		安装气缸盖	6		
		安装其他发动机附件	4		
5	安全文明	防护措施得当，作业规范，安全整洁	10		
		工具、零件不落地	5		
6	工具使用	工具选用合理	3		
		工具使用规范	3		
7	考核时间	每超1min扣3分，超时3min终止考核	5		
合计			100		
监考教师		考核日期		年 月 日	

任务2　活塞连杆组的检修

任务要求

要求个人对活塞连杆组进行测量，掌握正确的测量方法，并能对测量结果进行准确分析。

完成操作后，要求记录作业内容，整理好工具及其他设备。

作业时间：45min。

情境创设

老师通过播放教学视频等方法，讲解活塞连杆组的构成以及在使用过程当中可能出现的损伤，并探讨产生的原因，从而使学生能在完成任务的过程中学习相关技能，并掌握相关的理论知识。

教学资料的准备：教学用发动机机体散件、维修手册、各种工量具等。

任务实施

一、工作安排

养成合作完成工作任务的习惯，请你将工作分工与完成时间记录在表2-3-3中。

表2-3-3　组员工作分工与完成时间表

姓　　名	任务分工	完成时间	备　　注

二、检测步骤

1. 活塞的检修

活塞磨损后在工作时会因为侧向力而敲打气缸壁引起发动机异响。

活塞的检测部位应在距离裙部下缘10mm处，并与活塞销轴线成90°，要求与公称尺寸的最大偏差为0.04mm。

活塞更换时，应选用同一厂牌、质量和尺寸为同一组的活塞，以保证材料、性能、质量和尺寸一致。同一组活塞质量差应不大于10g。活塞裙部锥形及椭圆应符合原厂规定、用千分尺测量活塞的直径，如图2-3-10所示。一般汽油发动机活塞的圆度公差为0.10～0.20mm，膨胀槽开到底的为0.05～0.0075mm；圆柱

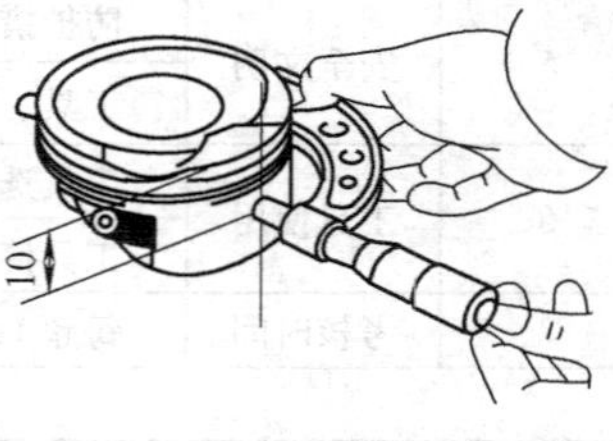

图2-3-10　测量活塞的直径

度公差为0.005~0.015mm，最大不得超过0.025mm，膨胀槽开到底的为0.015~0.03mm。

2. 活塞环的检修

活塞环在工作时，常见的损坏形式有：弹力减弱，断裂，端隙、侧隙、背隙增大。活塞与活塞环磨损后不修复，需更换新件。在更换新件时，要进行活塞与活塞环的选配。活塞环应与气缸和活塞选用同一级修理尺寸。

（1）活塞环的弹力检查　活塞环的弹力检查可用活塞环弹力检验仪检验。但随着活塞环制造技术的提高和制造质量的稳定，在修理中一般不做活塞环的弹力检查。

（2）漏光检查

1）人工检测方法：将活塞环平放于环规内，用一盖住环的内圆，在环规下面放置灯光，以便观察活塞环与环规的密合情况。

2）仪器检测法：采用专用的活塞环漏光检测仪检测，如图2-3-11所示。

一般要求活塞环局部漏光每处的弧长与相应的圆心夹角不大于25°；最大漏光缝隙不大于0.03mm；每环漏光处不超过2个，每环总漏光度不大于45°；在活塞环开口两端各30°范围内不允许有漏光现象。

（3）活塞环侧隙检查　活塞环侧隙是指活塞环在活塞环槽上、下平面的间隙。检查活塞环侧隙前，要清洗活塞环槽，新装时侧隙测量：第一道环的间隙为0.04~0.08mm，若超出0.08mm须更换。第二道环的间隙为0.03~0.07mm，如图2-3-12所示。

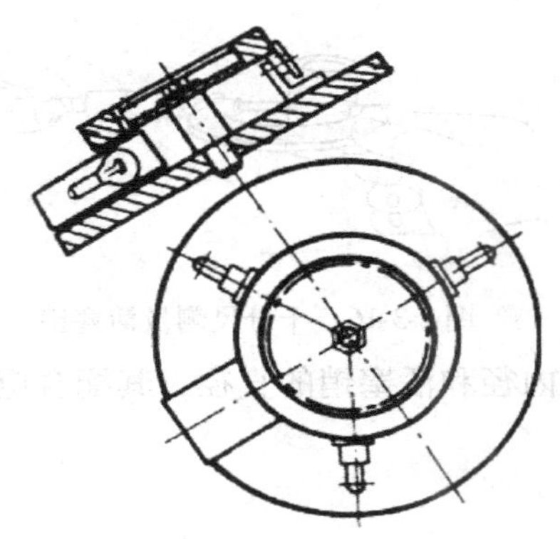

图2-3-11　活塞环漏光检测仪

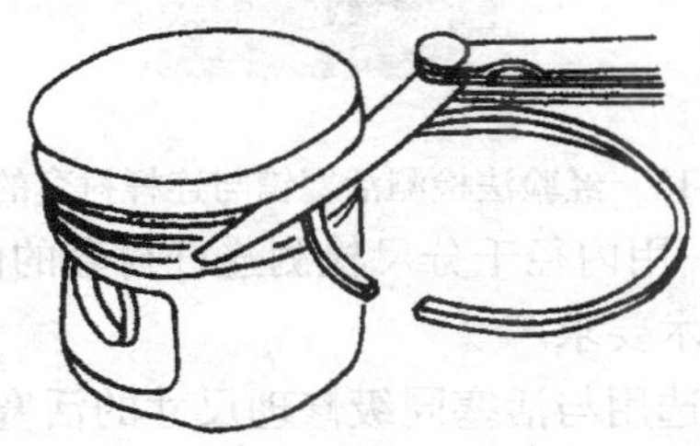

图2-3-12　活塞环侧隙检查

（4）活塞环端隙检查　活塞环装入气缸之后，环的开口间隙要适当，检查方法为：将活塞环平整地放入气缸，用一个活塞顶部将气环推到离气缸底部15~20mm处。然后取出活塞，用塞尺测量端口间隙。第一道端隙为0.25~0.45mm、第二道端隙为0.35~0.45mm，油环0.15~0.50mm，如图2-3-13所示。

（5）活塞环的背隙检查　活塞环的背隙通常以槽深与环厚之差来表示，一般为0.10~0.35mm。在实际操作中通常以经验法来判断活塞环的背隙和侧隙，即将活塞环装入活塞后，活塞环应能在环槽内滑动自如，无明显松旷感，如图2-3-14所示。

3. 活塞销的检修

活塞销磨损过大会损坏活塞销衬套，加大连杆轴瓦和曲轴连杆轴颈的磨损，磨损严重时，会拉断活塞销或连杆顶部，打坏气缸体。

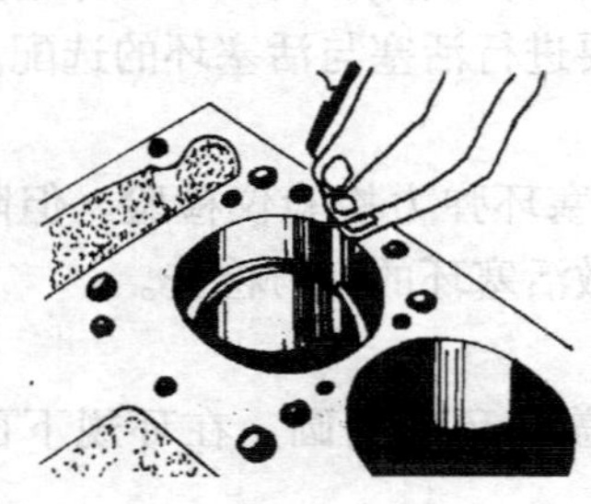
图 2-3-13　活塞环端隙检查

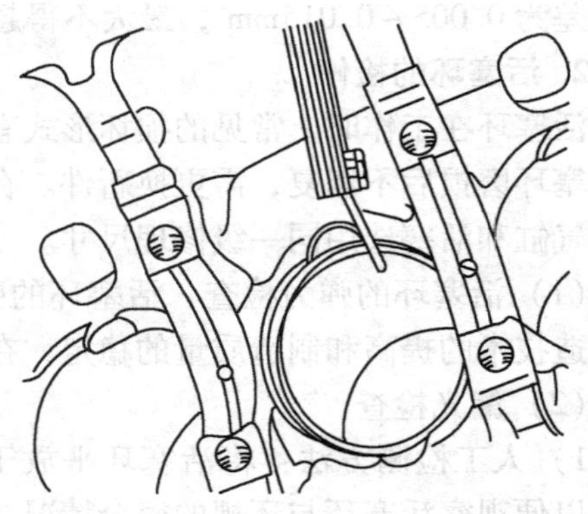
图 2-3-14　活塞环背隙检查

1）经验法检测活塞销与连杆衬套的磨损：一手握住活塞，一手握住连杆，用手轻轻将连杆沿竖直方向上下拉动，如有松旷现象则要更换活塞销、衬套，如图 2-3-15 所示。

2）用千分尺测量时，活塞销的圆度误差、圆柱度误差不大于 0.0025mm，如图 2-3-16 所示。

图 2-3-15　经验法检测活塞销与连杆衬套的磨损

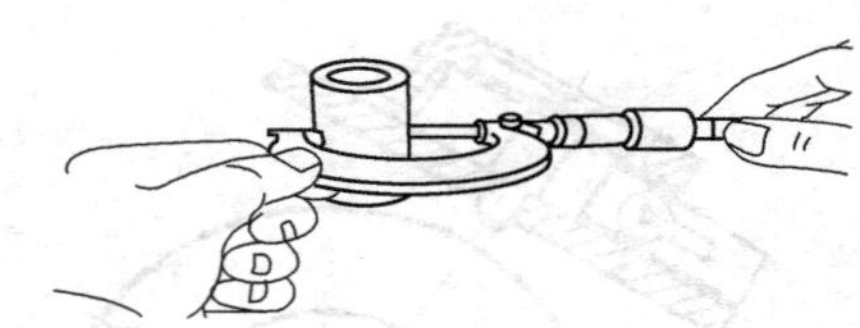
图 2-3-16　千分尺测量活塞销

3）用内径千分尺检测连杆衬套的内径，比较其内径和活塞销的直径，其配合应满足其出厂技术要求。

应选用与活塞同级修理尺寸的活塞销。

半浮式活塞销：销放入座孔处于垂直方向，常温下销应能靠自重缓缓通过座孔。

全浮式活塞销：将活塞加热到 70～80℃时，应能用手掌心将涂有润滑油的活塞销推入座孔。

4. 连杆的检修

连杆发生故障的原因：连杆在工作时除了传递活塞巨大的、周期性的作用力外，还要承受活塞连杆组在运动中产生的惯性力，因此连杆在工作中会发生各种损伤。

连杆的主要损伤有：连杆杆身发生弯曲、扭曲、弯扭并存和双重弯曲，大、小头孔磨损，螺栓孔损坏，大头端接触面损伤以及杆身出现裂纹等。

连杆弯曲或扭曲会使活塞在气缸内歪斜，造成活塞与气缸及曲轴连杆轴颈的偏磨、活塞组与气缸间漏气、窜油等。

用三点规检查连杆的弯曲和扭曲时应注意：先卸掉轴承，将连杆盖与连杆按要求装好，并按力矩要求拧紧；检查内孔圆度误差、圆柱度误差，其误差值不得大于0.0025mm；将连杆大头装在检验器的横轴上，使心轴的定心块向外扩张，将连杆固定在检验器上。

（1）弯曲度的检查　量规的下两个测点（或者上测点）与平板接触，而上测点（或下两测点）不与平板接触。用塞尺测得的测点与平板间的间隙值，即为连杆在100mm长度上的弯曲度，如图2-3-17所示。

最大的弯曲度应小于0.05mm/100mm。如果最大弯曲度大于最大值则应更换连杆。

（2）扭曲度的检查　上测点和下两测点中的一个测点接触平板，而另一点不接触平板，这时该测点与平板间的间隙为连杆在100mm长度上的扭曲度数值，如图2-3-18所示。

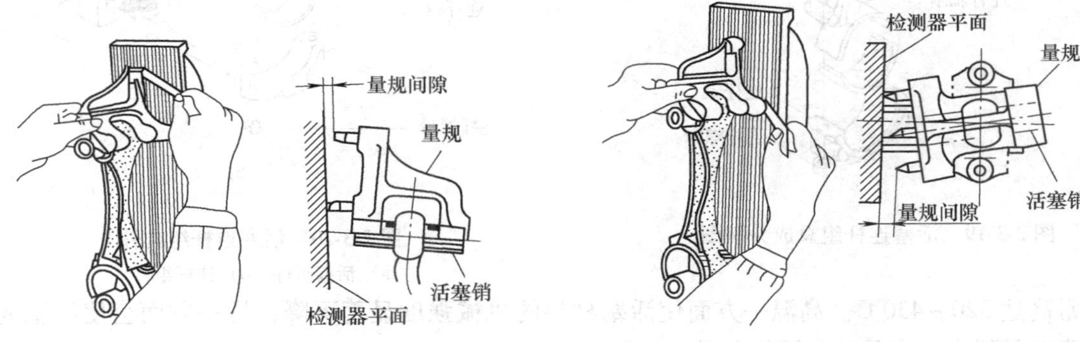

图2-3-17　连杆弯曲度的检查　　图2-3-18　连杆扭曲度的检查

扭曲程度最大应不超过：0.05mm/100mm。如果最大扭曲度大于最大值时则应更换连杆。

活塞连杆组主要由活塞、活塞环、活塞销、连杆轴承等零部件组成，如图2-3-19所示。活塞连杆组可分为活塞组件和连杆组件两部分，如图2-3-20所示。

一、活塞组主要零部件

1. 活塞

（1）活塞的功用　一是活塞顶部与气缸盖、气缸共同组成燃烧室；二是承受气体压力，并将此压力通过活塞销传递给连杆，以推动曲轴旋转；三是由连杆带动完成进气、压缩、排气三个辅助行程。

活塞是在高温、高压、高速、润滑不良和散热困难的条件下工作的。活塞顶部直接与高温燃气接触，燃气的最高温度可达2200℃以上。因此，活塞的温度也很高，其顶部的温度

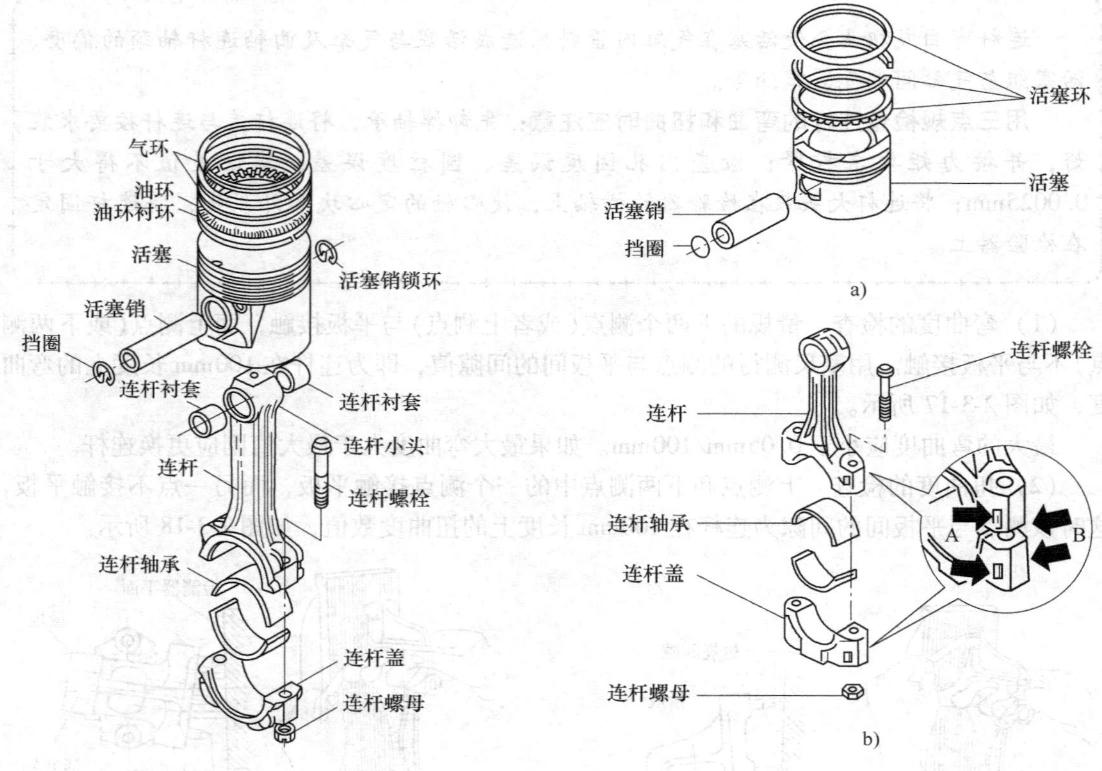

图 2-3-19　活塞连杆组总成分解图

图 2-3-20　活塞连杆组构件
a）活塞组件　b）连杆组件

通常高达 320～430℃。高温一方面使活塞材料的机械强度显著下降，另一方面会使活塞的热膨胀量增大，容易破坏活塞与其相关零件的配合。

活塞顶部在做功行程中，还承受着燃气带有冲击性的高压。高压将导致活塞承受的侧压力很大，从而加速活塞外表面的磨损，增加活塞变形量。

活塞在高温、高压的燃气作用下作高速及变速运动，因此要求活塞质量轻、导热性和热稳定性好、耐磨损并具有足够的强度和刚度。现代轿车发动机活塞在结构和制造工艺方面有下列特点：

1）活塞均用铝硅合金制造，通常还须进行固溶和时效等工艺处理。

2）活塞头部只有两道气环槽和一道油环槽，以减小活塞的压缩高度。

3）活塞裙部横截面为椭圆形；而在活塞的轴线方向，活塞裙部表面则多为筒形面。

4）活塞销座两侧镶嵌钢片，并多有将销座下方的裙部去掉，呈所谓拖鞋式或半拖鞋式裙部。

5）活塞销孔轴线偏离活塞轴线，以减轻活塞对气缸壁面的拍击。

（2）活塞的结构　活塞由活塞头部、活塞销座及活塞裙部三个部分构成，如图 2-3-21

所示。

1）活塞头部：包括活塞顶部和活塞环带。

① 活塞顶部是燃烧室的组成部分，其形状根据燃烧室的要求而定。汽油发动机活塞一般采用平顶活塞、凸顶活塞、凹顶活塞、成形顶活塞这几种形式，如图 2-3-22 所示。汽油发动机更多采用平顶活塞，其优点是制造简单，吸热面积小；柴油发动机活塞顶部常设计出各样凹坑，其具体形状、位置和大小必须满足混合气的形成与燃烧要求。常见柴油发动机活塞顶部，如图 2-3-23 所示。

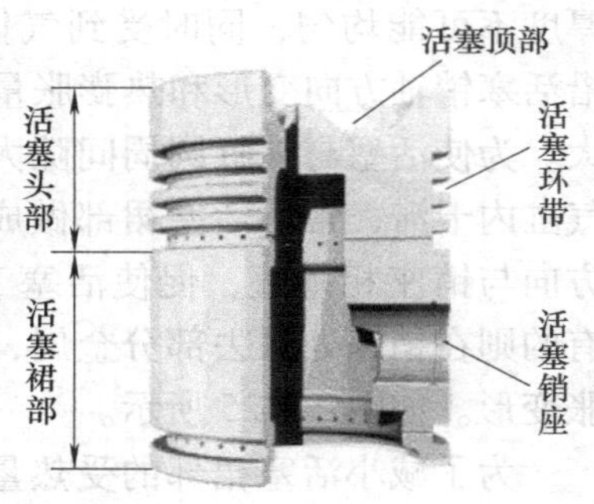

图 2-3-21　活塞的结构

② 活塞环带中设有数道环槽，用以安装活塞环，起到密封作用。柴油发动机压缩比较高，一般有四道环槽，上面三道安装气环，下面一道安装油环；汽油发动机一般用三道环槽，两道装气环，一道装油环，如图 2-3-21 所示。

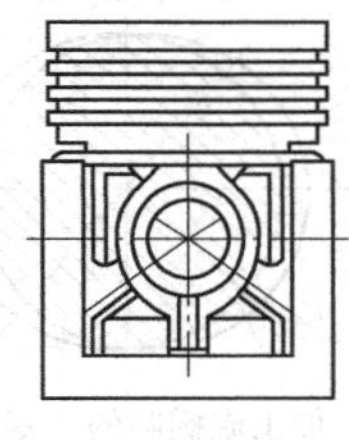
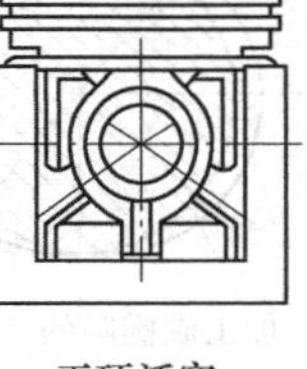
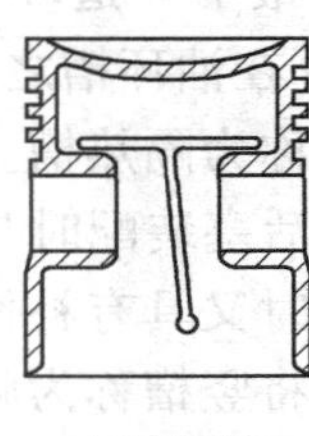
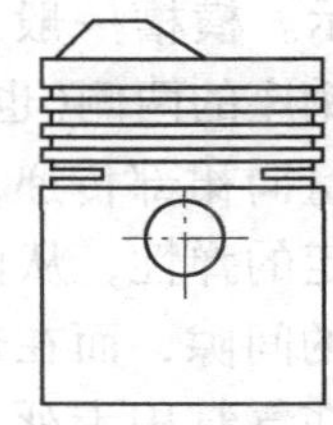

图 2-3-22　汽油发动机活塞顶部形状

图 2-3-23　柴油发动机活塞顶部形状

活塞顶部吸收的热量主要经头部通过活塞环传给气缸，再由气缸传出。为吸收顶部热量，有些发动机采用将润滑油喷至活塞内壁上以吸收或带走部分热量。

2）活塞销座：活塞销座位于活塞中部，用以安装活塞销，如图 2-3-24 所示。其作用是将活塞顶部气体作用力经活塞销传给连杆，因此为使活塞销座牢固可靠，通常在此设有加强肋。销座孔内设有安放弹性挡圈的挡圈槽。挡圈用以防止活塞销的轴向窜动。

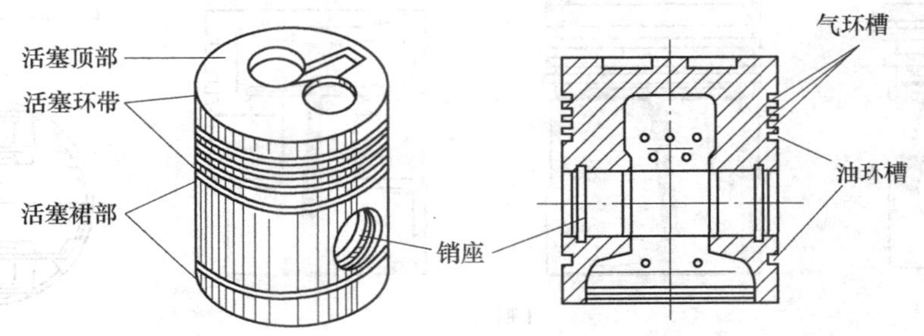

图 2-3-24　活塞销座

3）活塞裙部：活塞裙部是自油环槽下沿起至活塞底面的部分。其作用是为活塞在气缸内做往复运动导向并承受侧压力。为使裙部承受均匀压力，并与缸壁保持较小而安全的间隙，要求活塞在工作时呈理想的圆柱形。由于活塞的厚度不可能均匀，同时受到气体压力及热负荷作用，沿活塞销轴方向变形和热膨胀量较垂直活塞销轴向为大。为使活塞与气缸圆周间隙大致相等，防止活塞在气缸内卡滞，常将活塞裙部做成椭圆形，椭圆的长轴方向与销座相垂直，促使活塞工作时趋近理想圆柱。有的则在销座处除去部分金属，以减少活塞销座热膨胀变形。如图 2-3-25 所示。

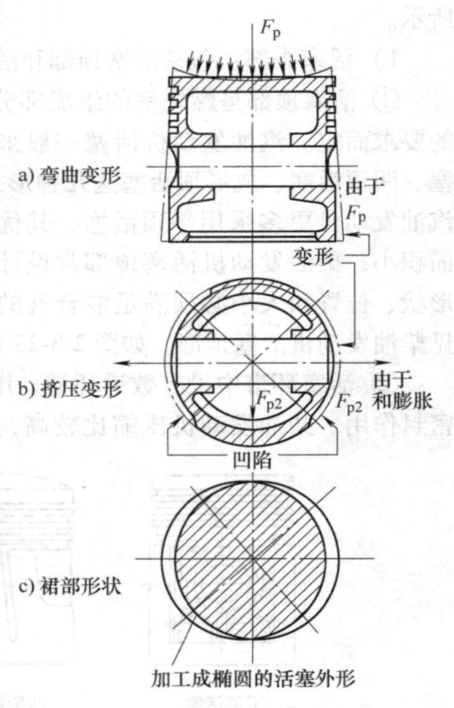

图 2-3-25　活塞裙部的椭圆变形示意图

为了减小活塞裙部的受热量，通常在裙部开横向的隔热槽。为了补偿裙部受热后的变形量，裙部开有纵向的膨胀槽。槽的形状有 T 形或 Π 形槽，如图 2-3-26所示。横槽一般开在最下一道环槽的下面，裙部上边缘销座的两侧(也有开在油环槽之中的)，以减小头部热量向裙部传递，故称为隔热槽。竖槽会使裙部具有一定的弹性，从而使活塞装配时与气缸间具有尽可能小的间隙，而在热态时又具有补偿作用，不致造成活塞在气缸中卡死，故将竖槽称为膨胀槽。裙部开竖槽后，会使其开槽的一侧刚性变小，在装配时应使其位于做功行程中承受侧压力较小的一侧。柴油发动机活塞受力大，裙部一般不开槽。

为了减小铝合金活塞裙部的热膨胀量，有些汽油发动机活塞在活塞裙部或销座内嵌入恒范钢片，称为双金属活塞，如图 2-3-27 所示。双金属活塞的结构特点是，由于恒范钢为含镍 33%~36% 的低碳铁镍合金，其膨胀系数仅为铝合金的 1/10，而销座通过恒范钢片与裙部相连，牵制了裙部的热膨胀变形量。

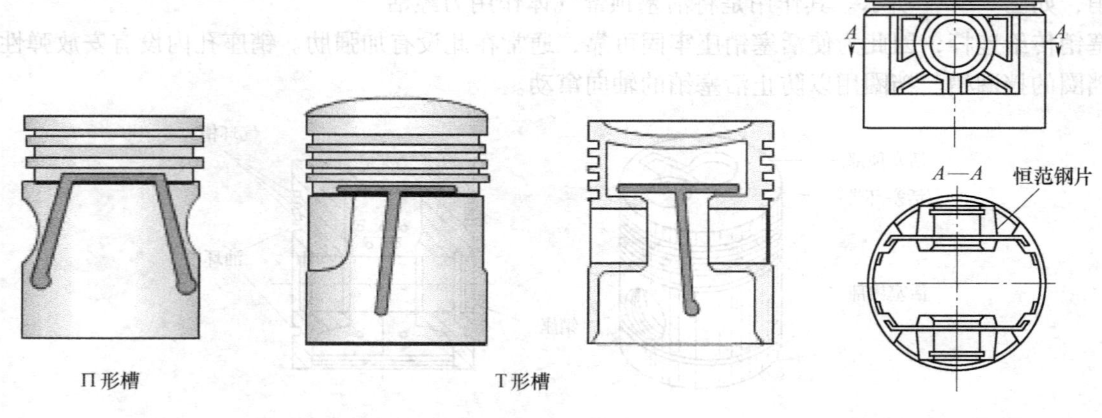

图 2-3-26　裙部开槽

图 2-3-27　双金属活塞

2. 活塞环

活塞环是具有一定弹性的金属开口圆环，自由状态下活塞环的外圆直径大于气缸直径，装入气缸后其外圆面紧贴气缸壁。

由于活塞环是在高温下作高速运动，润滑条件差，故磨损严重，摩擦损失功率大。当活塞环失效时，将出现发动机起动困难、功率不足、机油消耗加大、排气冒蓝烟、燃烧室和活塞等表面严重积炭等不良情况。因此，要求活塞环具有足够的强度和弹性，良好的耐热、耐磨性以及较好的耐蚀性、贮油性、磨合性和抗胶合性。

活塞环分为气环和油环两种。气环也叫压缩环，其功用是密封活塞与气缸壁之间的间隙，防止气缸内的气体漏入曲轴箱，并将活塞头部的热量传给气缸壁。油环的功用是将气缸壁上多余的润滑油刮下，减少润滑油窜入燃烧室，以延缓燃烧室内积炭层的生成。油环还可以使气缸壁上的润滑油膜分布均匀，改善活塞润滑条件。

（1）气环　活塞的气环按照断面形状可分为矩形环、锥面环、内切扭曲环、外切扭曲环、梯形环、桶面环等，如图2-3-28所示。

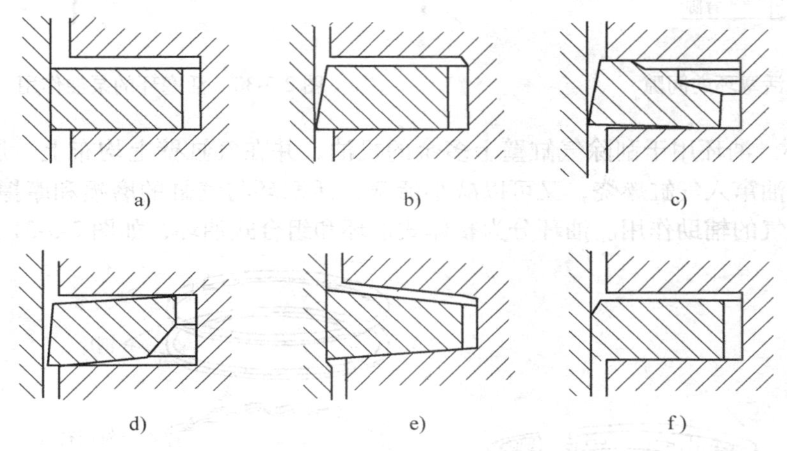

图2-3-28　气环的断面形状

a）矩形环　b）锥面环　c）内切扭曲环　d）外切扭曲环　e）梯形环　f）桶面环

漏气通常产生在气环外圆面与缸壁之间；环侧面与环槽之间；环的开口间隙等部位。所以要求气环必须有足够的弹性，同时为防止活塞环因受热膨胀而卡死在环槽和气缸中，装配后在环的开口处、环与环槽端面之间及活塞环内侧与活塞的环槽底面之间应留有适当间隙，即端隙约为0.3～0.8mm、侧隙约为0.04～0.05mm、背隙约为0.5～1mm，并保证安装的各环开口互相错开，如图2-3-29所示。

由于存在侧隙和背隙，当发动机工作时，活塞环会产生泵油作用。其原理是：当活塞带着环下行时，环靠在环槽的上方，环从缸壁上刮下的润滑油充入环槽下方；当活塞又带着环上行时，环又靠在环槽的下方，同时将油挤压到环槽上，如此反复，就将润滑油泵到活塞顶，如图2-3-30所示。较好地解决活塞环泵油作用的办法是使用扭曲环。

扭曲环是将矩形环内圆上方或外圆下方切成台阶或倒角而成的。扭曲环具有锥形环的特点，减小了泵油作用。在发动机做功行程受到压力作用时，扭曲环不再扭曲，两个密封面达到完全接触，利于散热。扭曲环的安装是有方向性的，否则会出现活塞环将润滑油刮到气缸内的现象。一般安装要求是：内切扭曲环装入第一道环槽，切口向上；外切扭曲环装入第二、三道环槽，切口向下。

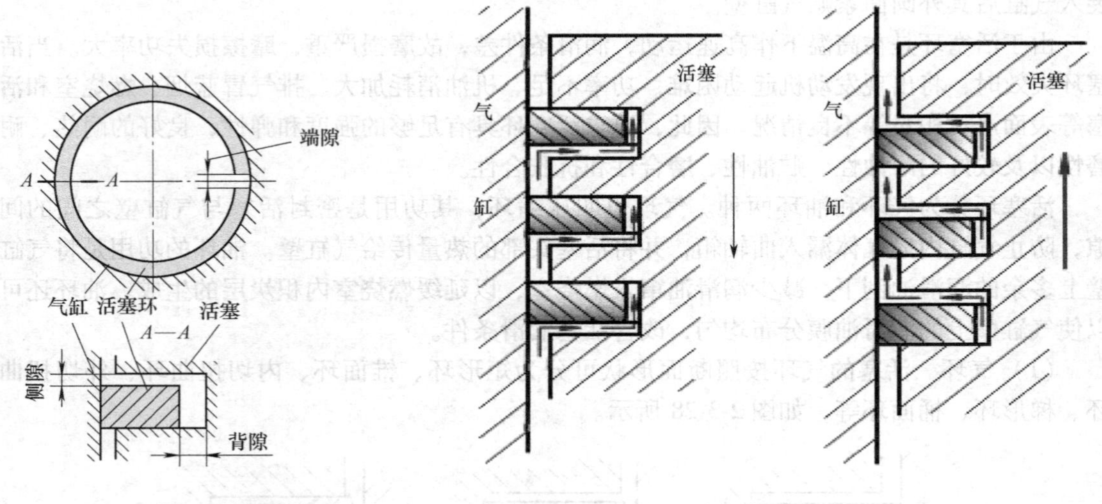

图 2-3-29 活塞环的间隙　　图 2-3-30 活塞环的泵油作用

（2）油环　油环用于刮除气缸壁上多余的机油，并在气缸壁上均布上一层油膜，这样既可以防止机油窜入气缸燃烧，又可以减小活塞、活塞环与气缸的磨损和摩擦阻力。此外，油环也具有封气的辅助作用。油环分为整体式油环和组合式油环，如图 2-3-31 所示。

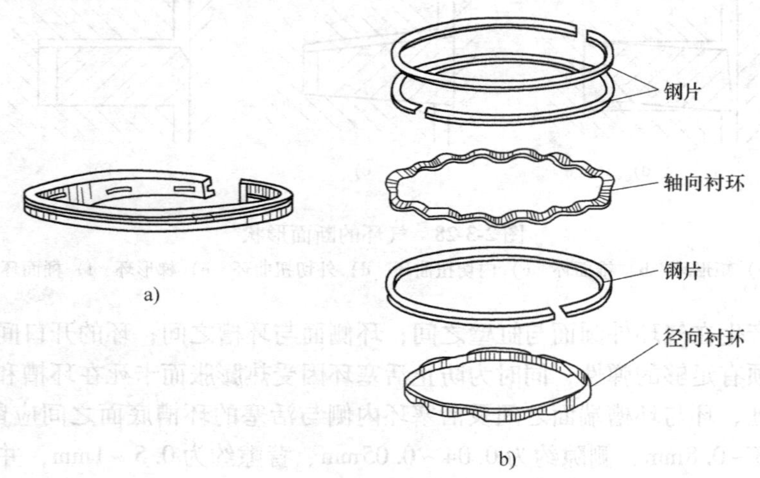

图 2-3-31 油环
a）整体式 b）组合式

整体式油环没有背压，为提高其对缸壁的压力，并增加刮油次数，其外圆上切有环形槽，槽底开有回油用的小孔或窄槽，如图 2-3-31a 所示。

组合式油环由上、下钢片和产生径向、轴向弹力的衬环组成。其特点为：环片薄，对缸壁压力大，因而刮油作用强；上、下钢片是各自独立的，故对气缸的适应性好；质量小；回油能力强。组合式油环的钢片表面都应镀铬，否则，容易产生黏附磨损，所以制造成本高。组合式油环在高速发动机上得到较广泛的应用，如图 2-3-31b 所示。

油环的刮油作用如图 2-3-32 所示。在油环径向方向开有贯穿的回油孔或回油槽，在活塞的油环槽内和环岸上开有许多排起到回油作用的小孔和斜孔。当活塞下行时，刮下的油通过油环径向槽内的小孔或狭缝和环岸上的斜孔回流到机体内。当活塞上行时，活塞环都贴在环槽下侧面，使气环与油环间的机油通过活塞环槽上的排回油孔流入机体内。

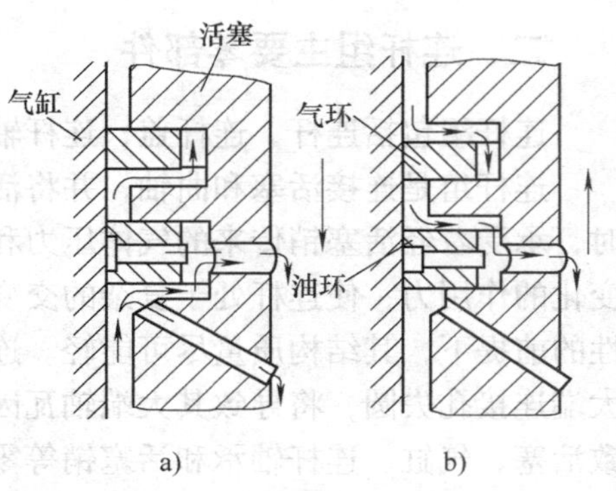

图 2-3-32　油环的刮油作用
a）活塞上行　b）活塞下行

3. 活塞销

（1）活塞销的功用和结构特点　活塞销的功用是连接活塞与连杆，并传递两者之间的作用力。活塞销两端支承在销座孔中，为了防止销的轴向窜动，常在销座两端用挡圈嵌入环槽限位。

活塞销在大小和方向不断变化的冲击载荷下工作。同时，由于其做低速摆转运动，油膜不易建立，致使其润滑条件较差，一般只能靠飞溅润滑。

根据活塞销的工作条件，要求其具有足够的刚性和强度，表面耐磨，质量尽可能小。为此，活塞销通常做成空心圆柱体。

活塞销表面成圆柱形，活塞销内孔有圆筒形、锥孔形等，如图 2-3-33 所示。圆筒形孔易加工，但活塞销质量较大。锥孔形活塞销质量较小，且接近等强度梁的要求，但孔加工较复杂。

（2）活塞销的连接方式

1）全浮式：全浮式连接是指发动机正常工作过程中，活塞销与活塞销座孔及连杆小端衬套之间有适量的配合间隙，活塞销可以在孔内自由转动。因此，活塞销磨损较均匀，使用寿命较长。目前大多数发动机采用此连接方式，如图 2-3-34a 所示。

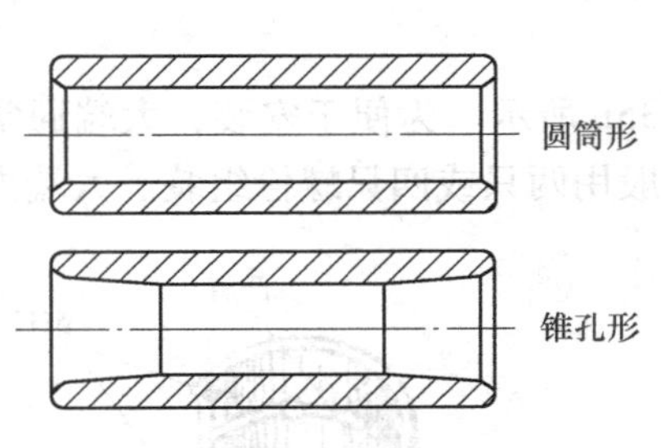

图 2-3-33　活塞销

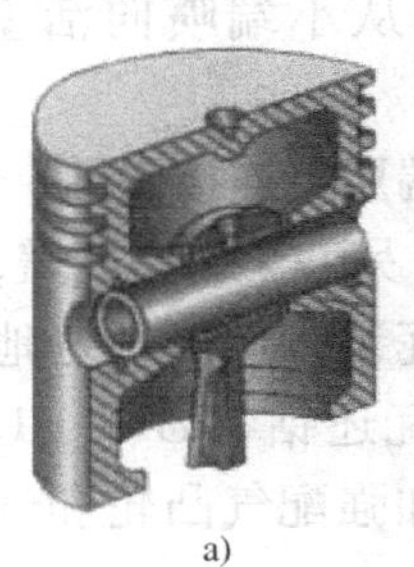

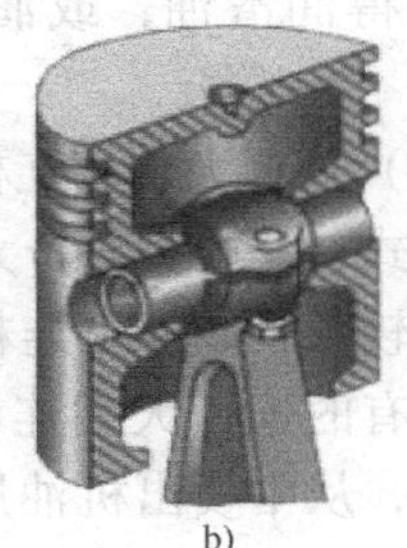

图 2-3-34　活塞销的连接方式
a）半浮式　b）全浮式

当采用铝活塞时，活塞销座的热膨胀量大于钢制活塞销。为了保证高温下工作时有正常的配合间隙(0～0.02mm)，在冷态装配时两者应为过盈配合。装配时，必须先对活塞进行加热，即把活塞放入 70～90℃的水中加热后，再将活塞销装入。为了防止活塞在工作中发生轴向窜动而刮伤气缸壁，在销座两端还应加装挡圈。

2）半浮式：通常半浮式连接使活塞销与连杆小端之间采用螺栓联接，活塞销与活塞销座孔之间可有相对运动，如图 2-3-34b 所示。

二、连杆组主要零部件

连杆组包括连杆、连杆盖、连杆轴瓦、连杆螺栓、连杆小端衬套等。

连杆组是连接活塞和曲轴，并将活塞往复运动变成曲轴旋转运动的重要组件。连杆运动时，承受着经活塞销传来的气体压力和活塞连杆组往复运动的惯性力。这些大小和方向周期变化的作用力，使连杆处于复杂的交变应力状态下。因此要求连杆组在保证足够的强度和刚性的前提下，其结构质量尽可能轻。连杆和连杆螺栓强度不足断裂，将导致整机破坏；连杆大端连接孔失圆，将导致其大端轴瓦因油膜破坏而烧损；连杆杆身因刚性不足而变形，将导致活塞、气缸、连杆轴承和活塞销等零件偏磨及活塞环漏气和窜油等。

1. 连杆

连杆的功用是连接活塞与曲轴，并传递两者之间的作用力，使活塞的往复运动转换为曲轴的旋转运动。连杆由小端、杆身、大端三部分组成。连杆小端和活塞销连接，小端孔内压有减磨青铜衬套。连杆大端与曲轴的连杆轴颈相连，连杆轴承盖用螺栓与大端的上半部分连接。为了减少摩擦，延长连杆的寿命，连杆大端孔中装有两个半圆形的薄壁连杆轴瓦。

(1) 连杆小端　连杆小端用来安装活塞销，以连接活塞，如图 2-3-35a 所示。当活塞销为全浮式时，连杆小端孔内需压入青铜衬套或铁基粉末冶金衬套。后者不仅价廉，且内含石墨和润滑油，自润滑性好。其运动副的润滑方式有两种：一种是在连杆小端设有集油槽或集油孔，靠收集曲轴旋转时飞溅的机油来润滑；另一种是在连杆杆身内设有纵向压力油道，采用压力润滑方式。

a)

b)

图 2-3-35　连杆小端、大端示意图
a) 小端　b) 大端

(2) 连杆杆身　连杆杆身通常采用工字形断面，以提高其刚性。某些发动机在杆身内还钻有油道，使连杆小端运动副获得润滑油，或润滑油从小端喷向活塞顶，以冷却活塞。

(3) 连杆大端　连杆大端用于连接曲轴，如图 2-3-35b 所示。为便于安装，大端通常做成剖分式，一半为杆身大头，另一半为连杆盖，二者一般用两只或四只螺栓组装。大端内孔粗糙度较低，以保证连杆轴瓦装入后能很好地贴合传热。有的连杆大端连同轴瓦还钻有 $\phi1\sim\phi1.5$mm 小油孔，从中喷出机油用以加强配气凸轮和气缸壁润滑。

2. 连杆轴瓦

连杆大端与连杆盖中装有剖分式滑动轴承(轴瓦)，如图 2-3-36 所示，其工作情况对发动机的机械效率、工作可靠性以及使用寿命都有很大影响。轴瓦用厚1～3mm 钢带作瓦背，其上附着厚 0.3～0.7mm 的减磨合金，它具有保持油膜，减少摩擦阻力和易于磨合的作用。

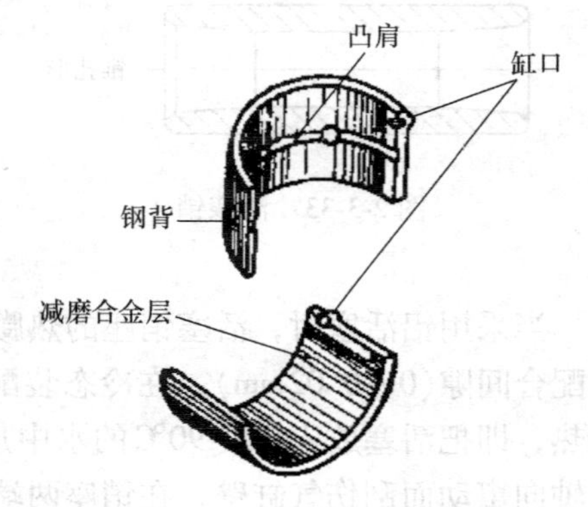

图 2-3-36　连杆轴瓦

3. 连杆螺栓

连接连杆大端及连杆盖的螺栓结构形式有两种：一种是螺钉式，即螺钉穿过连杆盖上的孔，直接旋入连杆大端的螺孔里。一般用在斜切口连杆大端结构上。另一种是用螺栓穿过连杆大端和连杆盖的螺栓孔，再用螺母及防松件紧固。

连杆螺栓持续承受很大的交变载荷和冲击载荷，很容易引起疲劳断裂。连杆螺栓断裂会给柴油发动机带来极其严重后果，甚至使整机报废。所以连杆螺栓无论在结构、材质、加工和热处理诸方面都很考究。柴油发动机连杆螺栓一般用韧性较高的优质合金钢制造。

螺钉或螺栓的螺纹部分，一般要求一级精度，多采用细牙。螺纹部分中心线与螺栓支承面应保证垂直，以防装配时因支承面贴合不良产生附加应力，引起螺纹断裂。连杆螺栓在装配时应按一定的拧紧力矩分2～3次拧紧。虽从理论上认为这种螺栓或螺钉不需防松装置，但从安全起见，有的柴油发动机还是采用了开口销、自锁螺母或螺纹表面镀铜等防松措施。

思考与练习

1. 活塞连杆组主要由________、________、________、________等零部件组成。
2. 活塞顶部在________行程时，还承受着燃气带有冲击性的________。
3. ________是具有一定弹性的金属开口圆环，自由状态下________大于气缸直径，装入气缸后其外圆面紧贴________。
4. 活塞环分为________和________两种。
5. 活塞销的功用是________与________，并传递两者之间的作用力。
6. 为了防止销的轴向窜动，常在销座两端用________嵌入环槽限位。
7. 连杆由________、________、大端三部分组成。
8. 活塞由________、________及活塞________三个部分构成。
9. 气环也叫________，其主要作用是保证活塞与________间的密封性。
10. 连杆组包括________、连杆盖、________、连杆螺栓、________等。

单元3 配气机构的构造与维修

3

教学建议

1. 教学环境：要求在理论实践一体化的专业教室中完成，最好能实现小班制教学。

2. 教材使用：

(1) 任务引导——引导文，由学生根据“知识链接”和教师讲解在实训前完成。

(2) 任务实施——实训任务，先由教师示范关键步骤，再由学生根据具体步骤完成实训任务，也可以由学生自行探索，教师在组织过程中根据需要进行示范和讲解。

(3) 实训报告——实训记录，任务完成后上交。

(4) 实训考核——实训评价，根据情况全面考核或抽考。

(5) 知识链接——必要的理论知识，建议采用多媒体动画教学。

知识目标

1. 了解配气机构的相关基础知识及发动机配气机构的总体结构、分类、组成。
2. 熟悉配气机构作用、工作过程与原理。

能力目标

1. 掌握发动机配气机构维护作业的内容、方法、主要技术要求及安全操作规程。
2. 掌握配气机构的检测、诊断技术，熟悉配气机构主要零配件的修复方法。
3. 掌握配气机构的拆装和气门调整的方法与步骤。

情感目标

1. 体验安全生产规范，遵守操作规程，感受合作与交流的乐趣。
2. 在项目学习中逐步养成自主学习新知识、新技术的良好习惯。
3. 在操作学习中不断积累维修经验，从个案中寻找共性。

项目1 配气机构的基础知识

任务要求

了解配气机构的相关基础知识及发动机配气机构的总体结构、分类、组成。

熟悉配气机构的作用、组成结构及工作原理。

情境创设

一位同学向老师提问到："老师，这个发动机现在拆散了，这里有这么多的零部件，发动机燃烧室上面有两根杆似的东西是什么呀?"

带着这位同学的疑问，老师要求同学们完成这样的一个学习任务：要求同学们认真学习与这个疑问有关的发动机配气机构作用、组成结构、工作原理的知识。

教学资料准备：教学用发动机维修手册、发动机构造与维修教材等。

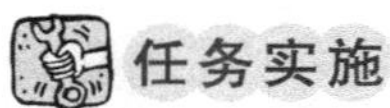

任务实施

一、工作安排

养成合作完成工作任务的习惯，请你将工作分工与完成时间记录在表3-1-1中。

表3-1-1 组员工作分工与完成时间表

姓名	任务分工	完成时间	备注

二、配气机构的拆卸和装配

1. 配气机构拆卸注意事项

配气机构的工作必须严格按照配气相位进行，因此，其拆卸与装配有严格的位置要求，要按照一定的装配关系来进行。

拆卸一般要按照从上到下，由表及里的顺序进行。在拆卸气门组时应注意要使用专用工具，卸下气门时应注意其头部标记，或自作标记，以保证在安装时位置及顺序不发生混乱。

配气机构在拆卸时应注意以下几点：

1）松开同步带(正时带)张紧轮前，应将曲轴转到1缸上止点位置。

2）在取下同步带时，应在同步带上标上其原转动方向，以防安装时装反。否则，会加速同步带的磨损。

3）液力挺柱在拆下存放时，应特别注意防尘，并且做好位置标记，如图 3-1-1 所示。

图 3-1-1　位置标记

2. 丰田 5A 四缸电喷发动机配气机构的拆卸和装配

根据 5A 发动机的配气机构分解图(图 3-1-2)，按顺序进行拆卸。

1）拆下同步带防护罩，拆下同步带。

2）拆下防护罩底板。

3）拆下 PCV 阀和节气门旁通阀，拔下所有的传感器插头。

4）拆下气缸盖罩盖和加固垫铁，取下衬垫。

5）拆下凸轮轴紧固螺栓，并取下大垫片。

6）拆下凸轮轴同步带和半圆键。

7）按照要求顺序拧下凸轮轴轴承盖螺母(先交替松开 2、3 轴承盖螺母，再交替松开 1、4 轴承盖螺母)，拆下轴承盖。

8）取下凸轮轴。

9）调整垫片和液力挺柱。

10）用专用工具压下气门弹簧，拆下气门弹簧锁夹后，拆下气门弹簧上座、内外弹簧、气门导管油封、气门及气门弹簧下座。

装配时按拆解的相反顺序进行，并按要求顺序拧紧凸轮轴轴承盖螺母(图 3-1-3)，拧紧力矩为 20N · m。有液压气门的先交叉对角拧紧轴承盖 2 和 4，然后安装 1 和 3 轴承盖。无液压气门的后装 1、3、5 轴承盖。

三、气门间隙的调整

丰田 5A/8A 发动机气门间隙为全液压自动调整无需人为调整。

1. 气门调整的原理

凸轮面上对应的气门间隙的变化可分为三个状态(图 3-1-4)，气门间隙最大状态(可调气门间隙)、气门间隙变化状态(不可调气门间隙)、气门间隙最小状态(无间隙、不可调)。

曲轴转动两周(四冲程发动机)，凸轮轴转动一周，各缸分别工作一次。在配气相位图上，反映了单缸工作的流程，因此可以在相位图相应的位置上，反映各缸任意时刻各缸的工作状态或位置。由于发动机各缸工作是等时的，所以在相位图上各缸的位置是均匀分布的，即可知道各缸的工作状态或位置。依次来判断各缸进、排气门是否应在气门间隙最大状态，然后调整相应的气门间隙。

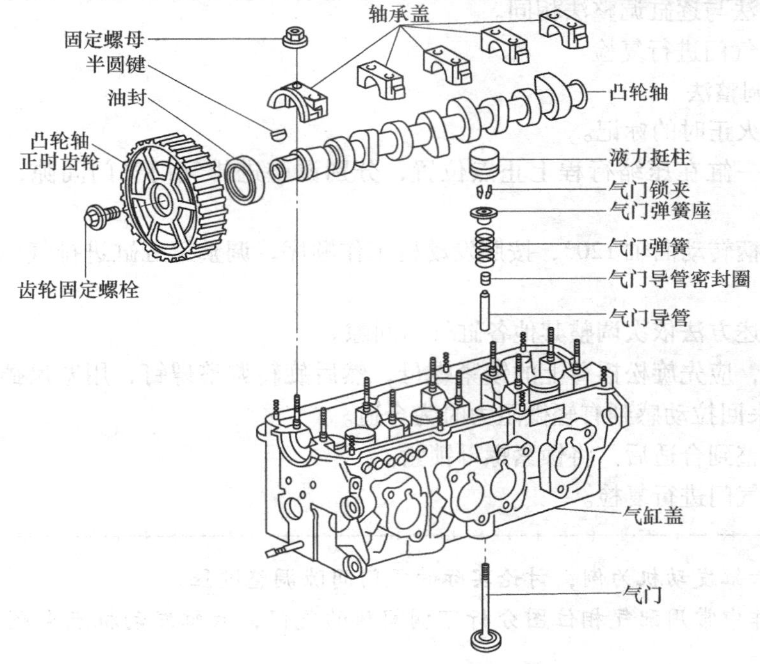

图 3-1-2　配气机构总成及拆解图

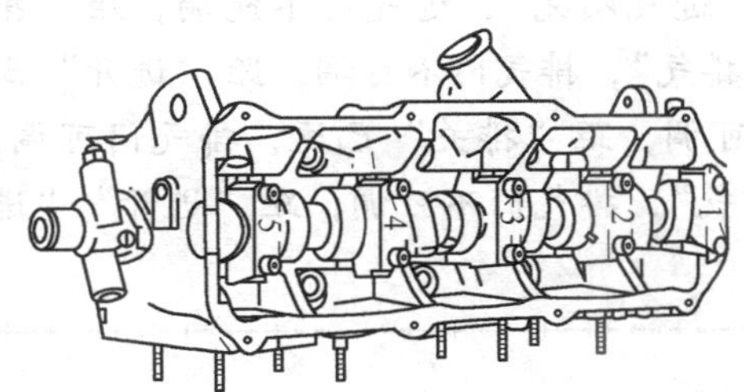

图 3-1-3　凸轮轴轴承盖螺母拧紧顺序

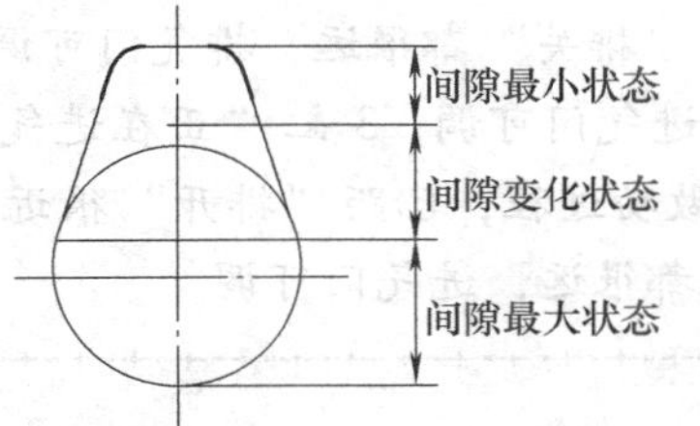

图 3-1-4　凸轮面对应气门间隙的变化

2. 气门调整的方法

常用气门间隙的调整方法有两种：一是两遍法，生产实践中，普遍地采用两遍法调整气门间隙，即第一缸压缩终了至上止点时，调整所有气门的半数，再摇转曲轴一周(指四冲程发动机)便可调整其余半数气门；二是逐缸调整法，即根据气缸点火次序，确定某缸活塞在压缩行程上止点位置后，可对此缸进、排气门间隙进行调整；调妥之后摇转曲轴，按此法逐步调整其他各缸气门间隙。

（1）两遍法

1）找到点火正时标记。

2）确定第一缸在压缩行程上止点位置，按照发动机(六缸)点火顺序“1→5→3→6→2→4”对应“双→排→排→不→进→进”的原则，判断可调气门。

3）用塞尺测量可调气门间隙。

4）调整间隙不符合要求的气门，使之符合技术要求。

5）转动曲轴360°，检查并调整剩余气门的间隙。

6）调整方法与逐缸调整法相同。

7）对所有气门进行复检。

（2）逐缸调整法

1）找到点火正时的标记。

2）确定第一缸在压缩行程上止点位置，分别调整进排气门气门间隙，使之符合技术要求。

3）用手摇柄转动曲轴120°，按照发动机工作顺序，调整第五缸进排气门间隙，使之符合技术要求。

4）按照上述方法依次调整其他各缸气门间隙。

5）调整时，应先旋松摇臂上的锁紧螺母，然后旋转调整螺钉，用塞尺插入气门杆尾端与摇臂之间，来回拉动感到有轻微阻力时为合适。

6）间隙调整到合适后，将锁紧螺母锁紧。

7）对所有气门进行复检。

下面以六缸发动机为例，讨论实际的气门间隙调整过程。

实际工作中常用配气相位图分析可调间隙的气门，六缸发动机点火顺序为1→5→3→6→2→4。

根据调整原则：1缸压缩终了，双门关闭，均可调；六缸排气终了，双门叠开，均不可调；五缸压缩过程，距“进关”很近，属“进气刚完”，进气门不能调，距“排开”、“排关”都很远，排气门可调；2缸“正在排气”，排气门不可调，距“进开”尚远，进气门可调；3缸“正在进气”，进气门下可调，距“排关”已远，排气门可调；4缸做功过程，已距“排开”很近，属“将要排气”，排气门不可调，距“进开”“进关”都很远，进气门可调。

综上分析，1缸压缩终了时，可调气门有：1缸双门，2、4缸进气门，3、5缸排气门。如将发动机的工作顺序排成如图3-1-5所示的环形图，则一缸做功开始时，将第一周和第二周做功的缸号，分别排在环形图的上方(可调排气门)和下方(可调进气门)。于是环形图中各缸号可分为双门可调段(左)、排气门可调段(上)、双门均不可调段(右)、进气门可调段(下)，即顺次可按“双、排、不、进”四段来判别气门的可调性。自然，将曲轴转一圈，则“双-不”对调，“排-进”对调。

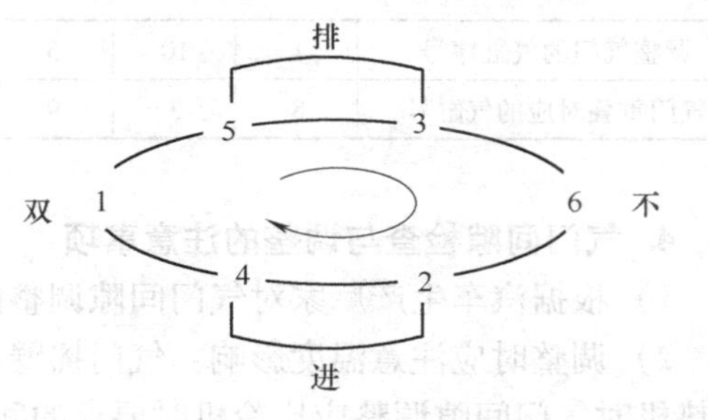

图3-1-5 一个气缸做功开始时可调气门的判别

由于气门开始开启和开始关闭时，挺柱(或摇臂)是在凸轮的缓冲段内某点上，而且配气相位往往产生一定的偏差，所以不仅气门开启过程不能调，而且将要开启和刚关闭不久的一段时间内也不能调。根据该原则，则气门在六种状态下不能调：①正在进气，则进气门不能调；②正在排气，则排气门不能调；③将要进气，则进气门不能调；④将要排气，则排气门不能调；⑤刚进气完，则进气门不能调；⑥刚排气完，则排气门不能调。

3. 十缸发动机的气门间隙调整

“双排不进”的调整法对于四、六缸发动机比较实用，但不够准确，对于六缸以上的发动机则会出现错误；而单缸简易调整法则不够简捷。现以F10L413F发动机为例，介绍十缸发动机气门间隙的调整方法。

1）根据发动机换气过程，画出配气相位图(图3-1-6)。

2）根据各缸的工作顺序，在配气相位图上相应的位置依次标出F10L413F发动机的工作顺序：1→10→5→7→2→8→3→9→4→6，相邻两缸相角相差角度$\Delta=\frac{720°}{10}=72°$。由图3-1-6可以清楚地看到，在发动机运转过程中必然有两个缸同时处于上止点的位置，如1缸和8缸，10缸和3缸，以此类推。当8缸处于气门重叠位置(即气门刚开启)时，1缸处于压缩行程上止点，1缸气门处于间隙最大状态，进、排气门均可调；发动机曲轴正向转动72°，此时3缸处于气门重叠位置，而10缸处于压缩行程上止点，10缸进、排气门均可调。这样，发动机曲轴转两周，可依次调整所有气缸的气门间隙。现将各缸气门间隙调整顺序列于表3-1-2中。

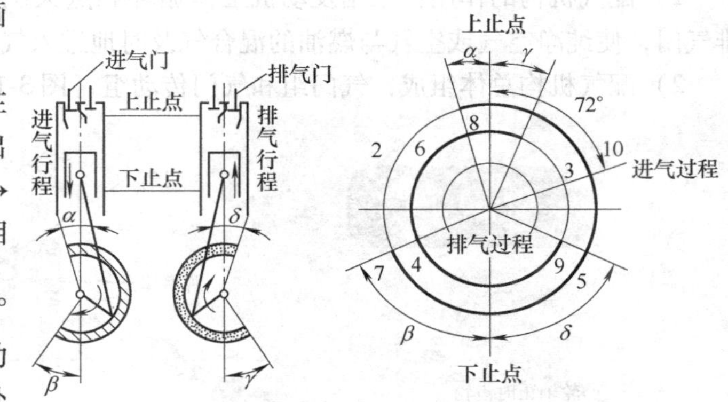

图3-1-6 F10L413F发动机配气相位

α—进气提前角 β—进气迟延角

γ—排气提前角 δ—排气迟延角

表 3-1-2 十缸发动机气门间隙的调整顺序

调整气门的气缸序号	1	10	5	7	2	8	3	9	4	6
气门重叠对应的气缸号	8	3	9	4	6	1	10	5	7	2

4. 气门间隙检查与调整的注意事项

1）根据汽车生产厂家对气门间隙调整的具体要求和规定进行。

2）调整时应注意温度影响：气门摇臂、气门杆的温度会对气门间隙产生影响，一般来说热机时气门间隙调整应比冷机时要求的间隙值小，有些汽车要求在冷机时调整，有的汽车在热、冷态时均可调整，但其间隙值各不相同。

3）各缸气门间隙应调整一致，以免在工作中发动机运转不平衡。

4）气门间隙调整时，所调的气门应在完全在关闭状态下，即挺柱（或摇臂）必须落在凸轮的基圆上，才可调整，这时调整的间隙值才是准确的。

5）调整前注意检查摇臂头工作面。发动机工作中，摇臂头弧形工作面不断地与气门杆端部撞击、滑磨，尤其在润滑不良的情况下，会引起磨损，磨出凹坑，严重时会因气门杆端部卡入凹坑而折断摇臂，因此应根据磨损情况予以修复或更换新件，以免影响其调整的准确性。

一、配气机构结构和工作原理

1. 概述

1）配气机构的作用：根据发动机工作循环和点火次序，适时地开启和关闭各缸的进、排气门，使纯净空气或空气与燃油的混合气及时地进入气缸，废气及时地排出。

2）配气机构总体组成：气门组和气门传动组（图 3-1-7）。

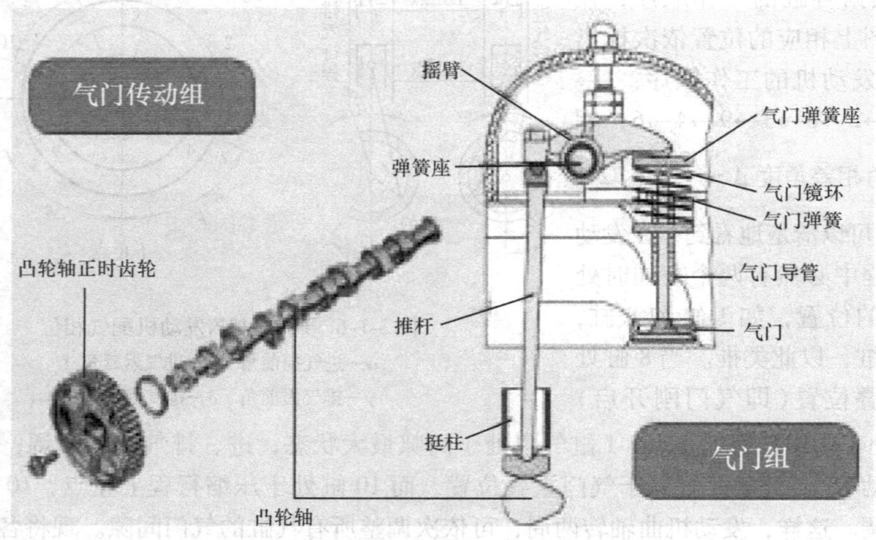

图 3-1-7 气门组和气门传动组

气门组主要有：气门、气门导管、气门弹簧和弹簧座等。

气门传动组主要有：正时齿轮、凸轮轴、挺柱、推杆及摇臂总成等。

3）配气机构的分类：根据凸轮轴的安放位置不同分为下置式、中置式和上置式；按每一缸的气门数分为：双气门和多气门；

按曲轴和凸轮轴的传动方式不同分为齿轮传动、链传动和同步带传动。

2. 配气机构工作原理

1）凸轮轴是通过正时齿轮由曲轴驱动的。

2）四冲程发动机完成一个工作循环，曲轴旋转两周（720°），各缸进、排气门各开启一次，凸轮轴只需转一周，曲轴与凸轮轴转速之比为2∶1。

3）当凸轮基圆部分与挺柱接触时，挺柱不升高；当凸轮轴上凸起部分与挺柱接触时，将挺柱顶起，挺柱通过推杆、调整螺钉使摇臂绕摇臂轴顺时针摆动，摇臂的长臂端向下推动气门，压缩气门弹簧，将气门头部推离气门座而打开。

4）当凸轮凸起部分的顶点转过挺柱后，便逐渐减小了对挺柱的推力，气门在其弹簧张力的作用下，开度逐渐减小，直至最后关闭，使气门密封。

5）气门的开启是通过气门传动组的作用来完成的，而气门的关闭则是由气门弹簧来完成的。气门的开闭时刻与规律完全取决于凸轮的轮廓曲线形状。

3. 发动机的换气过程

1）定义：发动机的排气过程和进气过程统称为换气过程。

2）要求：进气充分、排气彻底。

3）充气效率：每循环实际进入气缸内的新鲜充气量与在进气状态下充满气缸工作容积的新鲜气量的比值。

4）提高发动机充气效率的措施。

二、配气机构的分类

1. 根据气门安装位置的不同分类（图3-1-8）

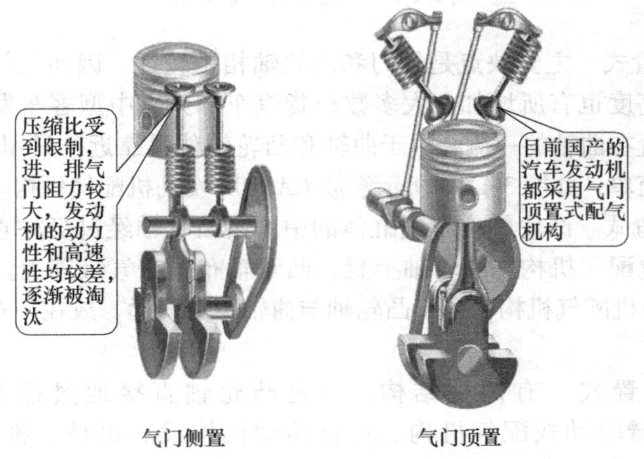

图3-1-8　气门侧置式和气门顶置式

（1）气门顶置式　气门位于气缸盖上称为气门顶置式配气机构，由凸轮、挺柱、推杆、摇臂、气门和气门弹簧等组成。其特点是进气阻力小，燃烧室结构紧凑，气流搅动大，能达到较高的压缩比。目前国产的汽车发动机都采用气门顶置式配气机构。

> 其工作原理是当正时齿轮副带动凸轮轴转动时，凸轮尖顶起挺柱、推杆、大摇臂的一端(调整螺钉)，绕摇臂轴转动，另一端(长)镀铬面推动气门克服弹簧预紧力使气门开启。

（2）气门侧置式　气门位于气缸体侧面称为气门侧置式配气机构，由凸轮、挺柱、气门和气门弹簧等组成。省去了推杆、摇臂等零件，简化了结构。因为它的进、排气门在气缸的一侧，压缩比受到限制，进排气门阻力较大，发动机的动力性和高速性均较差，逐渐被淘汰。

它的工作原理是当正时齿轮副带动凸轮轴转动，转到凸轮尖顶起气门挺柱，推动气门克服弹簧预紧力开启。凸轮基圆与气门挺柱接触时，气门在气门弹簧预紧力的作用下关闭。

2. 根据凸轮轴的布置方式分类(图 3-1-9)

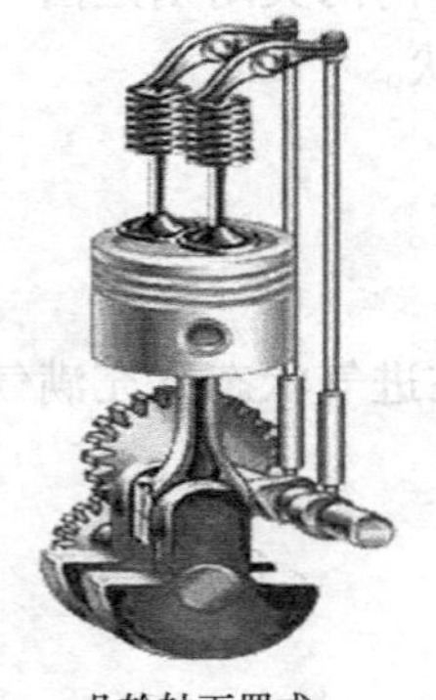

凸轮轴下置式

凸轮轴中置式

凸轮轴上置式

图 3-1-9　凸轮轴的布置方式

（1）凸轮轴下置式　主要缺点是气门和凸轮轴相距较远，因而气门传动零件较多，结构较复杂，发动机高度也有所增加。大多数载货汽车和大、中型客车发动机都采用这种方式。凸轮轴平行布置在曲轴的一侧，由于曲轴和凸轮轴位置靠近，只用一对正时齿轮传动，使得传动系统比较简单，如图 3-1-10 所示解放 CA6102 发动机配气机构。

（2）凸轮轴中置式　凸轮轴位于气缸体的中部由凸轮轴经过挺柱直接驱动摇臂，这种结构称为凸轮轴中置配气机构。凸轮轴上置，凸轮轴布置在气缸盖上。如图 3-1-11 所示为 YC6105QC 柴油发动机配气机构，由于凸轮轴与曲轴距离较远，故在一对正时齿轮中间加了一个中间传动齿轮。

（3）凸轮轴上置式　有两种结构，一是凸轮轴直接通过摇臂来驱动气门，如图 3-1-12所示的摇臂驱动式配气机构。这种传动机构没有挺柱、推杆，使往复运动质量大大减小。因此，它适用于高速发动机。但由于凸轮轴离曲轴中心线更远，因此正时传动机构更为复杂，而且拆装气缸盖也比较困难。缸径较小的柴油发动机的凸轮轴顶置时，给安装喷油器也带来了困难。另一种是凸轮轴直接驱动气门或带液力挺柱的气门，此种配气机构的往复运动质量更小，对凸轮轴和弹簧的设计要求也最低，特别适应于高速发动机，如图3-1-13所示凸轮轴直接驱动式配气机构。这种形式在国外的高速汽车发动机上得到了广泛的应用。由于凸轮轴离曲轴中心较远，因而都采用链传动或同步带传动，使得正时传动机构较为复杂，而且拆装气缸盖也比较困难。

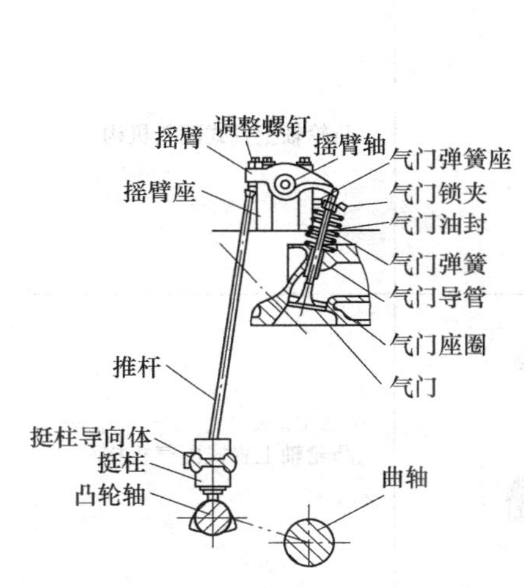

图3-1-10　解放CA6102发动机配气机构

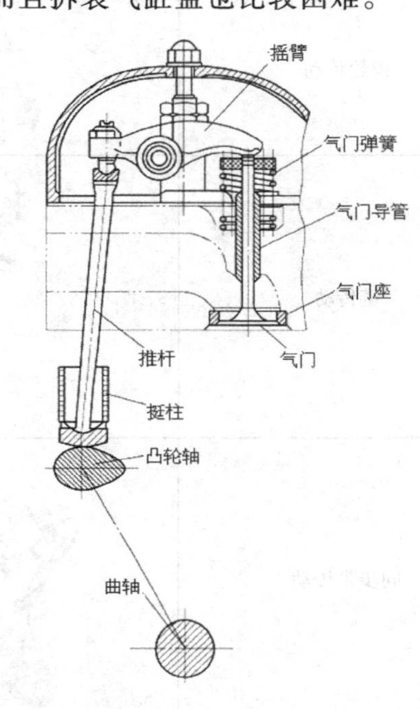

图3-1-11　YC6105QC柴油发动机配气机构

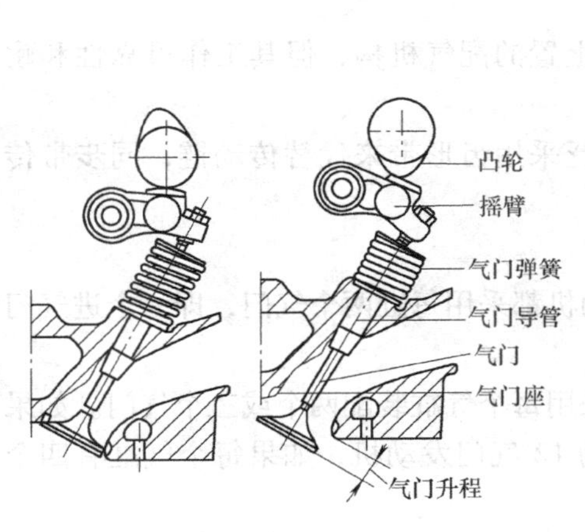

图3-1-12　摇臂驱动式配气机构

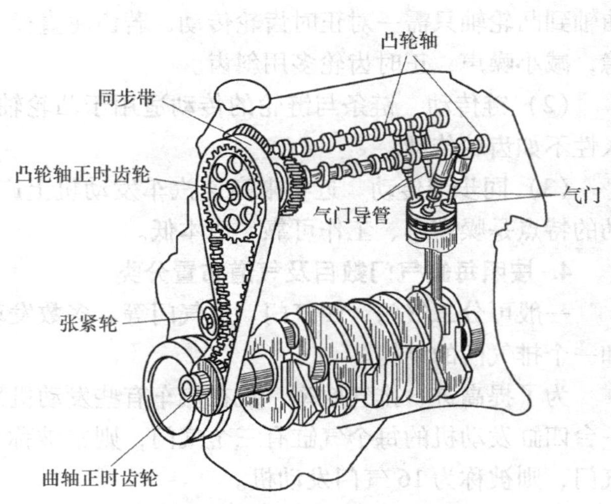

图3-1-13　凸轮轴直接驱动式配气机构

3. 根据曲轴和凸轮轴的传动方式分类(表3-1-3)

表3-1-3 齿轮传动、链传动和同步带传动

传动方式	图　示	应　用
齿轮传动		凸轮轴下置、中置式配气机构
链传动		凸轮轴上置式配气机构
同步带传动		凸轮轴上置式配气机构

(1) 齿轮传动　凸轮轴下置、中置的配气机构大多采用圆柱形正时齿轮传动，一般从曲轴到凸轮轴只需一对正时齿轮传动，若齿轮直径过大，可增加一个中间齿轮。为了啮合平稳，减小噪声，正时齿轮多用斜齿。

(2) 链传动　链条与链轮的传动适用于凸轮轴上置的配气机构，但其工作可靠性和耐久性不如齿轮传动。

(3) 同步带传动　近年来高速汽车发动机上广泛采用齿形带来代替传动链，同步带传动的特点是噪声小、工作可靠、成本低。

4. 按照每缸气门数目及气道布置分类

一般可分二气门、四气门、五气门等。多数发动机都采用每缸两个气门，即一个进气门和一个排气门的结构。

为了提高进、排气效率，现在汽车有些发动机采用每个气缸装配两个或三个气门。如果一台四缸发动机的每个气缸有三个气门，则常被称为12气门发动机，如果每个气缸有四个气门，则被称为16气门发动机。

在很多新型汽车发动机上多采用每缸四个气门结构，即两个进气门和两个排气门，如图3-1-14所示。四气门缸盖允许更多的空气和燃油进入气缸，从而增大了发动机的功率，同样可以使更多的废气排出发动机，这就使得四气门发动机具有更高的容积效率。四气门发动机还具有可以在更高的转速范围内工作等特点，所以目前较为流行。

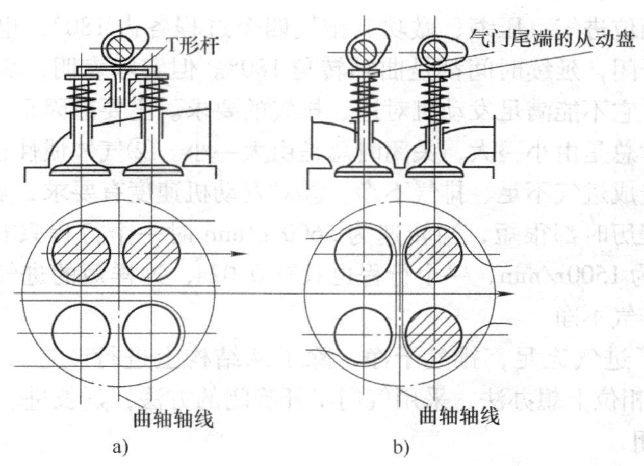

图 3-1-14 每缸四气门的布置及驱动
a）同名气门排成两列 b）同名气门排成一列

三、配气机构的工作原理

凸轮轴是通过正时齿轮或带轮由曲轴驱动的。在四冲程发动机完成一个工作循环（曲轴转两圈，720°）里，各缸进、排气门各开启一次，凸轮轴只需转一圈，因此曲轴转速与凸轮轴转速之比为 2∶1。

当凸轮(下置式)凸起部分与挺柱接触时，将挺柱顶起，挺柱通过推杆、调整螺钉使摇臂绕摇臂轴顺时针摆动，摇臂的长臂端向下推动气门，压缩气门弹簧，将气门头部推离气门座而打开。当凸轮凸起部分的顶点转过挺柱后，便逐渐减少了对挺柱的推力，气门在其弹簧张力的作用下，开度逐渐减小，直至最后关闭，使气缸密封。

从上述工作过程可以看出，气门的开启是通过气门传动组的作用完成的，而气门的关闭则是由气门弹簧来完成的。气门的开闭时刻与规律完全取决于凸轮的轮廓曲线形状。

四、配气相位

配气相位是指用曲轴转角表示的进、排气门的开闭时刻和开启延续时间，通常用环形图表示配气相位图，如图 3-1-15 所示。

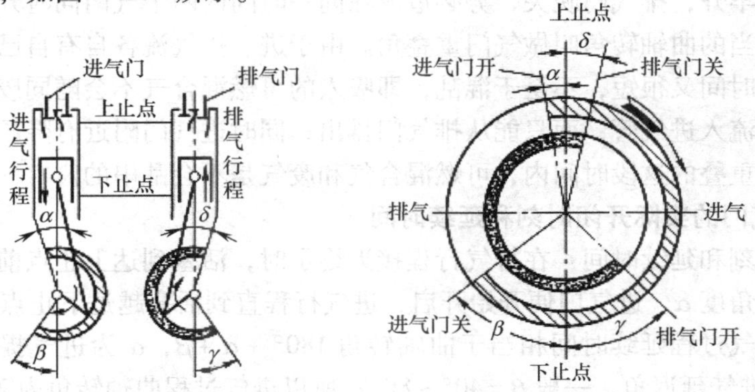

图 3-1-15 配气相位图

理论上，配气相位进气、压缩、做功、排气四个过程各占180°，也就是说进、排气门都是在上、下止点开闭，延续时间都是曲轴转角180°。但实际表明，简单配气相位对实际工作是很不适应的，它不能满足发动机对进、排气的要求。主要原因是：①气门的开、闭占有时间过程，开启时总是由小→大，关闭时总是由大→小。②气体惯性也有一定的影响，随着活塞的运动同样造成进气不足、排气不净。③对发动机速度有要求，实际发动机曲轴转速很高，活塞每一行程历时都很短，当转速为5600 r/min时一个行程只有60/(5600×2)s = 0.0054s，就是转速为1500r/min，一个行程也只有0.02s，这样短的进气或排气过程，发动机明显进气不足，排气不净。

现代发动机为了进气充足，排气干净，除了从结构上进行改进外(如增大进、排气管道)，主要是在配气相位上想办法，采用气门早开晚闭的方法，延长进、排气时间。

1. 气门早开晚闭

在活塞到达进气下止点时，由于进气吸力的存在，气缸内气体压力仍然低于大气压，在大气压的作用下仍能进气；另外，此时进气流还有较大的惯性。由此可见，进气门晚关可以增加进气量。

进气门早开，可使进气一开始就有一个较大的通道面积，可增加进气量。

在做功行程快要结束时，排气门提前打开，可以利用做功的余压使废气高速冲出气缸，排气量约占50%。排气门早开，势必造成功率损失，但因气压低，损失并不大，而早开可以减少排气所消耗的功，又有利于废气的排出，所以总功率仍是提高的。

在活塞到达上止点时，气缸内废气压力仍然高于外界大气压，加之排气气流的惯性，排气门晚关可使废气排得更净一些。

由此可见，气门早开晚闭对发动机实际工作有如下好处：

① 进气门早开：增大了进气行程开始时气门的开启高度，减小进气阻力，增加进气量。

② 进气门晚关：延长了进气时间，在大气压和气体惯性力的作用下，增加进气量。

③ 排气门早开：借助气缸内的高压自行排气，大大减小了排气阻力，使排气干净。

④ 排气门晚关：延长了排气时间，在废气压力和废气惯性力的作用下，使排气干净。

2. 气门重叠

气门重叠：在某一时间内，进气门、排气门同时开启的现象。

气门重叠角：气门重叠时的曲轴转角，为$\alpha+\delta$。

由于进气门早开，排气门晚关，势必造成在同一时间内两个气门同时开启。把两个气门同时开启时间相当的曲轴转角叫做气门重叠角。由于进、排气流各自有自己的流动方向和流动惯性，而重叠时间又很短，不至于混乱，即吸入的可燃混合气不会随同废气排出，废气也不会经进气门倒流入进气管，而只能从排气门排出；同时进气门附近有降压作用，有利于进气。所以在气门重叠的这段时间内，可燃混合气和废气是不会乱串的。

3. 进、排气门的实际开闭时刻和延续时间

实际进气时刻和延续时间：在排气行程接近终了时，活塞到达上止点前，即曲轴转到离上止点还差一个角度α，进气门便开始开启，进气行程直到活塞越过下止点后β时，进气门才关闭。整个进气过程延续时间相当于曲轴转角$180°+\alpha+\beta$，α为进气提前角，一般$\alpha=10°\sim30°$；β为进气延迟角，一般$\beta=40°\sim80°$；所以进气过程曲轴转角为230°~290°。

实际排气时刻和延续时间：同样，做功行程接近终了时，活塞在下止点前排气门便开始开启，提前开启的角度γ，一般为40°~80°，活塞越过下止点后δ角排气门关闭，δ一般为10°~30°，整个排气过程相当曲轴转角180°+γ+δ，γ为排气提前角，一般γ=40°~80°；δ为进气延迟角，一般δ=10°~30°；所以排气过程曲轴转角为230°~290°，气门重叠角α+δ=20°~60°。

从上面的分析可以看出，实际配气相位和理论上的配气相位相差很大，实际配气相位，气门要早开晚闭，主要是为了满足进气充足，排气干净的要求。不同车型气门的早开晚闭(配气相位)要通过实验的方法确定，由凸轮轴的形状、位置及配气机构来保证。

4. 配气相位对发动机工作性能的影响

进气提前角增大或排气延迟角增大使气门重叠角增大时，会出现废气倒流、新鲜气体随废气排出的现象，不但影响废气的排出量和进气的充气量，对于汽油发动机来说，还会造成燃料的浪费。相反，若气门重叠角过小，又会造成排气不彻底和进气量减少。

五、气门间隙

发动机运转时，在曲轴正时齿轮的驱动下凸轮轴随之旋转。当凸轮轴转到凸轮的凸起部分顶起气门摇臂的一端时，另一端即向下运动，压缩气门弹簧，从而使气门打开；当凸轮轴转到凸轮的凸起部分离开气门摇臂时，在气门弹簧的作用下使气门关闭。为消除发动机工作时气门因热膨胀而发生的关闭不严的现象，在凸轮轴与气门摇臂之间留有一定的间隙称为气门间隙，如图3-1-16所示。它的作用是给热膨胀留有余地，并保证气门的密封。

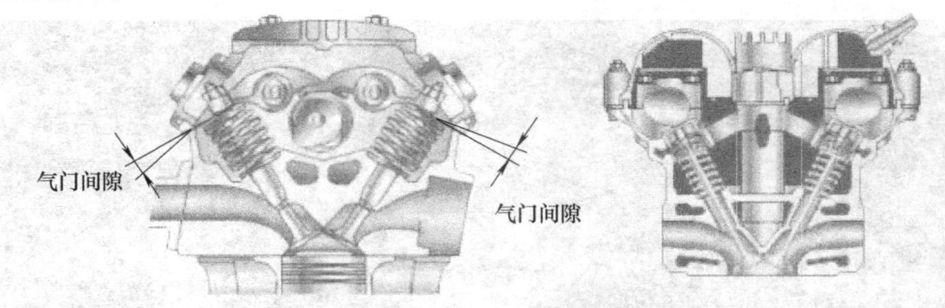

图3-1-16 气门间隙

不同机型，气门间隙的大小不同，需要通过实验确定。一般冷态时，排气门间隙大于进气门间隙，进气门间隙约为0.25~0.3mm，排气门间隙约为0.3~0.35mm。

间隙过大：进、排气门开启延迟，缩短了进排气时间，降低了气门的开启高度，改变了正常的配气相位，使发动机因进气不足、排气不净而功率下降。此外，还会使配气机构零件的撞击增加，磨损加快。

间隙过小：发动机工作一段时间后，零件会受热膨胀，将气门推开，使气门关闭不严，造成漏气，功率下降，并使气门的密封表面严重积炭或烧坏，甚至气门会撞击活塞。

采用液力挺柱的配气机构不需要留气门间隙。

发动机在使用过程中，由于零件磨损，调整螺钉松动以及重新拆装缸盖、拧紧缸盖螺母等原因，都会改变气门间隙，必须定期检查和调整气门间隙。

六、正时标记

发动机凸轮轴和曲轴上都有正时标记，用于表示凸轮轴和曲轴的相互装配位置。如果凸轮轴和曲轴的相互装配位置有偏差，将导致发动机无法正常工作，甚至会因强行起动造成发动机损伤。

正时标记根据发动机的型号不同和配气机构传动方式不同而有所不同，常见有齿轮正时标记、同步带正时标记等。在进行发动机拆装与维护时，必须特别注意按照正时标记安装相关部件(即正时校对)。图 3-1-17 所示是几种常见的发动机正时标记。

凸轮轴正时标记

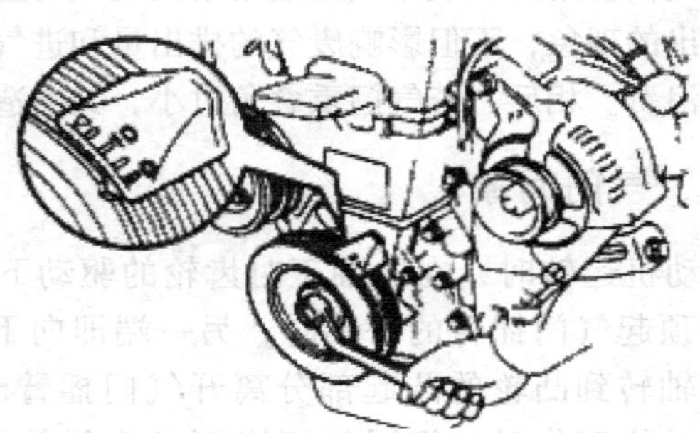

曲轴正时标记

凸轮轴正时标记

图 3-1-17　常见发动机正时标记

曲轴正时标记

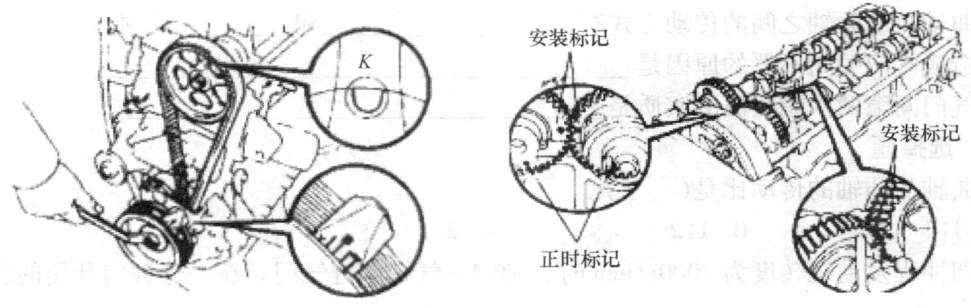

同步带正时标记

凸轮轴安装时正时标记

图 3-1-17 常见发动机正时标记(续)

思考与练习

一、名词解释

1. 气门间隙
2. 配气相位
3. 气门重叠
4. 进气持续角
5. 进气提前角
6. 排气延迟角

二、填空题

1. 凸轮轴通过正时齿轮由________驱动，四冲程发动机一个工作循环凸轮轴转________周，各气门开启________次。

2. 顶置气门式配气机构的凸轮轴布置有三种形式，它们是________。

3. 气门叠开角是________________和________________之和。

4. 气门间隙是指在________与________之间留有适当的间隙。气门间隙过大，气门开启时刻变________，关闭时刻变________；气门间隙过小，易使气门________。

5. 曲轴与凸轮轴之间的传动方式有________、________和________ 三种。

6. 造成气门关闭不严的原因是________、________、________和________。

7. 气门间隙两次调整法的实质是________________，________________。

三、选择题

1. 曲轴与凸轴的传动比是(　　)。

A. 1∶1　　B. 1∶2　　C. 2∶1

2. 四冲程发动机转度为2000r/mm时，则同一气缸的进气门，在一分钟内开闭的次数应该是(　　)。

A. 2000次　　B. 1000次　　C. 500次

3. 气门间隙过大，发动机工作时(　　)。

A. 气门早开　　B. 气门迟开　　C. 不影响气门开启时刻

4. 气门的升程取决于(　　)。

A. 凸轮的轮廓　　B. 凸轮轴的转速　　C. 配气相位

5. 下面哪种凸轮轴布置形式最适合于高速发动机(　　)。

A. 凸轮轴下置式　　B. 凸轮轴上置式　　C. 凸轮轴中置式

6. 气门传动组零件的磨损，配气相位的变化规律是(　　)。

A. 早开早闭　　B. 早开晚闭　　C. 晚开早闭　　D. 晚开晚闭

四、问答题

1. 配气机构的作用是什么？
2. 为什么要预留气门间隙？气门间隙过大、过小为什么都不好？
3. 气门为什么要早开晚闭？
4. 现代汽车发动机为何几乎都采用顶置式气门配气机构？

项目2 气门组的构造与维修

任务要求

了解配气机构气门组的组成及工作原理。

熟悉配气机构气门组的作用、结构和零部件的检修方法。

情境创设

观看配气机构气门组的检修视频，激发同学们的学习兴趣。

教学资料准备：教学用发动机维修手册、发动机构造与维修教材等。

任务实施

一、工作安排

养成合作完成工作任务的习惯，请你将工作分工与完成时间记录在表3-2-1中。

表3-2-1 组员工作分工与完成时间表

姓 名	任务分工	完成时间	备 注

二、气门的检修

气门的损伤主要有气门杆的磨损、气门工作面的磨损烧蚀、气门端头的磨损、气门杆的弯曲变形等。

气门杆的磨损发生在与气门导管的配合部位，且磨成椭圆形。气门的工作锥形面主要发生偏磨，密封带出现沟槽，排气门还有烧伤和腐蚀的痕迹，气门杆端头常常出现端面不平现象。下面以桑塔纳轿车AFE型发动机为例对气门的检修内容进行讲解。

1. 气门的外观检查

气门外观检查主要是检查气门外表面有无裂纹、烧损、严重的锥面磨损、弯曲变形、气蚀等缺陷，如有应更换气门。积炭是在气门头与杆过渡部位积下的黑色硬块，可用钢丝刷或喷丸清除掉。烧蚀的气门头部周围为黑色、浅褐色或白色，本应发亮的气门与气门座的密封锥面变色，呈凹形。这种情况下，气门头部很可能有裂纹产生。气门杆端部损坏表现为点蚀和由于摇臂的敲击而变粗，出现棱边。

外观检查前，应清除气门头部的积炭。气门外观检查存在上述缺陷可采取换件修理法。

2. 气门杆的弯曲变形

常用气门圆柱面的素线直线度来表示，其误差值应不大于0.02mm。一种检查方法如图3-2-1所示。另一种方法是将气门杆支撑在V形架上，并用指示表将两端校成等高，然后检测外圆素线的最高点。当素线是中凸或中凹时，各测量部位的读数中最大与最小读数差值之半即为该轴向截面上素线直线度误差。当素线不是中凸或中凹时，转动气门杆按上述方法测量若干条素线，取其中的最大误差值之半，即为气门素线的直线度误差。

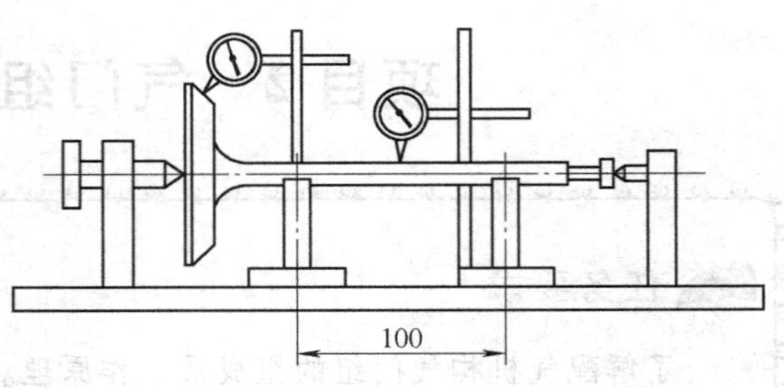

图3-2-1　检查气门杆的弯曲变形

气门直线度误差超过规定值时，一般采取换件修理法。

3. 气门杆部外径尺寸的检查

（1）气门杆部外径尺寸　标准规定见表3-2-2（注：不同发动机有不同的标准，具体数值可查该发动机的标准手册）。

表3-2-2　气门杆部外径修理尺寸标准　（单位：mm）

图示	符号	进气门	排气门
	a	ϕ38.00	ϕ33.00
	b	ϕ7.97	ϕ7.97
	c	98.70（标准） 98.20（修理）	98.50（标准） 98.00（修理）
	α	45°	45°

（2）气门杆部外径尺寸的检查方法　用千分尺在规定的部位和方向上测量气门杆直径尺寸，看气门杆的磨损程度，如图3-2-2所示。测量出的气门杆直径尺寸，以最小尺寸与气门导管内径尺寸一起计算它们之间的间隙尺寸，如果超过间隙极限值的规定，则需要同时更换气门和气门导管。

4. 气门头部余量厚度的检查

气门头部的余量厚度是指头部的45°研磨平面下线与头部顶平面之间的距离。

（1）气门头部余量厚度的标准规定　标准规定为0.8～1.2mm，进气门极限值为0.6mm，排气门极限值为0.7mm。

（2）气门头部余量厚度的测量方法　气门头部余量厚度用游标卡尺的内测量爪来测量。测出的余量厚度如超过极限值的规定，则应更换气门。

5. 气门头径向圆跳动的检查

（1）气门头径向圆跳动的标准规定　气门头径向圆跳动指的是气门头对气门杆的径向

圆跳动，桑塔纳发动机的径向圆跳动公差为0.08mm。

（2）气门头径向圆跳动的检查方法　将气门杆用V形架支撑起来，用表座固定好的指示表检查气门头的径向圆跳动量。检查时慢慢转动气门，不要划伤气门头部的杆部。若测量出的气门头径向圆跳动量超过极限值的规定，则应更换气门。注意：气门不能进行校正使用。

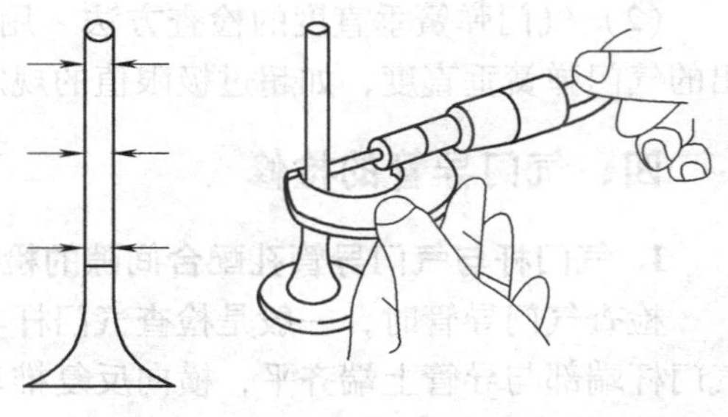

图3-2-2　检查气门杆的磨损程度

6. 气门头部接触表面修整

（1）修整方法　若气门头部接触表面粗糙或者有损伤，则应对气门头部接触表面进行磨削修整，接触表面的锥角按45.5°进行加工。

（2）修整后的检查　气门头部接触表面修整后的检查包括：

1）接触印痕的检查：将气门座上接触表面涂上一层薄薄的红丹油。把气门装入气门导管中用手轻轻旋转，取出气门观察接触印痕是否连续，宽度是否均匀一致。

2）气门头部余量厚度检查。修整后的气门头部余量厚度，应在规定的最小极限值内，若超出了极限值，气门就不能使用了。

7. 气门杆尾部端面检查与修整

气门杆在工作中，其尾部端面与摇臂上的螺钉进行间歇接触，因此，气门尾部端面易发生凹陷、不规则磨损等现象，为了保证气门的正常工作，对气门杆尾部，必要时应予修整。对于气门尾部端面的修整量，气门尾部修整量应小于0.5mm，即确保气门总长尺寸最小值为109.5mm；对于气门尾部端面的修整，如果是轻微缺陷，可用磨石磨平端面；如果严重缺陷，则应用磨削的方法进行修整或更换。

三、气门弹簧的检修

1. 气门弹簧外观的检查

主要是观察弹簧表面有无裂纹、锈蚀、腐蚀、损伤等，弹簧有无严重的变形、折断、弹力变弱等，若存在缺陷，应及时更换弹簧。

2. 气门弹簧自由长度的检查

（1）发动机气门弹簧自由长度的标准规定　标准尺寸为48.9mm，极限尺寸为47.6mm。

（2）气门弹簧自由长度的检查方法　用游标卡尺测量气门弹簧的自由长度尺寸。如果测得长度小于极限值，应更换。

3. 气门弹簧预紧力的检查

（1）气门弹簧预紧力的标准规定　标准值231.3～270.5N/40mm，极限值为215.6N/40mm。

（2）气门弹簧预紧力的检查方法　气门弹簧预紧力在弹簧试验机上进行检查。若气门弹簧预紧力超过极限值的规定，则应更换气门弹簧。

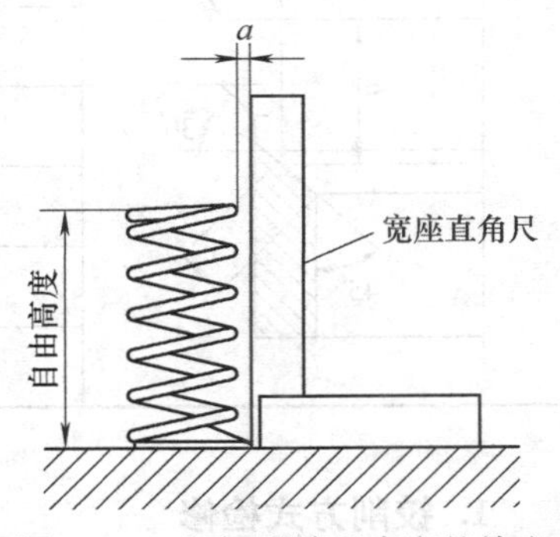

图3-2-3　气门弹簧垂直度的检查

4. 气门弹簧垂直度的检查（图3-2-3）

（1）气门弹簧垂直度标准规定　极限值为$a=1.5$mm。

（2）气门弹簧垂直度的检查方法　用宽座直角尺和平板检查气门弹簧的垂直度。测量出的气门弹簧垂直度，如超过极限值的规定，则应更换气门弹簧。

四、气门导管的检修

1. 气门杆与气门导管孔配合间隙的检查

检查气门导管时，一般是检查气门杆与气门导管的配合间隙。把气门推入气门导管，使气门杆端部与导管上端齐平，横向反复推动气门头部，测量摆动位置的极限尺寸，如图 3-2-4所示。如果此值超过修理手册规定值，说明气门杆和导管间隙过大。然后取下气门，用螺旋测微计测气门杆部磨损部位和未磨损部位直径，如果它们的差值很小，表面间隙增大的主要是导管磨损。也可用测小孔内经的专用量具直接测量导管内经大小，并与修理手册中的使用极限值比较，判断导管磨损情况。若气门杆和气门导管的配合间隙超出极限值，应根据磨损状况，确定更换气门或气门导管，或两者同时更换。

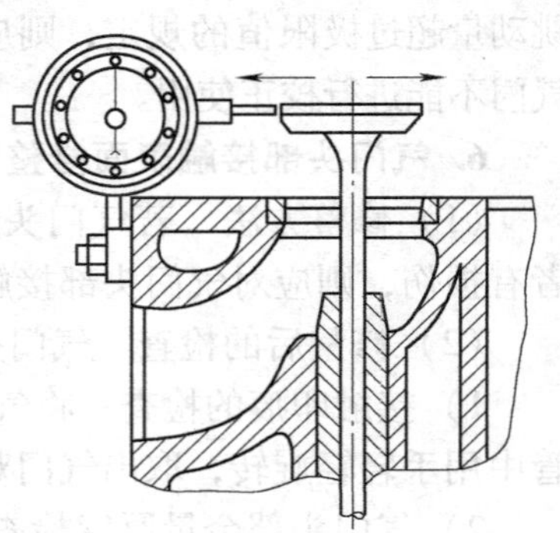

图 3-2-4　检查气门杆与导管孔的配合间隙

2. 测量气门导管孔径

如果条件许可，也可以测量气门导管孔直径。如果气门导管孔直径超出磨损极限值，应用气门导管拆装器，拆下气门导管，换上新的气门导管。

气门导管有裂纹、烧伤、拉伤等现象时，应更换新气门导管。

五、气门座的检修

气门座与气门头部锥面组成密封面，以保证气缸的密封性，同时，还将气门头部传来的热量传递给气缸盖和冷却液。气门座的磨损主要是磨料磨损和由于冲击负荷造成的硬化层疲劳脱落，以及排气门受高温燃烧气体的腐蚀和烧蚀。气门磨损后，工作面加宽，气门关闭不严。进、排气门座的修复尺寸见表 3-2-3。

表 3-2-3　进、排气门座修复尺寸

图示	尺寸	进气门座	排气门座
a / Z / b / 30° / c / 45°	a	ϕ37. 20mm	ϕ32. 40mm
	b	9. 2mm	9. 7mm
	30°	上修正角	上修正角
	c	2. 00mm	2. 40mm
	45°	气门座角	气门座角
	Z	气缸盖底边	气缸盖底边

1. 铰削方式检修

气门座轻微的损伤可以用手工铰削（或磨削）的办法修复，如图 3-2-5 所示。由于气门导管作为检修气门座的定位基准，为了保证气门座各斜面与气门导管的同轴度，磨削气门座斜面时，必须先修理或更换气门导管。

气门座口有三个表面，分别与气缸体(或气缸盖)平面成30°、45°、60°。45°斜面是工作面，而30°及60°斜面是用以调节45°工作斜面的宽度及气门斜面的接触位置。为了保证气门座各斜面与气门导管的同轴度，铰削(或磨削)气门斜面时，是用气门导管作定位基准。因此，必须先修理或更换气门导管。通常使用气门座铰刀进行气门座铰削。先初铰，将烧蚀、斑点等缺陷铰去。然后用新气门或光磨过的气门进行试配，要求接触面应在气门斜面的中下部，宽度为1.20～1.60mm。如果接触面偏上，应用30°铰刀铰削，使接触面下移；如果接触面偏下，可用60°铰刀铰削，使接触面上移。最后用的细刃铰刀精铰或在铰刀上垫细砂布铰磨，以降低接触面的表面粗糙度值。

2. 手工研磨和光磨机修磨方式检修

气门座除使用手工具铰削外，还可用手工研磨(图3-2-6)或光磨机进行修磨(图3-2-7)。光磨机修磨气门速度快、质量好，特别是修磨硬度高的气门座效果更好，但砂轮消耗较大，需经常修整。磨削前应先将气门导管孔及气门座圈擦净，以导管为基准，选择适合于导管孔径的定心杆插入导管孔，不准有摇摆或偏斜现象，然后按上述角度和要求进行修磨。

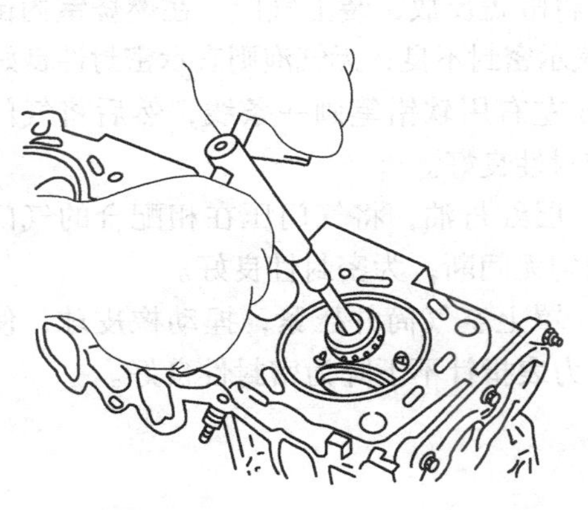

图3-2-5 手工铰削

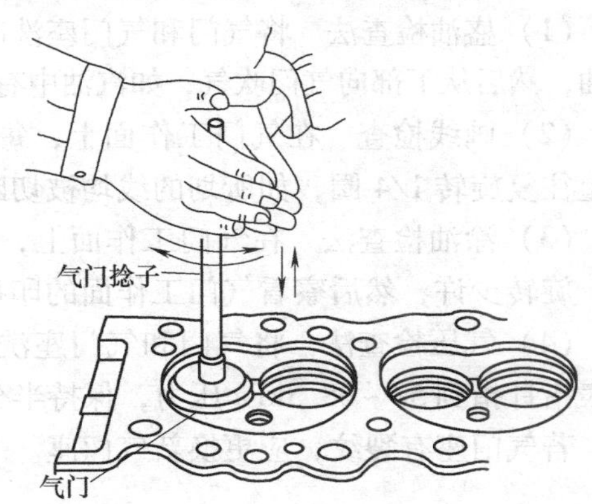

图3-2-6 手工研磨

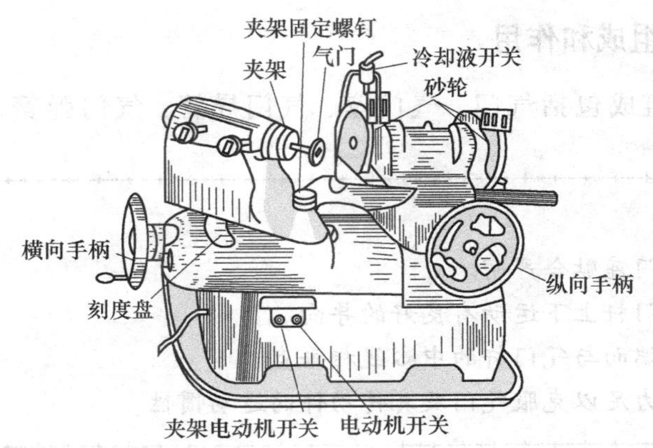

图3-2-7 气门光磨机

气门座经多次铰、磨后，直径会增大，而气门经多次修磨后直径减小，使气门锥形工作面下降，这将减小压缩比和充气效率。在修理过程中，要检查气门的下限量。当气门顶平面低于气缸盖和气缸体平面2mm时，或原座圈有烧伤、裂纹、松动时，应重新镶气门座圈。

是否镶气门座圈还分以下几种情况。有的汽油发动机只排气门镶座而进气门不镶座，这是因为：一方面排气门座热负荷大；另一方面发动机常在部分负荷下工作，进气管中真空度大，会从气门导管间隙内吸进少量机油，对进气门座进行润滑。而有的柴油发动机只进气门镶座而进气门不镶座，这是由于柴油发动机的废气往往在排气过程中还有未燃完的柴油，可对排气门座进行润滑。因为柴油发动机没有节气门，所以无论负荷大小，进气管内真空度都比较小，难以从进气门导管处吸进机油对进气门座润滑。增压柴油发动机则完全排除了这种可能，进气门就更需要镶座。

对于铝合金气缸盖，进排气门都必须都镶座，因为其耐磨、耐热性差。

3. 密封性检查

气门与气门座研磨后，应检查密封性，常用的方法有：

（1）盛油检查法　将气门和气门座洗净擦干，将缸盖反放，装上气门，在燃烧室内倒入汽油，然后从下部向气门吹气，如汽油中有气泡则表示密封不良；无气泡则表示密封性良好。

（2）画线检查　在气门工作面上，每隔10mm左右用软铅笔画一条线，然后将气门在座上往复旋转1/4圈，如所划的线均被切断，则密封性良好。

（3）涂油检查法　在气门工作面上，均匀涂一层红丹油，将气门压在相配合的气门座上，旋转少许，然后察看气门工作面的印痕，若均匀无间断，为密封性良好。

（4）气压检查法　将气门和气门座洗净装好，罩上空气筒并压紧，捏动橡皮球，使气压表指针指到58～68.5kPa压力，保持半分钟。压力表指针不下降为密封性良好。

若气门座有裂纹，应更换新气门座。

一、气门组的组成和作用

气门组的主要组成包括气门、气门座、气门导管、气门弹簧、锁夹、卡簧等，如图3-2-8所示。

要求：

气门头部与气门座贴合严密。

气门导管与气门杆上下运动有良好的导向。

气门弹簧的两端面与气门杆的中心线相垂直。

气门弹簧的弹力足以克服气门及其传动件的运动惯性。

气门组是发动机配气机构的一个组成部分，在发动机工作循环中，进气和排气过程需要

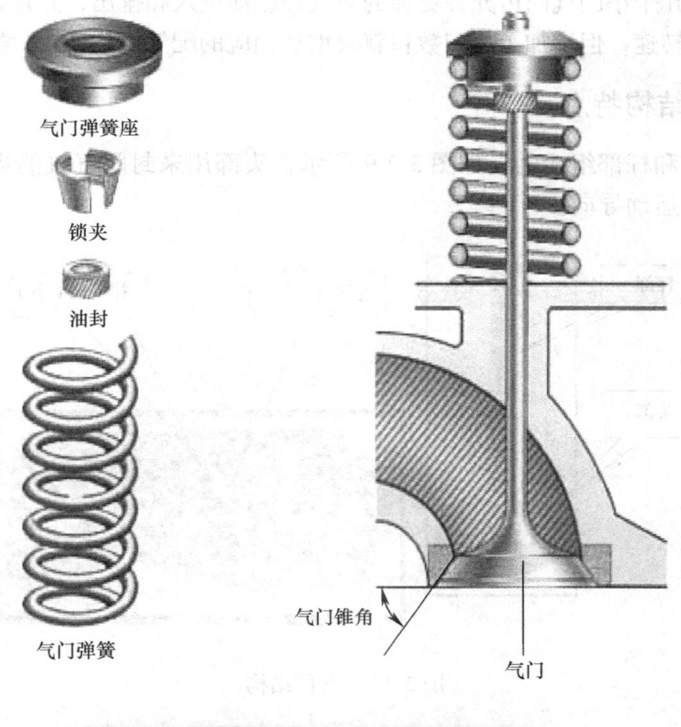

图 3-2-8 气门组

依靠发动机的配气机构准确地按照各气缸的工作顺序输送可燃混合气（汽油发动机）或新鲜空气（柴油发动机），以及排出燃烧后的废气。压缩和做功过程，则必须隔绝气缸燃烧室与外界进排气通道，不让气体外泄以保证发动机正常地工作。负责上述工作的机件就是配气机构中的气门。

二、多气门发动机

为了提高换气效率，在发动机配气机构方面主要通过两种途径解决：一种途径是在可能的条件下应尽量加大气门的直径，特别是进气门的直径。增大气门直径受到燃烧室尺寸的限制，气门直径最大一般不能超过气缸直径的一半。同时，增大气门会增加气门的重量，使之不能快速移动，在那种情况下，发动机不能以高转速运转，功率会因此而下降。另一种途径是发动机装配多气门，使用几个小的气门可允许更多的空气和燃油进入和排出，并且较小的气门不像较大的气门那样限制转速，但增加了气门数目就要增加相应的配气机构装置，构造比较复杂。

三、气门的结构特点

气门是由头部和杆部组成的，如图 3-2-9 所示，头部用来封闭气缸的进、排气通道，杆部则主要为气门的运动导向。

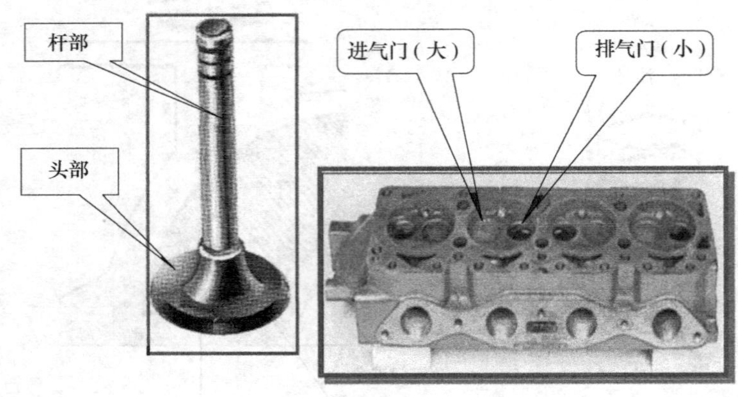

图 3-2-9　气门结构

1. 气门头部

(1) 气门头部的形状（图 3-2-10）

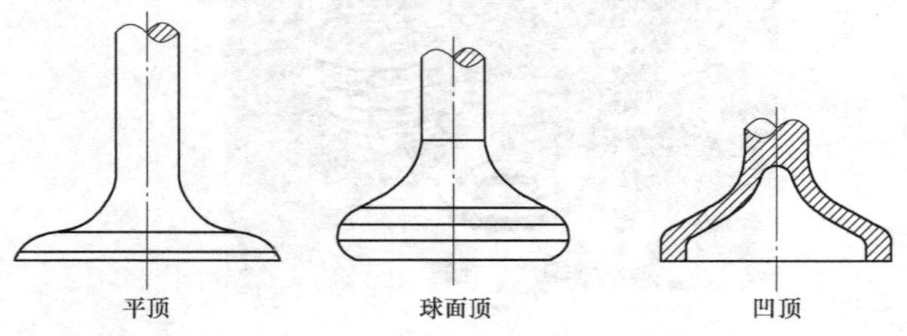

图 3-2-10　球面顶、平顶、凹顶

1）球面顶　也叫凸顶，凸顶的刚性强，受热面积也大，用于某些排气门。

2）平顶　平顶的结构简单、制造方便，受热面积小，应用最多。

3）凹顶　也称漏斗形或喇叭顶，其质量小、惯性小，头部与杆部有较大的过渡圆弧，使气流阻力小，以及具有较大的弹性，对气门座的适应性好(又称柔性气门)，容易获得较好的磨合，但受热面积大，易存废气，容易过热及受热易变形，所以仅用作进气门。

(2) 气门锥角　气门头部是一个具有圆锥斜面的圆盘，气门头边缘应保持一定厚度，一般为 1~3mm，以防工作中受冲击而损坏和被高温烧蚀。气门密封锥面与气门座配对研磨。

气门锥面与气门顶平面的夹角称为气门锥角，如图 3-2-11 所示。常用的气门锥角为 30°和 45°。

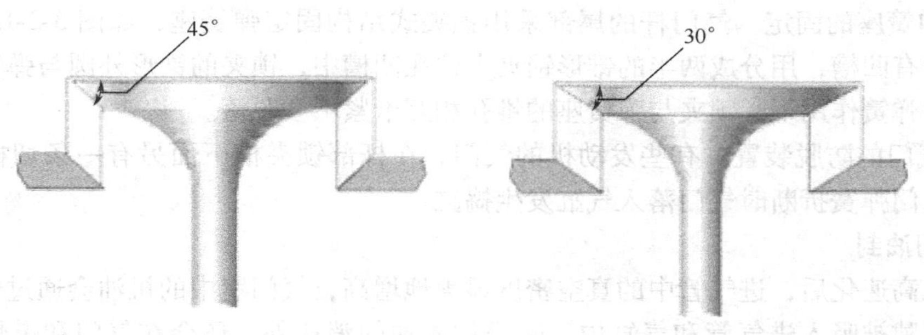

图 3-2-11 气门锥角

气门锥角有很大的作用，就像锥形塞子可以塞紧瓶口一样，能获得较大的气门座合压力，以提高密封性和导热性；另外气门落座时有自动定位作用；还可以避免使气流拐弯过大而降低流速；有了锥角，气门落座时能挤掉接触面的沉积物，即有自洁作用。

气门锥角的大小选取

气门锥角越小，气门口通道截面越大。如图 3-2-12 所示，h'_2和 h'_1分别表示锥角为45°和30°气门的气门口通道截面宽度，宽度越大则通道截面越大，通过能力越强。当气门升程 h 相同时，$h'_2 < h'_1$，即气门锥角越大，截面就越小。

相反，锥角越大，落座压力越大，密封和导热性也越好。另外，锥角大时，气门头部边缘的厚度大，不易变形。

进气门锥角的作用主要是为了获得大的通道截面，其本身热负荷较小，往往采用较小的锥角（多用 30°），有利于提高充气效率。

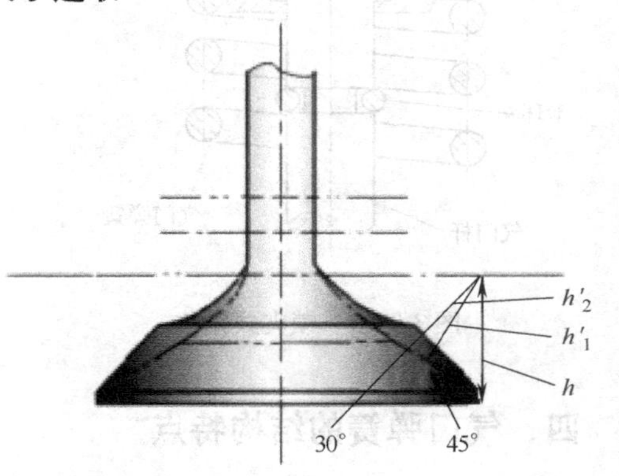

图 3-2-12 气门锥角对气门口通道截面的影响

排气门则因热负荷较大而用较大的锥角（通常为 45°），以加强散热（大约 75% 的气门热量从气门座处散失）和避免受热变形。

也有的发动机为了制造和维修方便，二者都用 45°。

（3）气门头部直径 气门头部直径越大，气门口通道截面就越大，进、排气阻力就越小。由于最大尺寸受燃烧室结构的限制，考虑到进气阻力比排气阻力对发动机性能的影响大得多，为尽量减小进气阻力，进气门直径大于排气门。另外，排气门稍小些，还不易变形。

2. 气门杆部

气门杆部具有较高的加工精度和较低的表面粗糙度值，与气门导管保持有正确的配合间隙，以减小磨损和起到良好的导向、散热作用。气门杆的尾部结构与弹簧座的固定和气门的防脱装置有关，有时还与气门的机油防漏装置有关。

（1）弹簧座的固定　气门杆的尾部采用锁夹式结构固定弹簧座，如图 3-2-13 所示。气门杆尾部切有凹槽，用分成两半的锥形锁夹卡住在凹槽中，锁夹的锥形外圆与弹簧座的锥形孔贴合，在弹簧作用下，锁夹与弹簧座的锥孔相互卡紧不会脱落。

（2）气门的防脱装置　有些发动机的气门，在杆部锁夹槽下面另有一条切槽装一个卡环，以防气门弹簧折断时气门落入气缸发生捣缸。

3. 气门油封

发动机高速化后，进气管中的真空密度显著地增高，气门室中的机油会通过气门杆与导管之间的间隙被吸入进气管和气缸内，除增加机油的消耗外，还会在气门和燃烧室产生积炭。为此，发动机的气门杆上部都设有机油防漏装置，如图 3-2-14 所示。

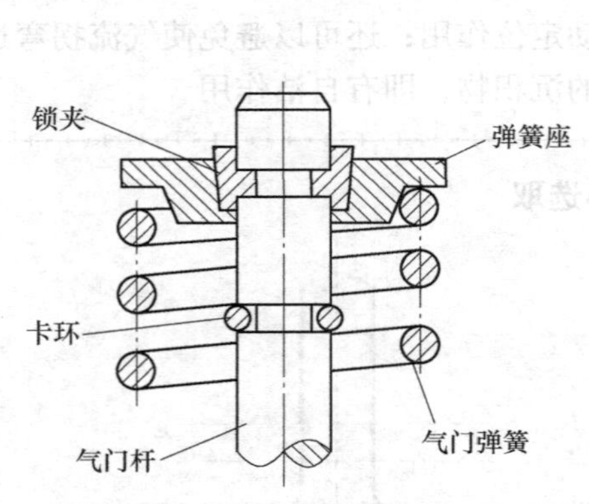

图 3-2-13　锁夹式结构

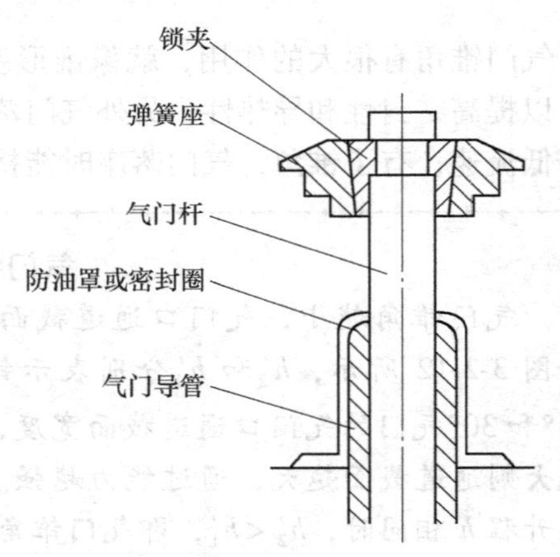

图 3-2-14　气门机油防漏装置

四、气门弹簧的结构特点

气门弹簧保证了气门自动回位关闭而密封，还保证气门与气门座的座合压力，吸收气门在开启和关闭过程中传动零件所产生的惯性力，以防止各种传动件彼此分离而破坏配气机构正常工作。

在工作中气门弹簧承受着频繁的交变载荷，为保证气门弹簧可靠地工作，要求气门弹簧具有合适的弹力；还要具有足够的强度和疲劳强度；所以制造材料常采用优质冷拔弹簧钢丝，并且钢丝表面经抛光或喷丸处理。

气门弹簧是圆柱形螺旋弹簧，如图 3-2-15 所示，其一端支承在气缸盖(体)上，而另一端则压靠在气门杆端的弹簧座上，弹簧座用锁夹固定在气门杆的末端。气门弹簧的两端面要经磨光并与弹簧轴线相垂直。

当气门弹簧的工作频率与其自然振动频率相等或成某一倍数时，将会发生共振，造成气门反跳、落座冲击，并可使弹簧折断。为此，对气门弹簧采取如下几种防共振的结构措施：

（1）提高气门弹簧的自然振动频率　即设法提高气门弹簧的刚性，如加粗钢丝直径或减小弹簧的圈径。这种方法较简单，但由于弹簧刚性强，增加了功率消耗和零件之间的冲击载荷。

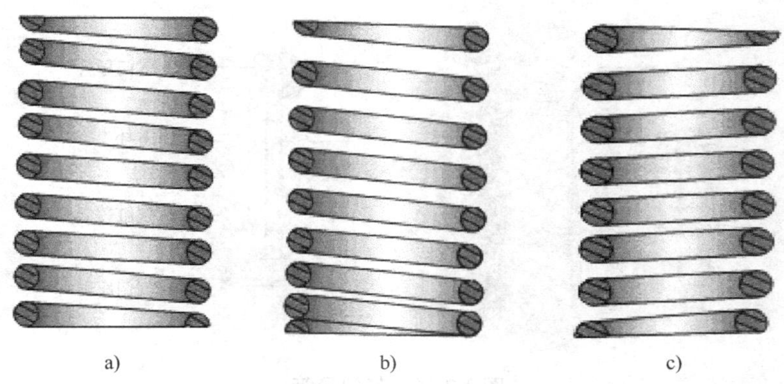

图 3-2-15　气门弹簧
a）等螺距弹簧　b）不等螺距弹簧　c）反向螺旋弹簧

（2）采用双气门弹簧　每个气门装两根直径不同、旋向相反的内外弹簧。由于两弹簧的自然振动频率不同，当某一弹簧发生共振时，另一弹簧可起减振作用。旋向相反，可以防止一根弹簧折断时卡入另一根弹簧内，导致好的弹簧被卡住或损坏。另外，万一某根弹簧折断时，另一根弹簧仍可防止气门落入气缸内。

（3）采用不等螺距弹簧　这种弹簧在工作时，螺距小的一端逐渐叠合，有效圈数逐渐减小，自然频率也就逐渐提高，使共振成为不可能。不等螺距的气门弹簧安装时，螺距小的一端应朝向气门头部。这是因为弹簧工作时，承受气门杆尾端传来的冲击力，此冲击力向弹簧另一端传递，要克服弹簧本身的惯性而需要一定的时间，所以弹簧的变形，朝向气门杆尾部的一端先于且往往大于另一端，发动机转速越高，差别越大。若将螺距小的一端朝向气门杆的尾部，则当发动机高速运转时，此端可能首先叠合在一起，此后弹簧的有效圈数基本不再变化，而且叠合后成为刚性质量而参加弹簧的振动，使振动的当量质量增加，弹簧反而容易发生疲劳折断。螺距小的一端朝向气门头部时，情况相反，先在螺距大的一端变形，减缓了螺距小的一端的叠合速度，可使有效圈数在整个工作过程中不断变化，而且叠合端是弹簧的静止端，不参加振动，故可以消除上述弊病。

五、气门导管的结构特点

气门导管的功用是作为气门的运动导向，还能为气门杆传热。

由于气门导管是在高温条件下工作，且气门导管和气门的润滑是靠配气机构飞溅出来的机油进行润滑的，因此易磨损。为了改善润滑性能，气门导管常用灰铸铁、球墨铸铁、铁基粉末冶金制造。

为防止气门导管脱落，结构主要采取如下措施：

（1）外表面为无台肩的圆柱形气门导管　如图 3-2-16 所示，要求其外表面加工精度较高，并与缸盖(体)采用过盈配合，以保证良好地传热和防止松脱。

（2）带凸台和带卡环的导管　其过盈量较小，通过气门弹簧下座将凸台或卡环压住，使导管轴向定位可靠，不致脱落。铝合金缸盖常用带凸台和卡环的导管，其过盈量较小，便于拆装。

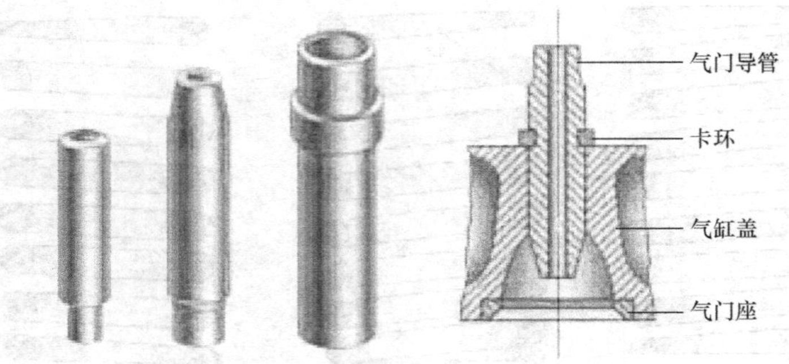

图 3-2-16　气门导管

对导管伸入进、排气歧管的深度有一定的限制。过深，气流阻力大，对排气门来说，还因废气对导管的冲刷面积加大，提高了其工作温度，而影响气门的散热；过浅，则气门杆受热面积加大，加大了气门杆的温度，会影响气门头部的散热。为解决这一矛盾，有的导管加大了压入深度，而将伸入端的内孔做成锥形，这样既减少了废气对气门杆的冲刷，也避免了导管高温部分与气门杆的接触。伸入端的外圆做成锥形是为了减小气流阻力。带凸台和卡簧的导管自然地控制了压入深度。

六、气门座的结构特点

气门座与气门共同起密封作用，并接受气门传来的热量，如图 3-2-17 所示。

气缸盖(或缸体)的进、排气道与气门锥面相结合的部位称为气门座。常见气门座都有锥角，气门座的锥角是与气门锥角相适应的，以保证二者紧密座合，可靠地密封。气门座的锥面由三部分组成，如图 3-2-18 所示。

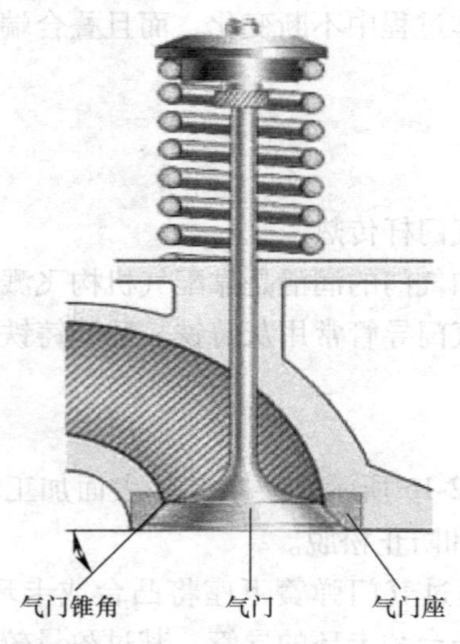

图 3-2-17　气门座

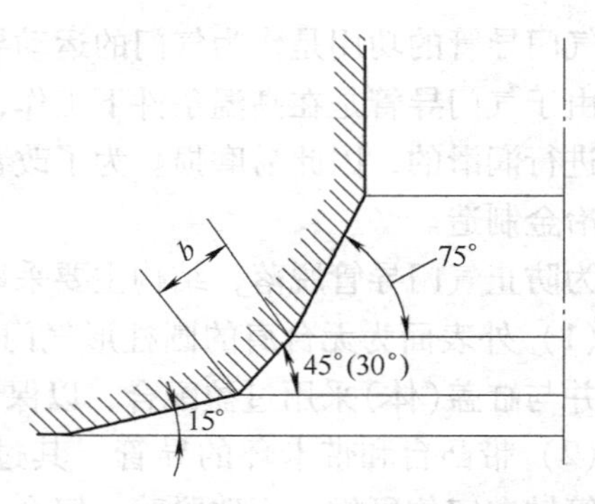

图 3-2-18　气门座的锥角

45°(或30°)的锥面是与气门工作锥面相座合的工作面，其宽度 b 通常为1～3mm，过宽时，单位座合压力减小，且易垫上杂物，密封可靠性差；过窄时，面积小，气门头散热能力差。这一锥面应与气门工作锥面的中部附近相座合。15°和75°锥角便是用来修正工作锥面的宽度和上下位置的，以使其达到规定的要求。

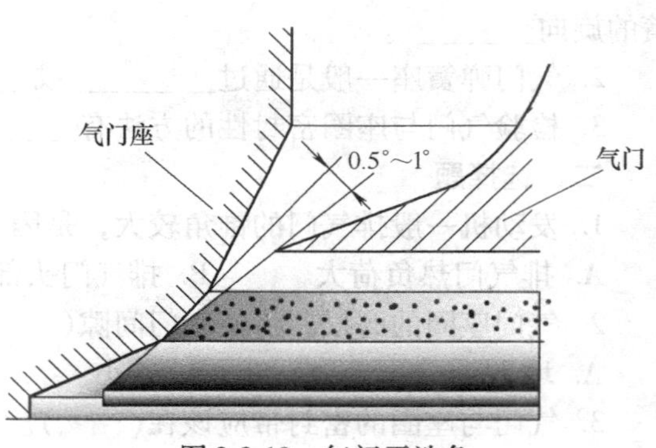

图3-2-19　气门干涉角

气门干涉角(图3-2-19)通常指气门的锥角比气门座的锥角小0.5°～1°。气门干涉角减小了两者之间的接触面积，提高了单位压力，加快了磨合速度，同时也提高了密封性；还可挤出两者之间的夹杂物，即具有自洁作用；在气体压力作用下产生弹性变形时，可趋向全锥面接触，即随气体压力的增加，单位压力变化较小。如果干涉角相反产生负干涉角时，将起与上述相反的作用，还会使气门暴露在炽热燃气中的受热面积增加，使气门的热负荷增加。应防止加工时出现负干涉角。

上述诸作用中提高密封能力和加速磨合是主要的，随着磨合期的结束，干涉角也逐渐自行消除，恢复全工作面接触。

七、气门旋转机构

为了使气门头部温度均匀，防止局部过热引起的变形和清除气门座积炭，可设法使气门在工作中相对气门座缓慢旋转，如图3-2-20所示。气门缓慢旋转时在密封锥面上产生轻微的摩擦力，有阻止沉积物形成的自洁作用。

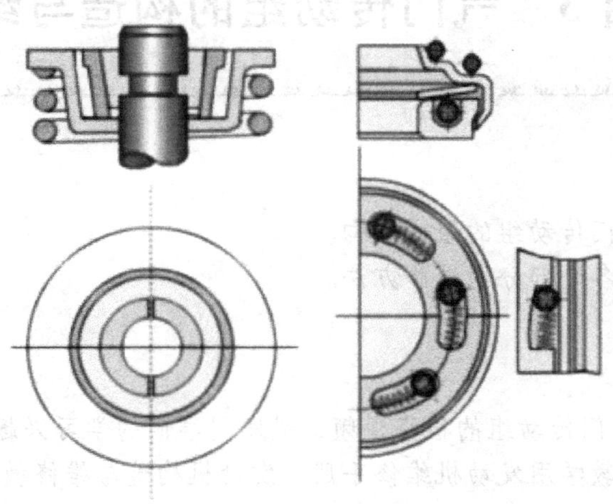

图3-2-20　气门旋转机构

思考与练习

一、填空题

1. 气门采用双弹簧结构时，外弹簧刚性较________，内弹簧刚性较________，且两弹簧的旋向________。

2. 气门弹簧座一般是通过________或________固定在气门杆尾端的。

3. 检验气门与座圈密封性的方法有________、________和________。

二、选择题

1. 发动机一般排气门的锥角较大，是因为(　　)。

A. 排气门热负荷大　B. 排气门头部直径小　C. 配气相位的原因

2. 气门座圈的磨损，将使气门间隙(　　)。

A. 增大　B. 减小　C. 不变

3. 气门与座圈的密封带应该在(　　)。

A. 气门工作锥面的中部　B. 气门工作锥面的中间靠里

C. 气门工作锥面的中间靠外

4. 气门与座圈研磨后的接触环带是(　　)。

A. 白色　B. 浅灰色　C. 灰色

5. 气门大端圆柱面的高度不得小于(　　)。

A. 0.5mm　B. 1.0mm　C. 1.5mm　D. 2.0mm

6. 安装不等距气门弹簧时，向着气缸体或气缸盖的一端应该是(　　)。

A. 螺距小的　B. 螺距大的　C. 两端均可

三、问答题

1. 发动机的气门组包括哪些部分？主要作用是什么？

2. 为什么有的配气机构中采用两个套装的气门弹簧？

3. 怎样对常见发动机的气门组进行检修？

项目3　气门传动组的构造与维修

任务要求

了解配气机构气门传动组的组成结构。

掌握气门传动组各个部分的检修方法。

情境创设

观看配气机构气门传动组的检修视频，激发同学们的学习兴趣。

教学资料准备：教学用发动机维修手册、发动机构造与维修教材等。

任务实施

一、工作安排

养成合作完成工作任务的习惯，请你将工作分工与完成时间记录在表3-3-1中。

表 3-3-1　组员工作分工与完成时间表

姓　名	任务分工	完成时间	备　注

二、凸轮轴的检修

1. 凸轮轴的外观检查

主要是检查凸轮轴外表面有无裂纹、严重磨损、机械损伤、化学腐蚀等缺陷，如有，应及时更换凸轮轴。

2. 凸轮轴的径向圆跳动的检查

（1）凸轮轴径向圆跳动量的规定　以奥拓发动机为例，凸轮轴径向圆跳动量的标准值为 0. 06mm，极限值为 0. 10mm。

（2）凸轮轴径向圆跳动的检测方法(图 3-3-1)　用 V 形架支承凸轮轴两端轴颈，将指示表置于凸轮轴中间轴颈的中点，转动凸轮轴一圈(应保证转动时无轴向移动)，记下指示表上的读数，最大读数与最小读数之差即为最大径向圆跳动量。该车凸轮轴的最大径向圆跳动量不允许超过 0. 10mm；否则应进行冷压校正或更换凸轮轴，通常以冷压校正为主。

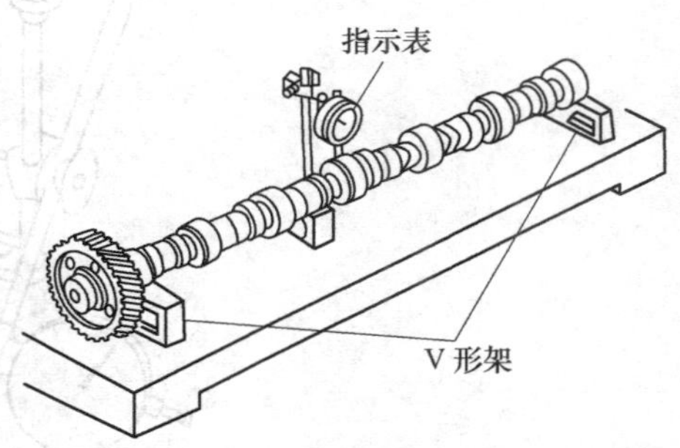

图 3-3-1　凸轮轴径向圆跳动的检测

3. 凸轮高度的检查

凸轮高度尺寸的规定见表 3-3-2。凸轮高度尺寸用千分尺进行测量。若测出的凸轮高度尺寸低于极限值时，则应更换凸轮轴。

表 3-3-2　凸轮高度尺寸的规定

项　　目	标准尺寸/mm	极限尺寸/mm
进气凸轮高度	36. 152	36. 100
排气凸轮高度	36. 152	36. 100
汽油泵动作凸轮高度	33. 300	33. 000

4. 凸轮轴轴颈尺寸的检查

凸轮轴轴颈尺寸的规定见表 3-3-3。用千分尺测量凸轮轴轴颈的尺寸。

表 3-3-3　凸轮轴轴颈尺寸的规定

项　　目	标准尺寸/mm	极限值/mm
凸轮轴 a 轴颈	$\phi 43.5^{-0.050}_{-0.075}$	—
凸轮轴 b 轴颈	$\phi 43.7^{-0.050}_{-0.075}$	—
凸轮轴 c 轴颈	$\phi 43.9^{-0.050}_{-0.075}$	—
凸轮轴 d 轴颈	$\phi 44.1^{-0.050}_{-0.075}$	—
凸轮轴轴颈与气缸盖轴承孔的间隙	0. 050 ~ 0. 091	0. 15

测量出的凸轮轴轴颈尺寸与测量过的气缸盖凸轮轴轴承孔尺寸进行配合间隙的计算，如果超过极限值的规定，则要将凸轮轴轴颈测量尺寸和气缸盖轴承孔测量尺寸对照各自的标准尺寸，决定更换哪个零件或者两件都更换。

5. 凸轮轴轴向间隙和同轴度的检查

（1）凸轮轴轴向间隙检查　将指示表测头顶在凸轮轴轴端，推拉凸轮轴，指示表上摆差即为轴向间隙，如图 3-3-2 所示。检查时先拆下桶形挺柱，装好轴承盖。轴向间隙使用极限为 0.15mm。径向间隙可用塑料间隙测量规检查，其使用极限为 0.10mm。轴向间隙或径向间隙过大的，应更换凸轮轴轴承。

（2）凸轮轴同轴度检查　检查时，在平台上用顶尖支起凸轮轴，用指示表检查各轴颈的同轴度。同轴度公差值为 0.01mm。

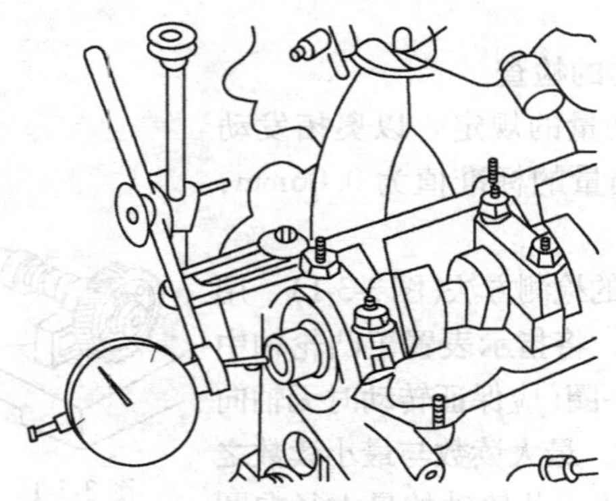

图 3-3-2　凸轮轴轴向间隙的检查

6. 气门正时与传动带调整

将曲轴正时带轮内孔一端的斜凸块嵌入曲轴斜槽中，用 M14 ×1.5 的压紧螺栓压紧。凸轮轴正时齿轮上的标记与气门室罩平面对齐，如图 3-3-3所示。

曲轴正时齿轮上的上止点记号和中间轴齿上的记号对齐（AJR 型发动机无中间轴），如图 3-3-4 所示。

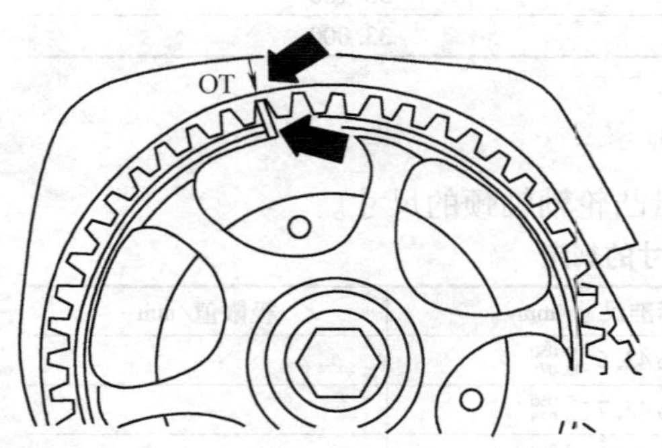

图 3-3-3　凸轮轴正时齿轮标记与气门室罩上平面对齐（图中箭头）

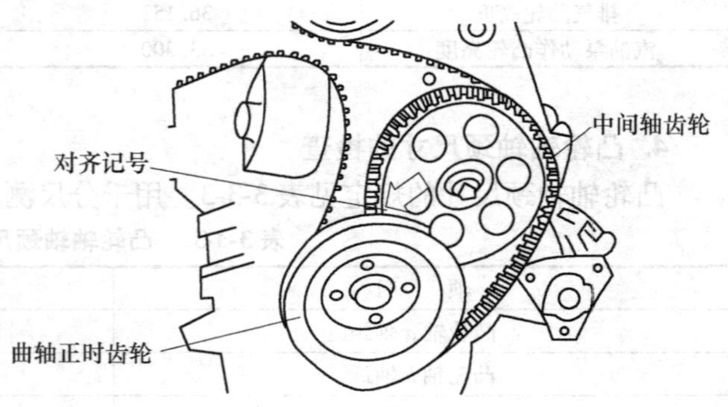

图 3-3-4　曲轴正时齿轮与中间轴齿轮记号对齐（图中箭头）

将传动带套在凸轮轴正时齿轮上，按图3-3-5所示箭头方向转动张紧带轮，以张紧传动带。用拇指和食指捏住传动带，如果刚好可以转动90°，表明张紧程度合适。

7. 检查分电器驱动齿轮

凸轮轴分电器驱动齿轮发现有裂纹和异常磨损时，应更换凸轮轴。同时，应检查分电器从动齿轮的技术状态。

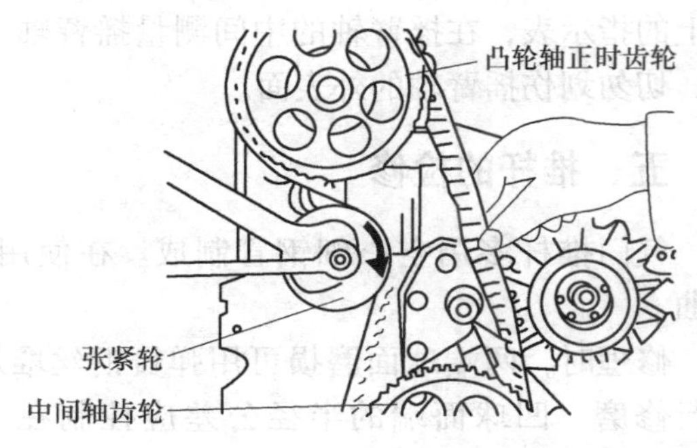

图3-3-5 传动带松紧度的调整与检查

三、摇臂的检修

1. 摇臂的外观检查

主要是检查摇臂有无裂纹、机械损伤和严重的磨损，看工作面有无缺口、凹陷、沟槽、麻点、划损等缺陷，如果存在缺陷应更换摇臂。

2. 摇臂轴孔的检查

摇臂轴孔尺寸的规定见表3-3-4。

表3-3-4 摇臂轴孔尺寸的规定

项目		标准尺寸/mm	极限值/mm
摇臂轴孔内径		$\phi 15^{+0.005}_{-0.015}$	—
摇臂与摇臂轴的间隙	进气	0.005～0.040	0.070
	排气	0.005～0.040	0.070

用内径千分尺在摇臂轴孔上、下两个部位相互垂直的直径方向上测量摇臂轴孔的尺寸，测出的摇臂轴孔尺寸，应与摇臂轴尺寸一起算它们之间的间隙值，如果超过间隙的极限值，则应将各自的测定尺寸对照标准尺寸规定，决定更换哪个零件，或者两个都更换。

四、摇臂轴的检修

1. 摇臂轴的外观检查

主要是检查摇臂轴上有无裂纹和严重的磨损、弯曲变形等，如果有，则要更换摇臂轴。

2. 摇臂轴外径尺寸的检查

摇臂轴外径尺寸的规定见表3-3-5。可用千分尺测量摇臂轴的外径尺寸。

表3-3-5 摇臂轴孔外径尺寸的规定

项目		标准尺寸/mm	极限值/mm
摇臂轴孔外径		$\phi 15^{+0.020}_{-0.035}$	—
摇臂与摇臂轴的间隙	进气	0.005～0.040	0.070
	排气	0.005～0.040	0.070

3. 摇臂轴径向圆跳动的检查

摇臂轴径向圆跳动的极限值为0.06mm。用V形架将摇臂轴支撑起来，用固定在磁性表座上的指示表，在摇臂轴的中间测量摇臂轴的径向圆跳动量，测量时，用手慢慢转动摇臂轴，切勿划伤摇臂轴的外表面。

五、推杆的检修

气门推杆多用空心细钢管制成。在使用过程中，除两端球面磨损外，沿杆身易产生弯曲。

修理时，两端球面磨损可用弹簧钢丝堆焊球面再进行修磨。凹球面端的半径公差应控制在 -0.10 ~ 0.30mm。推杆下端凸球面的半径也应符合规定，以免半径减小而加快推杆内球面的磨损。推杆弯曲，可在平台上用塞尺检查其直线度，如图 3-3-6 所示。推杆直线度误差应不大于0.30mm。更简单的办法是在平台角上滚动，看端部是否晃动。若发现杆身弯曲，则应予冷校正或更换。杆身表面应光滑、平直，不得有锈蚀和裂纹现象。

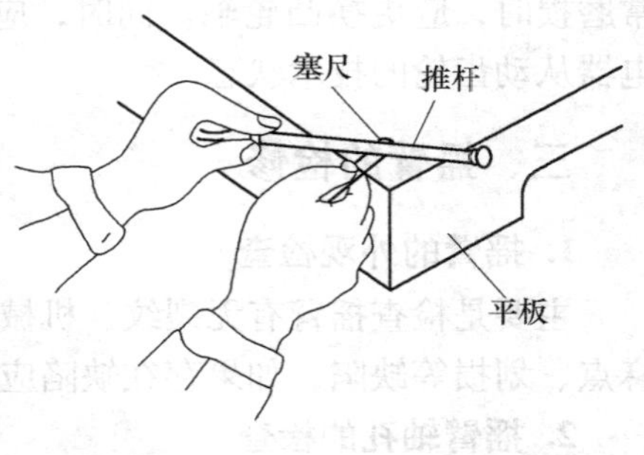

图 3-3-6　气门推杆的直线度检查

六、挺柱的检修

在维修中首先要检查挺柱顶部的磨损情况。挺柱常见的损坏形式是球面磨损、拉伤、疲劳点蚀以及圆柱面磨损等。机械式挺柱只检查球面和圆柱面。球面磨损情况可用样板检验，根据漏光情况作出判断。更简单的方法是手握一个倒立的挺柱，把另外一个挺柱球面立在这个挺柱球面上。正常情况下，手慢慢移动时，上面的挺柱应轻轻晃动，查看顶间球面透光是变化的。如果挺柱立住不动，说明已严重磨损，需进行更换。

更换挺柱时注意，新挺柱可配用旧凸轮轴，但旧挺柱绝不能配新凸轮轴，否则会很快损坏凸轮。如果换用新凸轮轴，则也应换用新挺柱。

液力挺柱外部检查同机械式相同。如果外部情况良好，一般不用再拆开检查内部零件。拆内部零件时，先取下上端卡环，然后倒出其他零件。最好一次只拆一个挺柱，以免不同挺柱零件混到一起。内部零件要清洗干净方可重新装配。如果球阀和柱塞磨损，则应换新挺柱。清洗过的挺柱应经实验合格后才可以装上发动机，以防止坏挺柱装机时拉伤挺柱孔。

液力挺柱中的柱塞和液压缸是一对精密偶件，其配合间隙不超过 0.005mm。若间隙过大，工作时会从间隙处渗漏出油，使气门开度不足，这时发动机工作中发出气门挺柱响声(仅在早晨刚起动时会发出响声,随着机油的充入而消失)，应更换。检验方法是：发动机装好后起动发动机运转至散热器风扇起动，提高发动机转速，使其以 2500r/min 的速度运转 2min，如果液力挺柱仍有异响，需拆下气门室盖，旋转曲轴使被检查的挺柱凸轮向上，用木片或塑料片下压挺柱，如果在气门打开前自由行程超过 0.1mm，则应更换挺柱。

检查液力挺柱的密封性时，先将挺柱浸在汽油中，反复推拉，将挺柱内空气排净。把排出空气后的挺柱应放在实验台上，在柱塞上施加 200N 压力，使其在滑下 2mm 左右后，测量它每下滑 1mm 的时间。在 20℃ 的条件下，其标准值为 7 ~ 50s/mm。如果测得的值低于标准值，说明密封性差，应更换液力挺柱。

液力挺柱拆、装、清洗、实验花费较大，换用新挺柱可能更合算。

七、正时齿轮组件的拆卸与检修

1. 正时齿轮的拆卸

1）按顺序拆下 V 带、水泵带轮、曲轴正时齿轮、同步带上下罩。

2）转动曲轴，使第一活塞位于压缩行程的上止点位置(凸轮轴同步轮上键槽应朝正上方)，此时，曲轴正时齿轮、凸轮轴同步轮以及同步带上的正时标记均应对正。若正时标记不清应重新打印。

3）拆下张紧带轮弹簧，拧下固定螺栓，卸下张紧带轮。

注意

拆下张紧带轮之后，绝不能转动曲轴和凸轮轴；否则会使活塞与气门互相冲撞，导致这些零件的损坏。

4）拆下同步带。拆下同步带前，应用粉笔在同步带的背面标出其正常旋转方向的标记；切勿使用螺钉旋具之类的工具拆卸同步带，且拆下后切勿以很小的半径急剧弯曲，以防损坏。

5）拆下曲轴同步轮。

6）拆下凸轮轴同步轮固定螺栓，然后拆下凸轮轴同步轮。

2. 进、排气歧管组件的检修

进、排气歧管与气缸盖接合面的翘曲变形极限值为 0.10mm。检查的方法有：用平尺测量对角线配合用塞尺插隙法(简称测量对角线法)；将进、排气歧管水平放置在维修平台上配合用塞尺插隙法(平台检查法)。

若变形量超过极限值，可采用磨削的方法修复，但磨削量不得大于 0.30mm。

排气歧管衬垫为不可重复使用的零件，拆卸后应弃旧更新。

3. 同步带的检修

同步带若存在外部损伤现象之一或即使见不到外部损伤，但存在下列情况之一时均应更换。

1）因为水泵漏水等原因，同步带持续与水接触。

2）大量的机油粘附在同步带上。

3）凸轮轴卡住，很可能使同步带承受了过大的作用力。

同步带法兰盘若有变形或损伤，应视情修正或更换。

八、配气机构零件的更换

配气机构零件分解图如图 3-3-7 所示。

1. 更换凸轮轴油封

更换凸轮轴油封的步骤如下：

1）拆卸同步带和凸轮轴正时齿轮防护罩。

2）将曲轴置于 1 缸压缩行程上止点。

3）松开张紧带轮，拆下同步带。

4）拆下凸轮轴正时齿轮，取下半圆键。

5）将凸轮轴正时齿轮紧固螺栓套上垫圈拧入凸轮轴。

6）如图 3-3-8 所示，将油封取出器 2085 的内件（箭头 A 所示）从外件中旋出两圈（约 3mm），并用滚花螺钉（箭头 B 所示）锁紧。再在油封取出器的螺纹头部涂油，拧入油封，然后用力尽可能深地旋入密封圈。用台虎钳夹住取出器，用钳子取出密封圈。

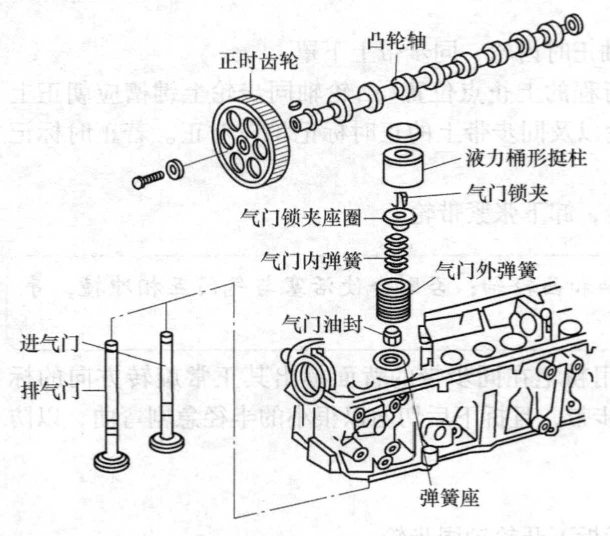

图 3-3-7　配气机构零件分解图

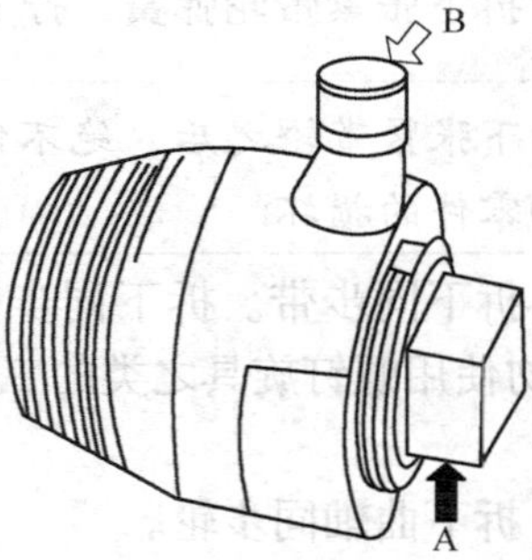

图 3-3-8　油封取出器 2085

7）安装顺序与取出顺序相反。安装时先在油封唇边及外圈涂上一层薄机油，将油封放入专用工具导套 VW10-23，将油封平稳压入适当位置。

2. 气门、气门摇臂轴、凸轮轴组件的拆装

气门、气门摇臂轴、凸轮轴组件安装在气缸盖上，与气缸盖组成气缸盖总成。其拆卸应在正时齿轮组件拆下后进行，具体方法与步骤如下：

1）拆下进、排气歧管。

2）拆下气门室罩、分电器座，取下分电器座密封垫、波形垫。

3）先拆第 1、3、5 凸轮轴承盖，后对角交替拆掉 2、4 凸轮轴承盖，分三次逐渐拧下气缸盖固定螺栓，取下气缸盖。

注意

拆卸气缸盖时，应在发动机冷态下进行，以防气缸盖翘曲变形。

4）使用维修专用夹具将气缸盖总成固定在台虎钳上。

5）拧松所有气门脚间隙调整螺钉，使用维修专用拉具从气缸盖的后端拉出摇臂轴。操作时，应用手扶住摇臂轴弹簧，以防止跳出。

注意

所拆下的摇臂、摇臂弹簧等零件应按顺序分别摆放，不可错乱，以便检修后按原位装复。

6）从气缸盖的后端拉出凸轮轴。注意不要损伤气缸盖和凸轮轴轴承孔。

7）用平头起子或类似工具从气缸盖上撬出凸轮轴油封。凸轮轴油封是不可重复使用的零件，拆下后应弃旧换新。

8）插入气门摇臂轴，使用专用维修工具拆下气门锁夹。

9）松开维修专用工具，取下气门弹簧座、气门弹簧、气门杆油封，抽出气门。

注意

所拆下的各零件应按组按序分别摆放，以便按原位安装。

安装时，第 1 缸凸轮必须朝上，否则会损坏气门及活塞顶部。上、下轴承盖对准后，先对角交替拧紧 2、4 凸轮轴承盖，然后拧紧 1、3、5 凸轮轴承盖。拧紧力矩为 20N · m。再装上凸轮轴正时齿轮，用 80N · m 的力矩拧紧紧固螺栓。

3. 拆卸气门弹簧

用专用工具 VW2037 压下气门弹簧座，拆出气门弹簧及气门弹簧下座，如图 3-3-9 和图 3-3-10 所示。拆卸气门弹簧时，要注意不要让锋利的气门下座口拉伤气门杆。

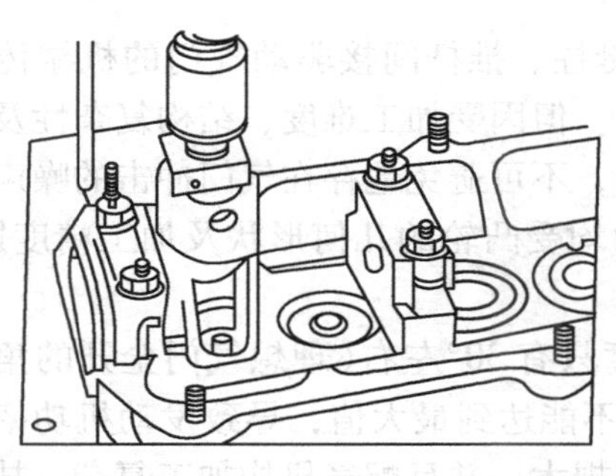

图 3-3-9　拆卸气门弹簧

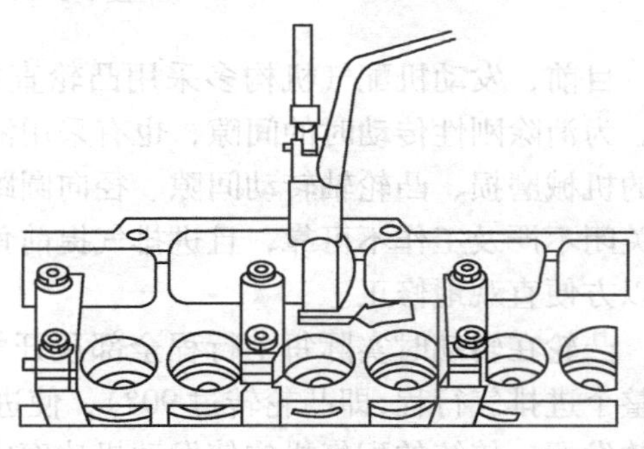

图 3-3-10　拆卸弹簧下座

4. 更换气门杆油封

在气缸盖装好后，更换气门杆油封。气门杆油封为不可重复使用的零件，一经拆下必须弃旧换新。在凸轮轴、桶形挺柱、火花塞拆下后，变速器挂 4 挡，拉驻车制动；将气门座调整到直立螺栓的高度；从火花塞孔输入大于 0.6 MPa 的气压，拆下气门弹簧后用锤子轻击装配夹具（编号为 2036. VW541 /1. VW653 /3）的手柄，松动气门阀盘锥面。安装气门杆油封时，先在油封外圈及唇边涂油，用编号为 10-204 专用工具小心地压入导管，如图 3-3-11 所示。

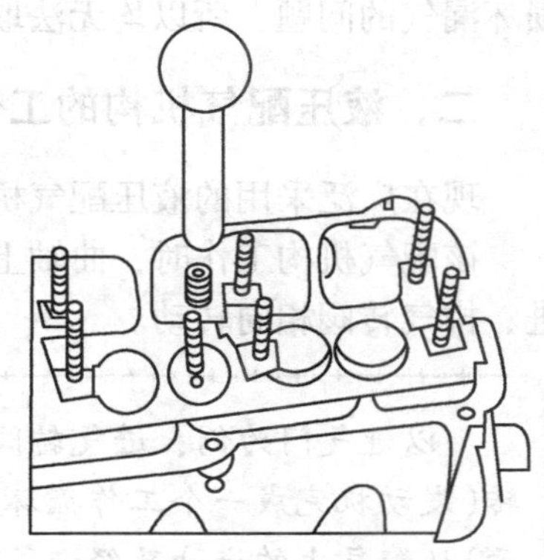

图 3-3-11　压装气门杆油封

知识链接

一、气门传动组的组成和作用

气门传动组包括凸轮轴、挺柱、推杆和摇臂等部件，如图 3-3-12 所示。

气门传动组的作用是使进、排气门能按照配气相位规定的时刻开启和关闭，并且保证气门有足够的开度。

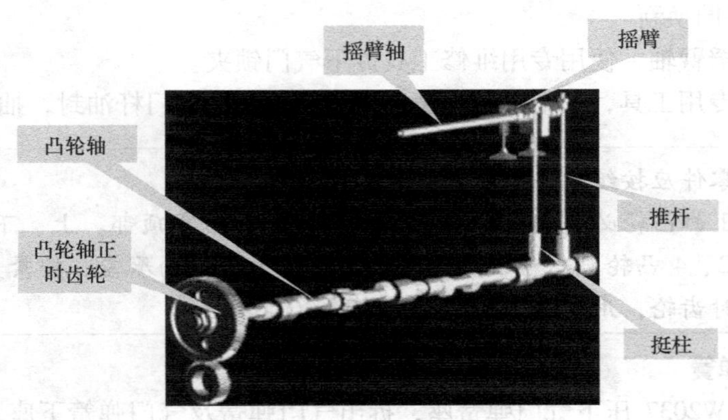

图 3-3-12　气门传动组结构

目前，发动机配气机构多采用凸轮直接或通过挺柱、推杆间接驱动气门的机械传动装置。为消除刚性传动时的间隙，也有采用液力挺柱的。但因受加工难度、结构复杂性及运行中的机械磨损、凸轮轴转动间隙、径向圆跳动的影响，不可避免地存在气门冲击的噪声，气门关闭不严及工作不可靠，且进排气提前角、滞后角均受凸轮的几何形状及加工精度影响，难以方便直观地修正。

凸轮在转动时实际每个行程全部顶开气门的角度只有 30°左右(理想气门全开的角度应是整个进排气行程,即凸轮转过 90°)，使进、排气量不能达到最大值，导致发动机功率不能有效发挥。传统的配气机构使发动机功率内耗大、磨损大，并且配气机构加工复杂，技术要求及成本高。为改变这些缺点，理论上也出现一些以球阀、轴阀代替气门，直接对发动机的进、排气进行控制。但是因无法解决转动的球阀、轴阀直接受内燃机高温高压气体冲击，易损坏漏气的问题，所以均无法取代现有的凸轮形式的配气机构。

二、液压配气机构的工作原理

现在广泛采用的液压配气机构，如图 3-3-13 所示。

该配气机构工作时，曲轴上的正时齿轮带动排气转阀上的正时从动轮并经同步齿轮带动进、排气转阀相向转动。

以进气门为例：进气转阀在同步齿轮带动下，逆时针以 1/4 的速比在进气阀套内运转(发动机完成一个工作循环的四个行程,转阀转半周)。液压油从油泵经油管(图中未示)从配气上的进油孔经进气转阀上的径向内孔进入上油腔，推动油活塞克服气门弹簧的弹力，推动进气门下移打开进气门开始进气。油活塞下行到下止点前，因回油孔被油活塞逐渐封闭而缓冲停止，此时气门打开为最大值。

当进入压缩行程时，进油口关闭，进气转阀上的沿圆周方向的泄油通道转到上油腔，将上油腔与泄油道接通。进气门在气门弹簧的作用下推动油活塞上行，到进气门接近气缸盖上的气门座将近关闭前，油活塞上凸出的上轴端将上油腔与泄油道的主通路切断，液压油只经上轴端的节流槽流出，使进气门缓冲关闭。

发动机进入做功行程及排气行程后期时，泄油道及进油口均处在关闭位置，在气门弹簧及气缸压力作用下，进气门仍保持关闭位置。当排气行程将要结束时，进气转阀转过180°，进气转阀上进油孔的另一侧又转到与进油口对接位置（存在进、排气重叠角），开始下一工作循环的进气行程。

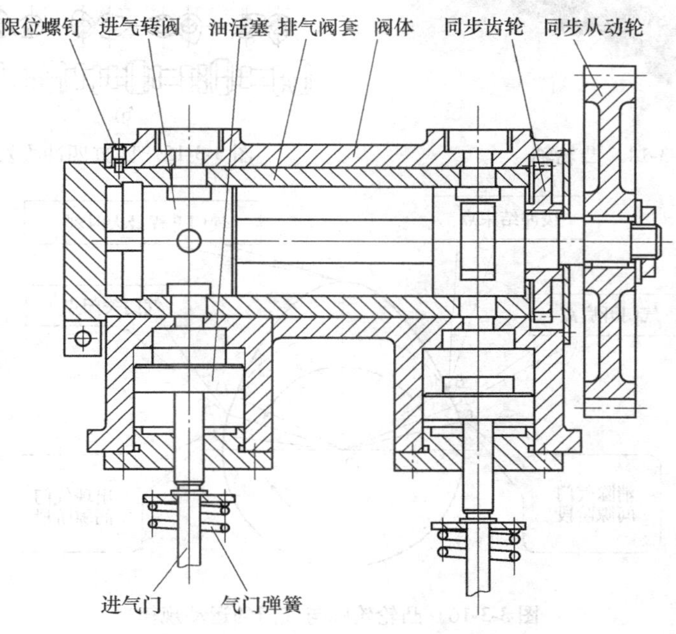

图3-3-13 液压配气机构

三、凸轮轴及凸轮轴盖的结构特点

凸轮轴的作用是控制气门。它由前端、轴颈、凸轮组成，如图3-3-14所示。凸轮轴前端与凸轮轴正时齿轮相连，并以圆柱销作角度定位。前端还有凸缘，与气缸盖前端面及凸轮轴油封座止推平面相靠，使凸轮轴实现轴向定位。每个轴颈支承在气缸盖上的凸轮轴支承座内，轴颈上有油槽和油孔与凸轮轴中心纵向长油道相通，以润滑轴承。凸轮分为进、排气凸轮。

为了保证发动机运转平稳，各缸相继点火的间隔时间应力求均匀。对于四缸四冲程发动机而言，凸轮轴上各缸同各凸轮应按点火次序顺序排列（图3-3-15），任何两个相继点火的气缸进气凸轮或排气凸轮间的夹角均为90°。凸轮的轮廓除了保证气门的开启和关闭符合配气相位外，还应使气门有合适的升程，并且按一定的规律运动，即控制气门运动的速度、加速度变化，凸轮轮廓与气门的运动规律如图3-3-16所示。

发动机凸轮轴多采用合金铸铁制造，为提高凸轮的耐磨性，在铸造过程中，进行了冷激处理。

图 3-3-14　凸轮轴

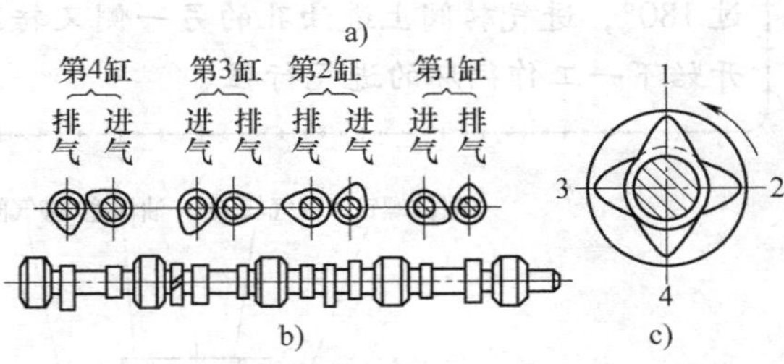

图 3-3-15　四缸四冲程发动机的凸轮轴

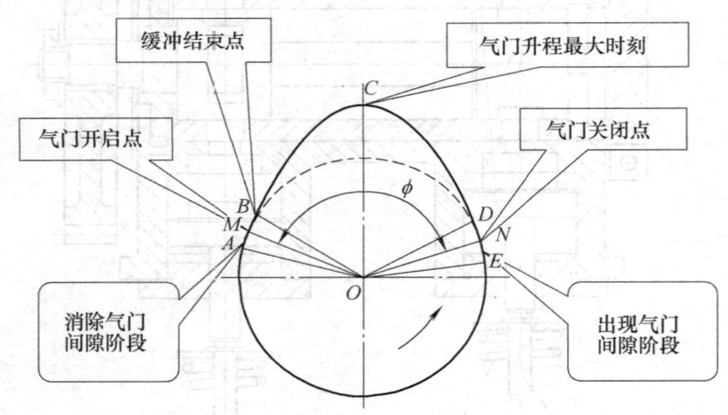

图 3-3-16　凸轮轮廓与气门的运动规律

为了防止产生轴向移动，凸轮轴必须进行轴向定位。一般采用止推片进行轴向定位，如图 3-3-17 所示。

正时齿轮的功用是将曲轴的旋转运动传给各辅助机构，如凸轮轴、喷油泵、机油泵、磁电机或分电器等。其中凸轮轴、喷油泵、磁电机或分电器与曲轴的旋转保持严格的相对位置关系，一般都采用斜齿轮传动，并在齿轮端面上打上装配标记。小齿轮和大齿轮分别用键装在曲轴和凸轮轴的前端，其传动比为 2∶1。安装时各齿轮上的标记必须对准，如图 3-3-18 所示，以保证正确的配气相位和点火时刻。

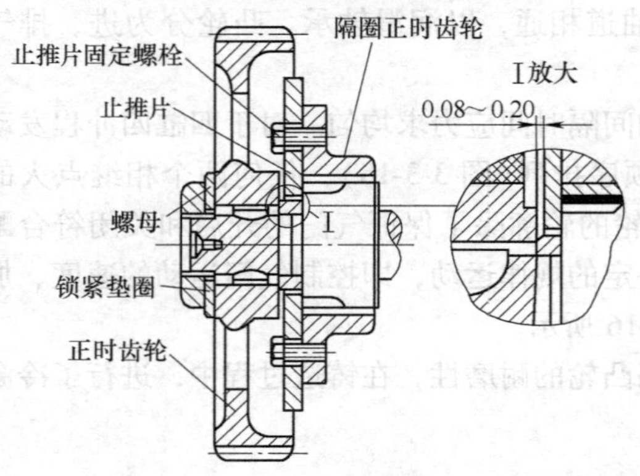

图 3-3-17　凸轮轴的轴向定位

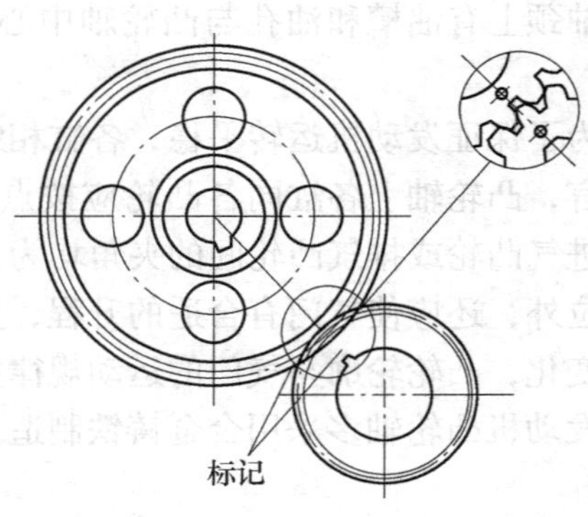

图 3-3-18　正时齿轮安装记号

四、挺柱的结构特点

挺柱的功用是将凸轮的运动传给推杆。挺柱的底面与凸轮紧密接触，顶面呈凹球形与推杆接触。它的形式有平面挺柱、滚子挺柱和液力挺柱等，常用的是平面挺柱。

平面挺柱的形状有菌形和筒形两种(图 3-3-19)，其特点是挺柱与凸轮接触的部分为一平面或直径较大的球面。

液力挺柱结构如图 3-3-20 所示，主要由挺柱体、液压缸、柱塞和柱塞压力弹簧等组成。挺柱体由低碳合金钢制造，其上设有环形油槽，缸盖上的主油道通过油孔和斜油孔与该油槽对齐，润滑油可沿该油路经过挺柱体背面的键形槽进入柱塞内的低压油腔，这时缸盖主油道与液力挺柱的低压油腔形成一个通路。

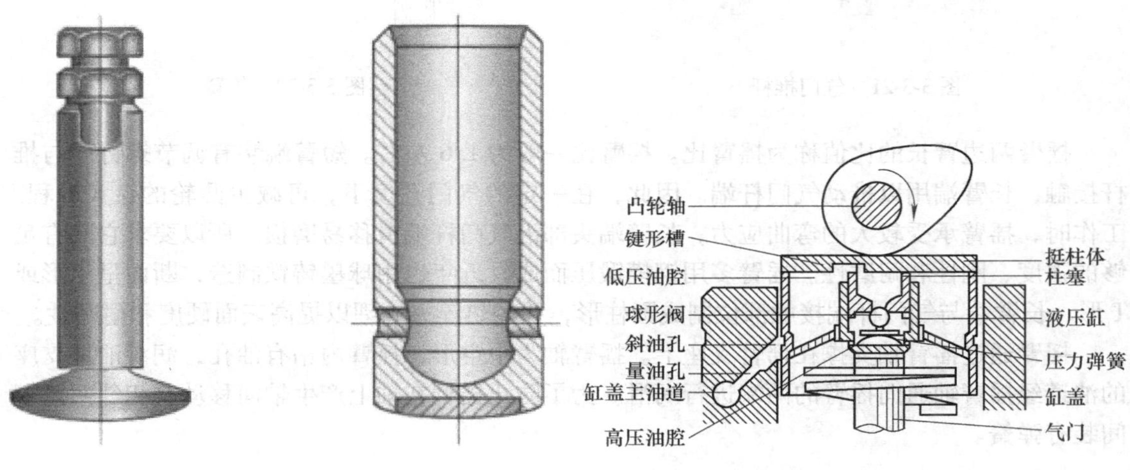

图 3-3-19 平面挺柱

图 3-3-20 液力挺柱结构

液压缸和柱塞是一对精密偶件。柱塞下端是一个球形阀座，外径与液压缸内孔相配合，顶部与挺柱体背面接触。柱塞和球阀可将液压挺柱分成高低压两个油腔。球阀开启，两油腔分开，上部是低压腔，下部是高压腔。压力弹簧使挺柱体顶面与凸轮保持接触，当凸轮基圆与挺柱体顶面接触时，可消除气门间隙。

五、推杆的结构特点

气门推杆用于下置凸轮轴顶置气门的配气机构，如图 3-3-21 所示。它的功用是将挺柱、凸轮传来的力传给摇臂。对推杆的要求是刚性好、质量轻。

推杆多为细长杆，用无缝钢管或空心钢管制成，其两端焊有不同形状的钢头。上端是凹球形，与摇臂调节螺钉球头接触，下端头为圆球形，放置在挺柱的凹球形支承座内。两端头部都经过热处理，以改善耐磨性能。

六、摇臂及摇臂轴的结构特点

摇臂是一个双臂杠杆，如图 3-3-22 所示，其功用是改变推杆传来的运动方向，并将运动传给气门杆尾端，以推开气门。

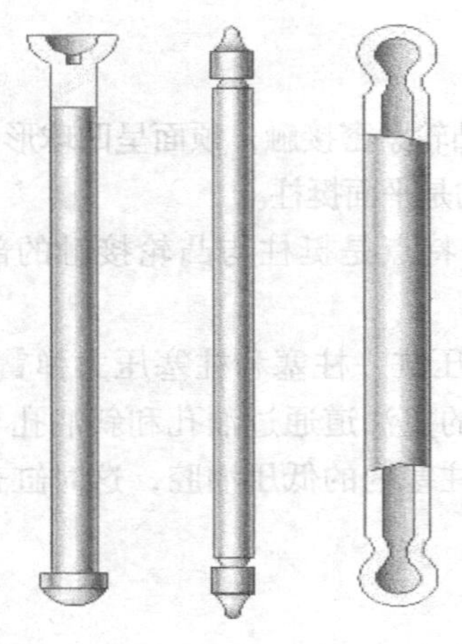

图 3-3-21　气门推杆

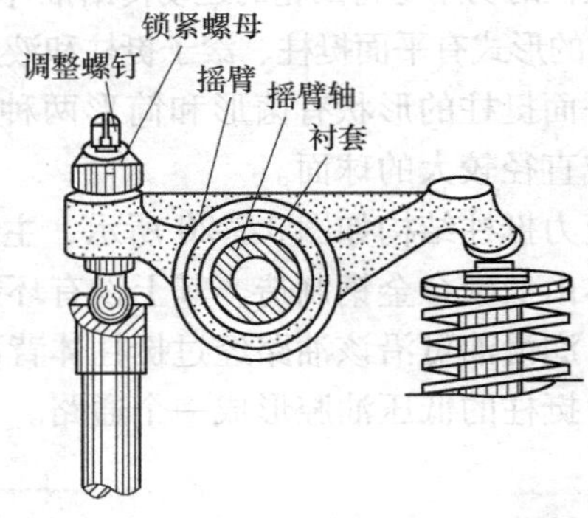

图 3-3-22　摇臂

摇臂两边臂长的比值称为摇臂比。摇臂比一般为 1.6 左右。短臂端装有调节螺钉而与推杆接触，长臂端用以推动气门杆端。因此，在一定的气门开度下，可减少凸轮的最大升程。工作时，摇臂承受较大的弯曲应力，长臂端头部沿气门杆端滑移易磨损。所以要求它具有足够的强度、刚性和耐磨性。摇臂多用钢模锻压而成，近年也用球墨铸铁制造，断面呈工形或T形。长臂端与气门杆端接触部位制成圆柱形，并经热淬火处理以提高表面硬度和耐磨性。

摇臂通过摇臂轴支撑在摇臂支座上。摇臂轴为中空形，摇臂内钻有油孔，润滑油从支座的油道经摇臂轴通向摇臂的两端进行润滑。为了防止摇臂在轴上产生轴向移动，相邻两摇臂间装有弹簧。

思考与练习

1. 发动机的气门传动组包括哪些部分？其主要作用是什么？
2. 常见发动机气门传动组的各个部分有什么作用？
3. 怎样对常见发动机的气门传动组进行检修？

单元4 润滑系的构造与维修

4

教学建议

1. 教学环境：要求在理论实践一体化的专业教室中完成，最好能实现小班制教学。

2. 教材使用：

（1）任务引导——引导文，由学生根据“知识链接”和教师讲解在实训前完成。

（2）任务实施——实训任务，先由教师示范关键步骤，再由学生根据具体步骤完成实训任务，也可以由学生自行探索，教师在组织过程中根据需要进行示范和讲解。

（3）实训报告——实训记录，任务完成后上交。

（4）实训考核——实训评价，根据情况全面考核或抽考。

（5）知识链接——必要的理论知识，建议采用多媒体动画教学。

知识目标

1. 熟悉润滑系统的作用、基本组成及润滑路线。
2. 熟悉丰田5A发动机润滑系的拆装要求和主要零件的维修、检测项目。
3. 掌握润滑油量的检查方法以及更换润滑油的工艺方法。

能力目标

1. 掌握发动机润滑系的拆装方法、主要零件的维修检测方法。
2. 掌握润滑油量的检查方法以及更换润滑油的方法。

情感目标

1. 体验安全生产规范，遵守操作规程，感受合作与交流的乐趣。
2. 在项目学习中逐步养成自主学习新知识、新技术的良好习惯。
3. 在操作学习中不断积累维修经验，从个案中寻找共性。

项目 1　润滑油油量的检测和润滑油的更换

任务要求

要求分组对润滑油油量进行检查和更换润滑油，并掌握对润滑系主要部件进行检修等操作。完成操作后，要求记录作业内容，整理好工具及其他设备。

作业时间：45min。

情境创设

老师把需要进行润滑油更换的汽车开过来，要求学生就车的润滑油油量进行检查并更换润滑油，引导学生按汽修厂的工作过程完成对润滑油油量的检查和更换润滑油，从而使学生能在完成任务的过程中学习到相关技能，并掌握相关的理论知识。也可以播放更换润滑油的案例视频，激发学生的学习兴趣。

教学资料准备：教学用车使用说明书、维修手册等。

任务实施

一、工作安排

养成合作完成工作任务的习惯，请你将工作分工与完成时间记录在表 4-1-1 中。

表 4-1-1　组员工作分工与完成时间表

姓　名	任务分工	完成时间	备　注

二、检查润滑油的油量

1）车辆必须处于水平位置，发动机预热至润滑油温度高于 60℃。
2）发动机熄火并等待数分钟，让润滑油流回油底壳中。
3）拔出油标尺，用干净的抹布擦干净，然后再将油标尺插到底。
4）拔出油标尺，检查润滑油液面高度情况，润滑油液位应不低于 1/2 位置。

三、更换发动机润滑油

1）车辆必须处于水平位置，发动机必须熄火等待数分钟，让润滑油流回油底壳中。
2）将加油口盖打开，使发动机内、外大气压力相同。

3）将车辆水平升起，确保安全后，将油底壳放油螺塞拧下，并用油底壳将废机油回收。

4）等待数分钟，待发动机内润滑油不再流出后，用抹布清洁放油螺塞后装上，并按规定力矩拧紧。

5）将车辆水平降下，将新润滑油从加油口注入2.5～3L，边加边检查油标尺，直至油量合适为止。

6）拧紧加油口盖，起动发动机数分钟。

7）将发动机熄火并等待数分钟，再次检查润滑油液位，最后确认润滑油量。

一、发动机润滑系简介

1. 润滑系的作用

发动机工作时，做相对运动的零件很多，无论零件表面加工精度如何高，都必须在零件的摩擦表面间保持一层润滑油膜，以减少零件的磨损和降低功率的消耗。

发动机的润滑是靠润滑系来实现的，润滑系的任务是当发动机工作时，将清洁的、有压力的和温度适宜的润滑油不断地送到各运动零件的摩擦表面进行润滑，以使发动机能正常工作。润滑系的主要作用有：

（1）润滑　润滑运动零件表面，减小摩擦阻力和磨损，减小发动机的功率消耗。

（2）清洗　机油在润滑系内不断循环，清洗摩擦表面，带走磨屑和其他异物。

（3）冷却　机油在润滑系内循环带走摩擦产生的热量，起冷却作用。

（4）密封　利用润滑油的粘度，充满各运动零件之间的间隙，提高零件的密封效果，减少漏气。

（5）防锈　在零件表面形成油膜，可防止零件表面与水分及燃气直接接触而发生氧化和锈蚀，起防锈作用。

（6）减振　机油在润滑系内循环的同时还可消耗发动机工作时所产生的部分振动，因此也起到减振缓冲作用。

2. 发动机的润滑方式

发动机工作时，因各运动件的工作条件不同，所以要求润滑强度也不同，采用的润滑方式自然也不同，一般发动机主要采用以下润滑方式：

（1）压力润滑　利用油泵，将具有一定压力的润滑油不断地送到摩擦表面的润滑方式，此法适用于载荷重、运动速度高的摩擦表面，如曲轴轴承的润滑，如图4-1-1a所示。

（2）飞溅润滑　利用发动机某些运动件工作时，飞溅起来的油滴或油雾，来润滑零件摩擦表面的润滑方式，它主要润滑表面外露、载荷较轻的运动副表面，如气缸壁的润滑，如图4-1-1b所示。

（3）润滑脂润滑　定期加注润滑脂来润滑零件的工作表面，如水泵、发电机轴承等，如图4-1-1c所示。

（4）自润滑　近年来在有些发动机上采用了含有耐磨材料的轴承（如尼龙、二硫化钼等）来代替加注润滑脂的轴承。这种轴承在使用中无需加注润滑脂，故称其为自润滑轴承。

图 4-1-1　发动机的润滑方式
a）压力润滑　b）飞溅润滑　c）润滑脂润滑

3. 发动机润滑系的组成

发动机润滑系的结构及油路示意图如图 4-1-2 所示。

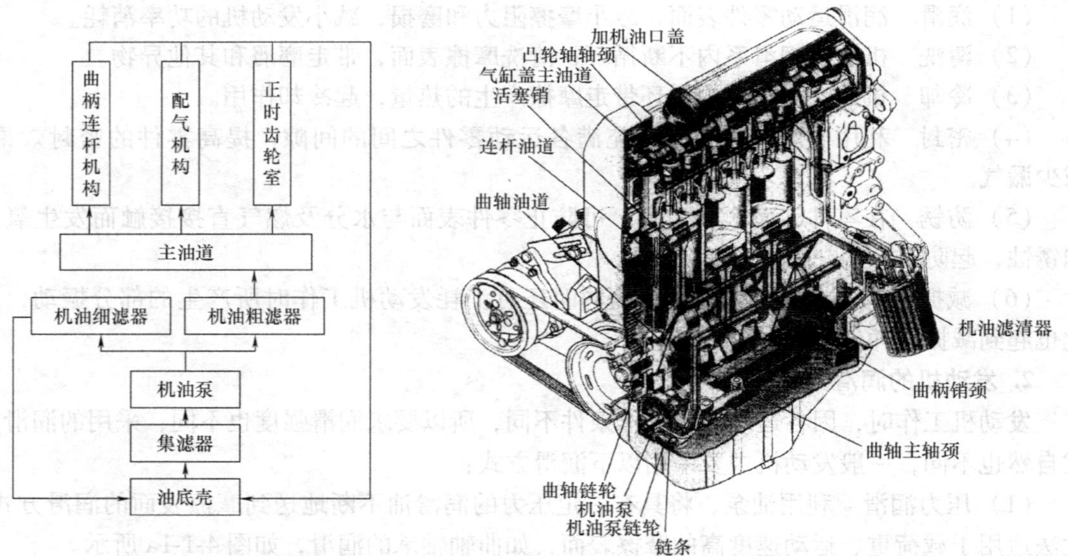

图 4-1-2　发动机润滑系结构及油路示意图

（1）油底壳　用来贮存润滑油并起散热作用；其底部有一带磁性的放油螺塞，用来吸附润滑油中的铁屑。

（2）机油泵　将润滑油从油底壳中吸出加压后，不断地送到各摩擦副表面，进行润滑，并维持润滑油在润滑系中的循环。

（3）机油滤清器　用来滤掉润滑油中杂质、磨屑、油泥、水分等物质。它有集滤器、粗滤器、细滤器三种，分别安装在润滑系中不同的部位。

（4）油道 用来向各润滑部位输送润滑油，有主油道和分油道等。

（5）阀类 控制润滑油的流向及流量，主要有溢流阀、调压阀两种。

另外，润滑系还有机油压力传感器、机油压力表、油温表及机油标尺等，某些热负荷较大的发动机上还装有机油散热器。

现代汽车发动机润滑油路布置方案及润滑油的循环路线大致相同，只是润滑系的工作条件和某些具体结构稍有区别。下面以丰田5A发动机及AJR型发动机来说明润滑油的循环路线。

二、丰田5A发动机的润滑油循环路线

图4-1-3所示为丰田5A发动机润滑系油路循环路线图。它采用综合润滑方式，曲轴主轴颈、连杆轴颈、凸轮轴轴颈等采用压力润滑；活塞、活塞环、活塞销、气缸壁、气门等采用飞溅润滑。

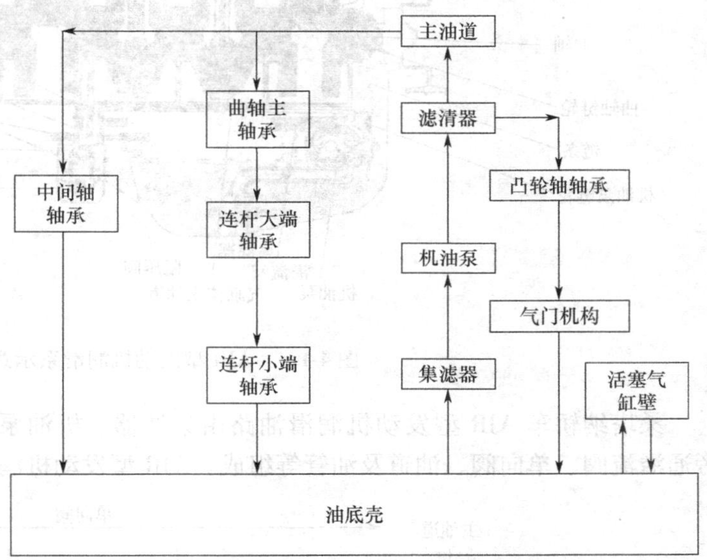

图4-1-3 丰田5A发动机润滑系油路循环路线

发动机工作时，油底壳内的润滑油经机油集滤器滤掉粗大的杂质后，被机油泵压入机油滤清器，然后润滑油分成两路，大部分润滑油送入主油道用于压力润滑；另一部分（10%~15%）经进油限压阀进入机油细滤器，滤去较细的机械杂质和胶质后流回油底壳。机油细滤器与主油道采用并联布置方式。采用并联方式，虽然每次流经细滤器的油量较少，但润滑油不断地循环仍可取得良好的滤清效果。实践表明，一般汽车每行驶50km左右全部润滑油即能通过细滤器滤清一次。

在机油细滤器上设有进油限压阀，当机油泵出油压力低于规定值时，进油限压阀关闭通往细滤器内的油道，润滑油全部进入主油道，以保证正常润滑。

在机油粗滤器上设有旁通阀。若机油粗滤器滤芯被杂质严重堵塞，将使整个润滑油路不通，此时旁通阀开启，润滑油不经过滤清而直接供入主油道，保证发动机的润滑。

进入主油道的润滑油，经气缸体隔壁上的五条并联的横油道进入曲轴主轴承，然后经曲轴上斜向油道流入各连杆轴承。发动机运转时，连杆大头高速转动，使润滑油产生飞溅而润滑缸壁、活塞、活塞销、凸轮等机件。

三、AJR型发动机的润滑油循环路线

上海桑塔纳轿车用AJR型发动机润滑系示意图如图4-1-4所示，它采用综合润滑方式，即压力式和飞溅式的综合润滑。

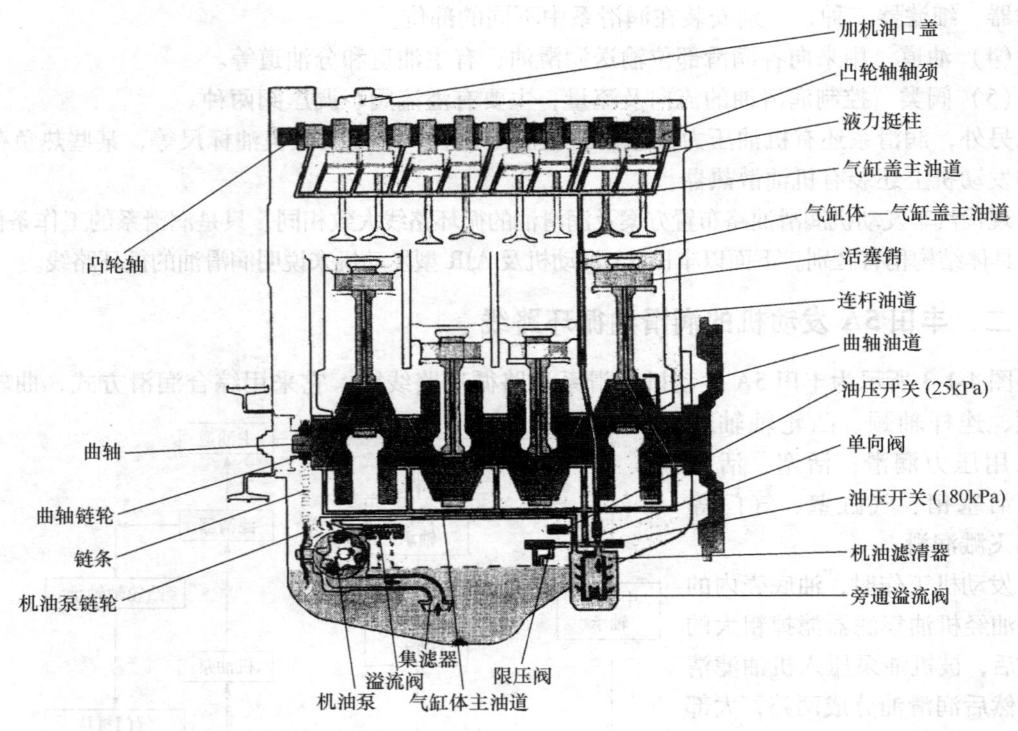

图 4-1-4　AJR 型发动机润滑系示意图

桑塔纳轿车 AJR 型发动机润滑油路由集滤器、机油泵溢流阀、油压滤清器、限压阀、旁通溢流阀、单向阀、油道及油管等组成。AJR 型发动机润滑油路示意如图 4-1-5 所示。

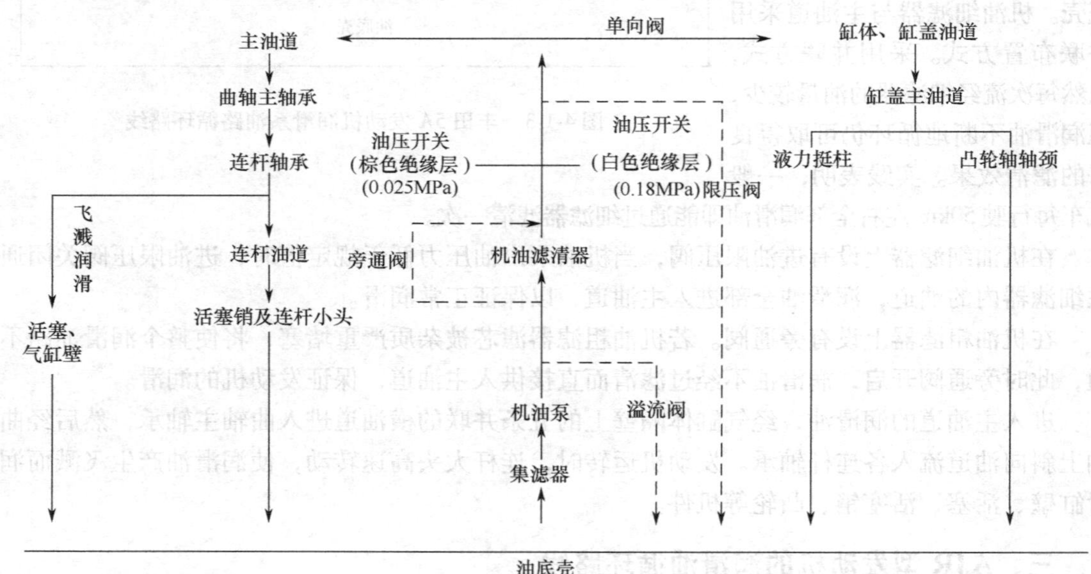

图 4-1-5　AJR 型发动机润滑油路示意图

发动机工作时，油底壳内的润滑油在机油泵的抽吸下，从油底壳经机油集滤器过滤掉其中较大颗粒的杂质后，经机油泵加压后，进入滤清器，由滤清器过滤后进入主油道。

进入主油道的润滑油分三路对各部位进行润滑。一路送到曲轴各主轴承，对曲轴各道主轴颈进行润滑，同时通过曲轴内部的油道，将润滑油送到连杆轴颈，对连杆轴颈进行润滑，再由连杆上的油孔通往连杆小头衬套，对连杆轴颈及连杆小头衬套进行润滑；第二路通过安装在机油滤清器上的单向阀进入气缸体上的油道，经气缸垫，进入气缸盖油道，到各凸轮轴轴颈和液力挺柱；第三路通往限压阀，油道内的压力过大时该阀打开，将部分润滑油流回油底壳。

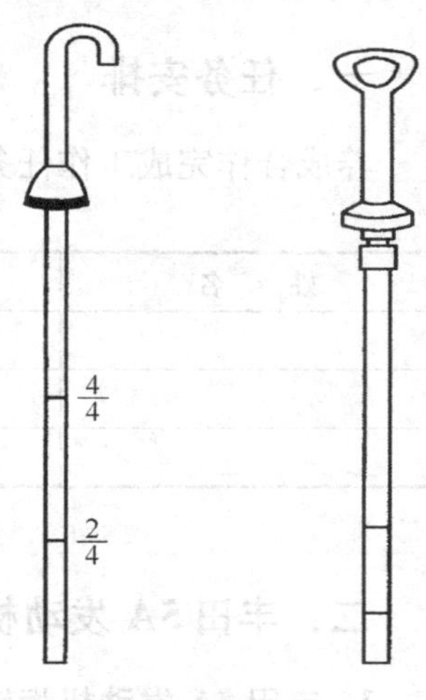

图 4-1-6　油标尺

四、发动机润滑油的存量

发动机润滑油的存量应保持在设计要求范围内。油标尺用于检查油底壳中润滑油的存量，它是一根扁平杆，如图 4-1-6 所示，插在气缸体油平面检查孔内。一般油标尺的一端刻有 2/4、4/4 刻线，润滑油的液面应在这两刻线之间，低于 2/4 表示润滑油不足，应及时补充；高于 4/4 表示润滑油过多，应及时放出过多的润滑油。

思考与练习

1. 润滑系的作用主要有________、________、________、________、________、________。
2. 发动机主要采用的润滑方式有________、________、________。
3. 润滑系的组成包括________、________、________、________、________。
4. 一般油标尺的一端刻有 2/4、4/4 刻线，润滑油的液面应在这两刻线之间，________表示润滑油不足，应及时补充；________表示润滑油过多，应及时放出过多的润滑油。

项目 2　润滑系主要零件的构造与维修

任务要求

要求分组拆装丰田5A 发动机的机油泵，并掌握对其他主要部件进行检修等操作。完成操作后，要求记录作业内容，整理好工具及其他设备。

作业时间：90min。

情境创设

老师把需要进行润滑系零件拆装的汽车开过来，要求学生学会拆装机油泵，引导学生按汽修厂的工作过程完成机油泵的拆装，从而使学生能在完成任务的过程中学习到相关技能，并掌握相关的理论知识。

教学资料准备：教学用车使用说明书、维修手册等。

任务实施

一、任务安排

养成合作完成工作任务的习惯，请你将工作分工与完成时间记录在表4-2-1中。

表4-2-1　组员工作分工与完成时间表

姓　　名	任务分工	完成时间	备　　注

二、丰田5A发动机齿轮式润滑系的拆装

1. 丰田5A发动机齿轮式机油泵的拆卸(图4-2-1)

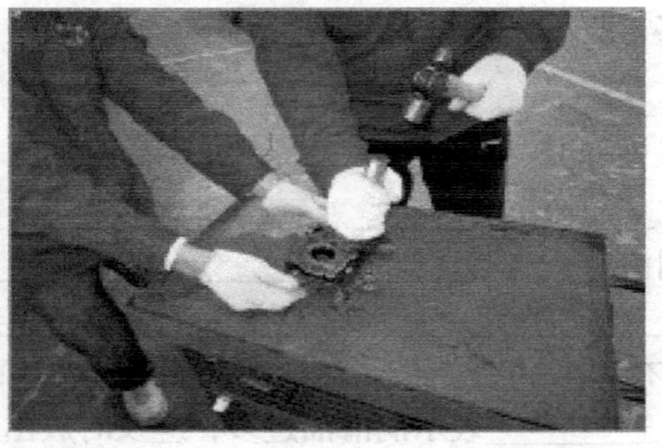

机油泵

机油泵盖　限压阀　从动齿轮（外转子）主动齿轮（内转子）

图4-2-1　丰田5A发动机齿轮式机油泵的拆卸

1）拆下油底壳及机油集滤器。

2）拆下机油泵固定螺栓，取下机油泵及密封垫圈。

3）拆下机油泵盖固定螺栓，取下机油泵盖。

4）取出机油泵主、从动齿轮（内、外转子）。

5）拆卡环，取出限压阀螺塞、弹簧及限压阀。

6）清洗各零件，并吹通各油道油孔。

2. 装配

1）装机油泵内、外转子齿轮、机油泵盖。

2）装机油泵及密封垫圈。

3）将机油泵装到曲轴前端上，机油泵轴与曲轴前端只有一个安装位置，并按标准拧紧力矩拧紧。

4）安装机油集滤器。

5）安装油底壳。

3. 齿轮式齿轮泵的检修

1）用直观法检查泵体、泵盖是否有裂纹，有裂纹则应进行焊修或更换新件。

2）用平尺及塞尺检查内、外转子（主、从动齿轮）与泵盖的间隙，如图 4-2-2 所示，一般端面间隙超过极限值则更换新件。

3）用塞尺检查内、外（主、从动齿轮）的齿顶间隙，如图 4-2-3 所示，超过极限值更换新件。

4）用塞尺检查外转子（从动齿轮）与泵体的间隙，如图 4-2-4 所示，超过极限值应更换新件，若泵体磨损呈椭圆形，应更换泵体。

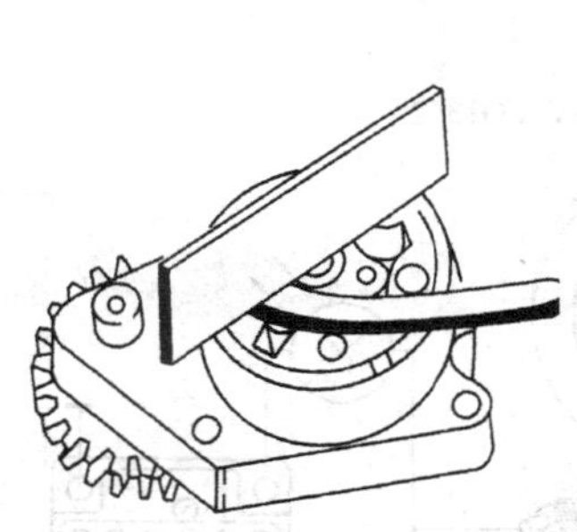

图 4-2-2　检查内、外转子与泵盖的间隙

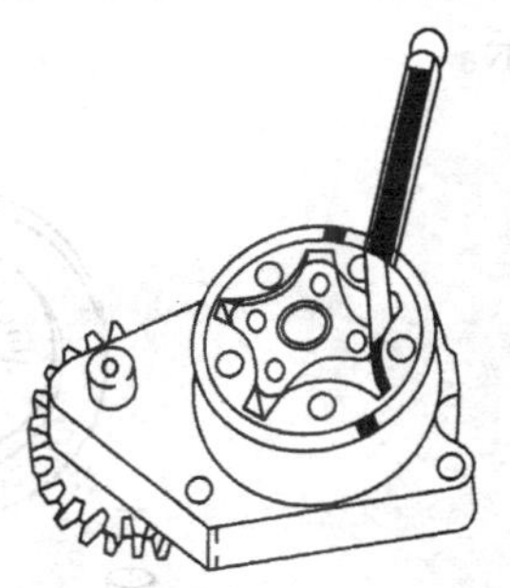

图 4-2-3　检查内、外转子的齿顶间隙

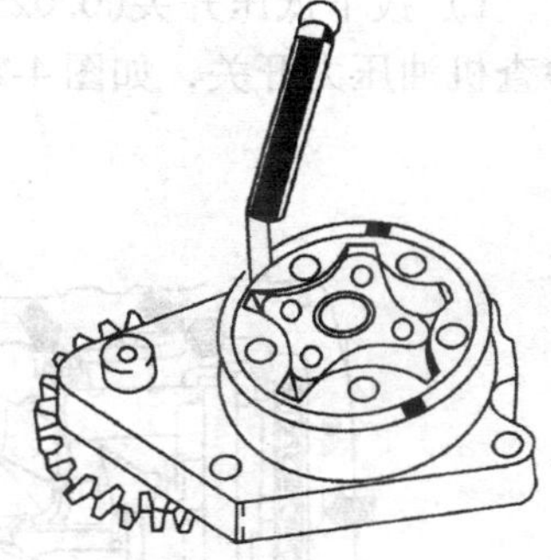

图 4-2-4　检查外转子与泵体的间隙

4. 机油泵试验

（1）检查条件

1）润滑油液面高度正常。

2）当点火开关接通时，润滑油警告灯应该闪亮。

3）润滑油温度约为 80℃。

（2）检查过程　将机油泵装在试验台上，检验机油泵在规定的转速、润滑油压力下，供油量是否达到规定的供油量，且各处应无渗漏机油现象。

三、AJR 发动机转子式润滑系的拆装

1. 拆卸

1）拆下油底壳。

2）拧下图 4-2-5 中箭头所示的螺栓。

3）将链轮和机油泵一起拆下来。

4）分解机油泵并清洗。

2. 装配

1）装复机油泵。

2）将销钉插入到机油泵上端，机油泵轴与链轮只能有一个安装位置，链轮与机油泵的紧固螺栓拧紧力矩为(22±3) N·m。

3）安装机油泵，机油泵与气缸体的紧固螺栓拧紧力矩为(16±1)N·m。

4）安装油底壳。

3. AJR 型发动机机油压力开关的检查

（1）检查条件

1）润滑油液面高度正常。

2）当点火开关接通时，润滑油警告灯应该闪亮。

3）润滑油温度约为 80℃。

（2）检查过程

1）拔下低压开关(0.025MPa,棕色绝缘层)，将其拧到 V. A. G1342 机油开关测试仪上，检查机油压力开关，如图 4-2-6 所示。

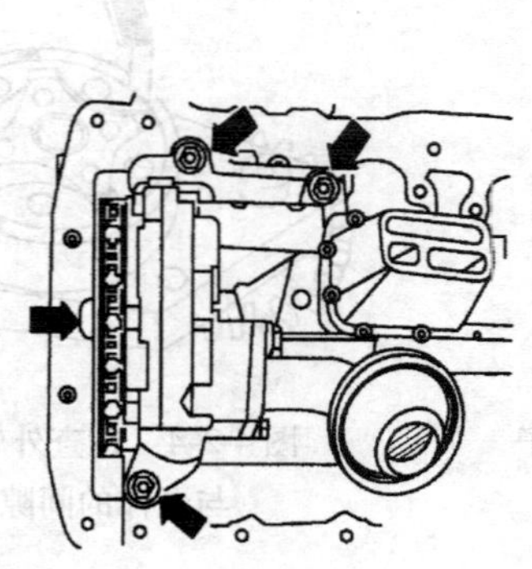

图 4-2-5　拧下箭头所示的螺栓

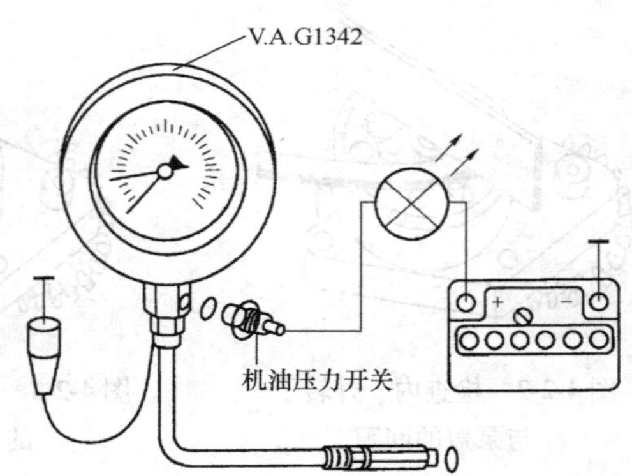

图 4-2-6　检查机油压力开关

2）将测试仪拧到机油滤清器支架上的机油压力开关的位置上。

3）将测试仪的棕色导线接地。

4）将发光二极管 V. A. G1527 连接到机油压力开关和蓄电池正极上，发光二极管必须发亮。

5）起动发动机，并缓慢提高发动机转速。

6）当润滑油压力为 0.015～0.045MPa 时，发光二极管必须熄灭，否则应更换机油压力

开关。

7）将发光二极管接在高压开关上(0.18MPa,白色绝缘层)。

8）当润滑油压力为0.16～0.2MPa时，发光二极管必须发亮，否则应更换机油压力开关。

9）继续提高发动机转速。在2000r/min和80℃的润滑油温度下，润滑油压力应至少维持在0.2MPa。

一、机油泵

机油泵将润滑油从油底壳中吸出加压后，不断地送到各摩擦副表面进行润滑，维持润滑油在润滑系中的循环。现代汽车发动机上一般采用齿轮式或转子式两种机油泵。

1. 齿轮式机油泵

（1）齿轮式机油泵的结构　齿轮式机油泵分外啮合与内啮合两类，如图4-2-7所示，由泵体、主动齿轮、从动齿轮、齿轮轴、泵盖、限压装置等组成。

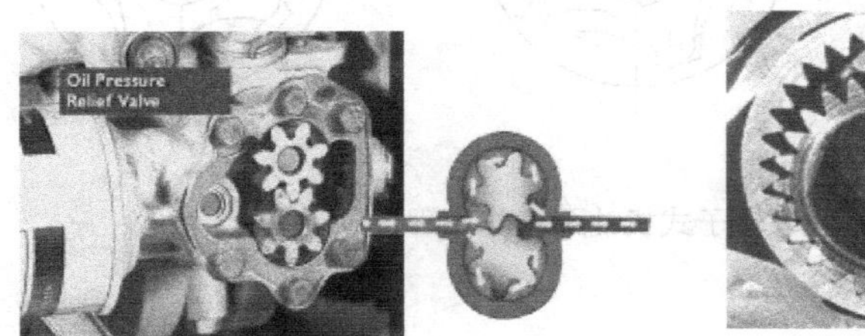

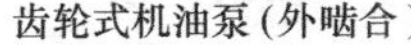

齿轮式机油泵(外啮合)

齿轮式机油泵(内啮合)

图4-2-7　齿轮式机油泵

（2）工作原理　当齿轮旋转时，进油腔的容积增大，腔内产生一定的真空度，润滑油便从进油口被吸入并充满进油腔，旋转的齿轮将齿间的润滑油带到出油腔，因出油腔的容积减少，导致油压升高，润滑油经出油口被输出，输出的油量与发动机转速成正比。

2. 转子式机油泵

（1）结构　转子式机油泵由泵体、主动轴、内转子、外转子、泵盖、限压阀等组成，如图4-2-8所示。

（2）工作原理　转子式机油泵的内转子旋转时，转子每个齿的齿形轮廓线上总能互相成点接触，所以在内外转子之间形成了多个互相封闭的工作腔，由于外转子总是慢于内转子，这几个工作腔在旋转过程中位置和容积大小都发生了改变。每个工作腔总是在容积最小时开始与泵体上的进油孔接通，然后容积逐渐变大，形成真空，把润滑油吸进工作腔，当该容积旋转到与泵体上的出油孔接通且与进油孔断开时，容积逐渐变小，工作腔内压力升高，腔内润滑油从油孔被压出。工作原理如图4-2-9所示。

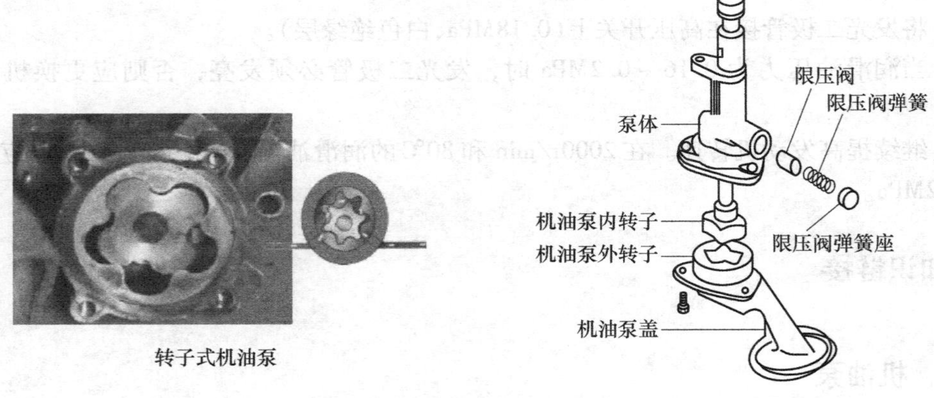

图 4-2-8　转子式机油泵结构图

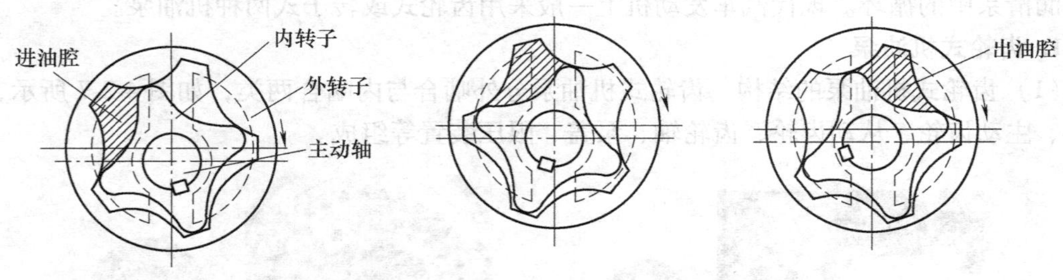

图 4-2-9　转子式机油泵工作原理

二、机油滤清器

机油滤清器用来滤掉润滑油中的杂质、磨屑、油泥、水分等物质。它有集滤器、粗滤器、细滤器三种。

1. 机油集滤器

机油集滤器安装在机油泵进油口的前面，用来防止较大颗粒的杂质或泡沫进入机油泵，多数发动机采用金属网结构，目前汽车发动机所用的集滤器有浮式和固定式。图 4-2-10 所示为浮式机油集滤器结构图。

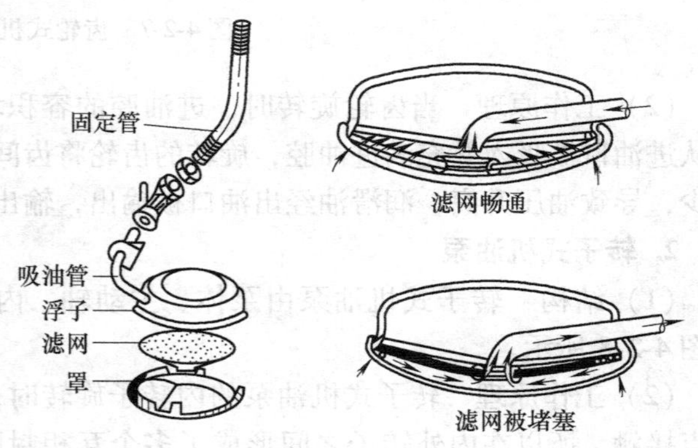

图 4-2-10　浮式机油集滤器结构图

机油集滤器的常见故障是滤网堵塞。维修时应注意检查集滤器滤网的状况，如有堵塞应彻底清洗。中间设有圆孔的滤网，在使用中要保证滤网有足够大的润滑油流通面积。

2. 机油粗滤器

机油粗滤器主要用于滤去润滑油中颗粒较大（$\phi 0.05 \sim \phi 0.1$mm）的杂质，一般串联安装在机油泵与主油道之间，属于全流式滤清器。

EQ 6100—1 型发动机机油粗滤器主要由壳体和滤芯组成，如图 4-2-11 所示，壳体由上盖和外壳拉杆总成组成。滤芯的内层芯筒由薄铁皮制成，其上加工出许多圆孔；外层由微孔滤纸（经过酚醛树脂处理）折叠而成，滤芯用塑料与上下盖板粘合在一起。滤芯为一次性使用，装合后其两端由环形密封圈密封，润滑油由上盖上的下孔流入，通过滤芯过滤后，经上盖上的上孔流入主油道，如图 4-2-12所示。当滤芯因过脏而堵塞时，进出油口压力差达 150 ~180kPa 时，旁通阀打开，润滑油直接进入主油道，保证主油道所需的润滑油量。一般车辆行驶 5000km 以后，应更换粗滤器滤芯，同时更换滤芯密封圈，并拆解滤清器清洗各零件，疏通旁通阀及各油道。

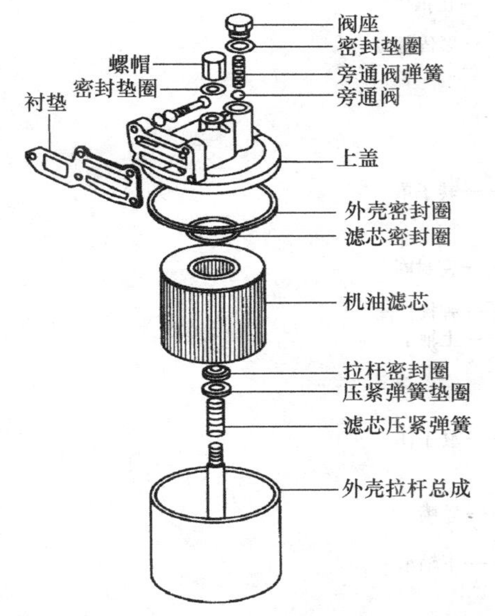

图 4-2-11　EQ6100—1 型发动机机油粗滤器

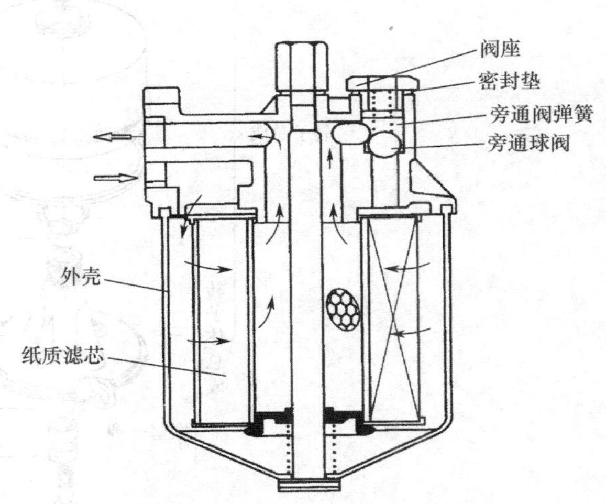

图 4-2-12　纸质机油粗滤器工作示意图

3. 机油细滤器

机油细滤器主要用于清除润滑油中直径 $\phi0.01$ ~ $\phi0.03$mm 的细小杂质，它与主要油道并联安装，只有 10%~15% 的润滑油通过，机油细滤器的类型主要有过滤式和离心式两种。

转子式机油细滤器由底座总成、转子总成、转子轴、外罩等部分组成，底座上设有限压阀，如图 4-2-13 所示。

当发动机工作时，从油泵来的润滑油进入滤清器进油孔，若油压低于 147kPa，进油限压阀不开启，润滑油不进入机油细滤器，全部流入主油道，以保证发动机可靠润滑。当油压达 147 ~ 196kPa 时，在润滑油压力的作用下，进油限压阀被顶开，润滑油从机油泵的壳体中和转子轴内的中心油道经出油孔进入转子内腔，又经导流罩导流从两喷嘴喷出。转子在喷射反作用力的推动下高速旋转（当油压达 294kPa 时，转子转速可达 5500r/min），由于转子内腔的润滑油随着转子高速旋转，润滑油中的机械杂质在离心力的作用下被甩在转子罩的内壁上，清洁的润滑油不断从喷嘴喷出，并经出油口流回油底壳。转子体上的喷嘴，又是润滑油限量孔，由它限制了通过细滤器的出油量。

离心式机油细滤器（图 4-2-14）通过能力好，不需更换滤芯，只需定期清洗即可，但其制

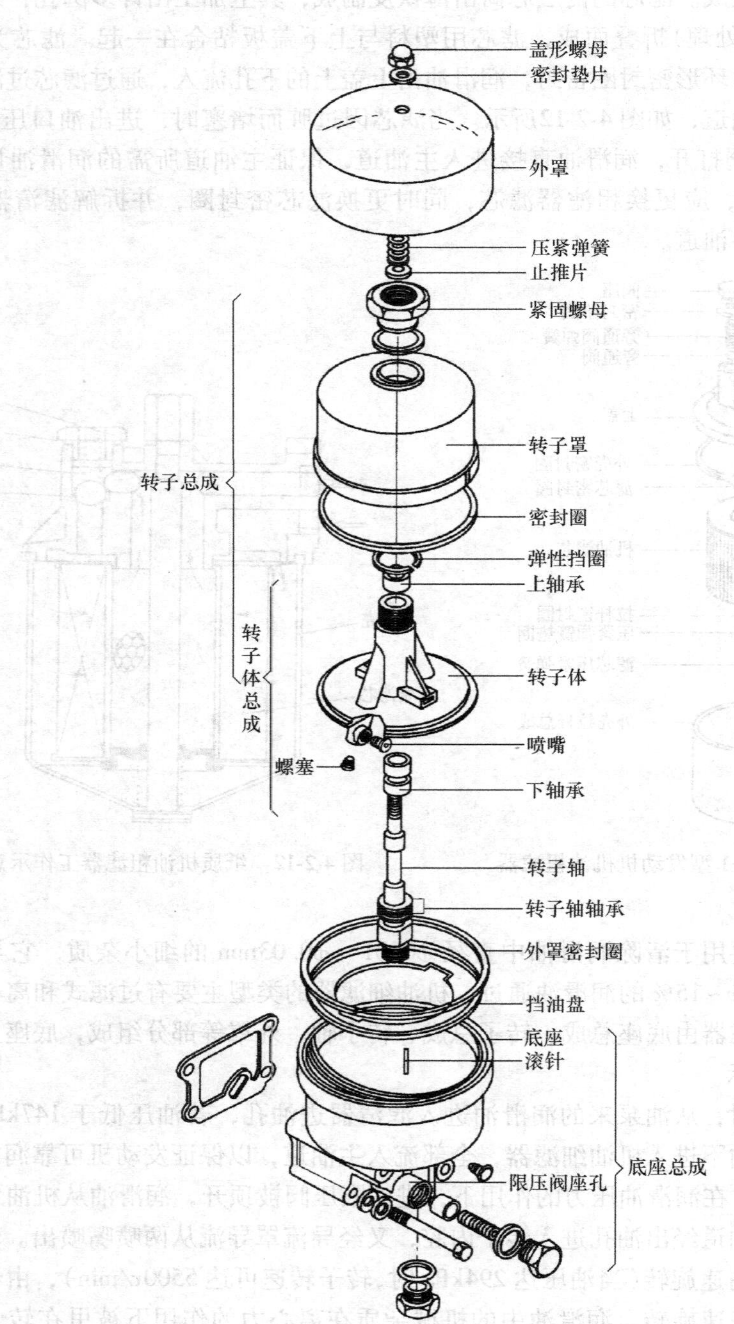

图 4-2-13　转子式机油细滤器结构图

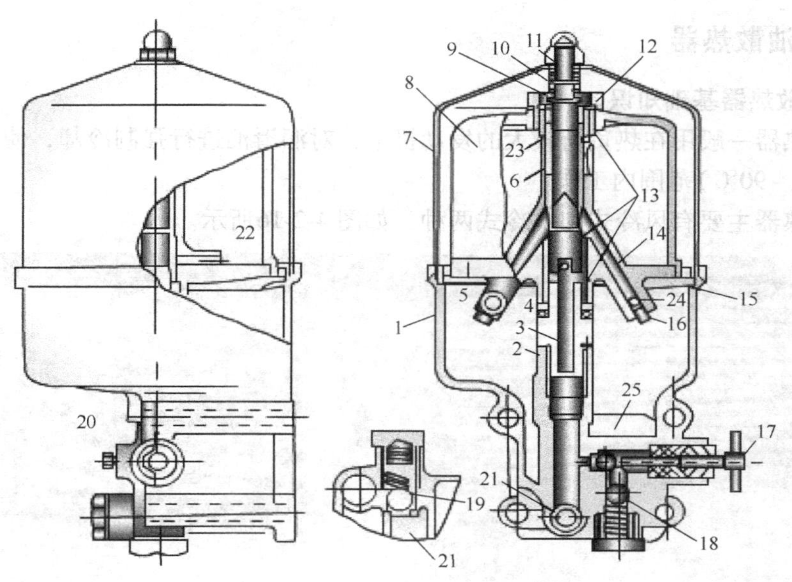

图 4-2-14 离心式机油细滤器

1—壳体 2—索片 3—转子轴 4—推力轴承 5—喷嘴 6—转子体端套 7—滤清器盖 8—转子盖 9—支承座 10—弹簧 11—压紧螺母 12—压紧套索 13—衬套 14—转子体 15—挡板 16—螺塞 17—机油散热器开关 18—机油散热器溢流阀 19—进油限压阀 20—管接头 21—滤清器进油孔 22—出油孔 23—进油孔 24—通喷嘴油道 25—滤清器出油孔

造精度要求较高，因此使用维护时应注意不要直接碰撞、敲击，以免因机件变形而使转子运转不灵，失去滤清能力。

4. 整体式机油滤清器

整体式机油滤清器是将粗滤和细滤合为一体，即细滤芯与粗滤芯串联，设置在同一外壳内过滤润滑油，现在的轿车普遍采用这种滤清器，如图 4-2-15 所示。

汽车每行驶 12000km，必须更换机油滤清器，具体步骤如下：

1）趁热放出发动机润滑油。

2）用专用工具拆卸机油滤清器，更换时要注意清洗滤清器的安装表面。

3）安装新滤清器时应在密封圈上涂上干净润滑油。若不涂润滑油，安装时密封圈与接合面发生干摩擦，密封圈容易翘曲损坏，造成密封不良而漏油。

4）用手轻轻拧进机油滤清器，直到感觉有阻力为止，再用专用工具拧紧机油滤清器 3/4 圈。

图 4-2-15 整体式机油滤清器

三、机油散热器

1. 机油散热器基础知识

机油散热器一般用在热负荷较大的发动机上，对润滑油进行强制冷却，使润滑油保持在最佳温度(70～90℃)范围内工作。

机油散热器主要有风冷式和水冷式两种，如图4-2-16所示。

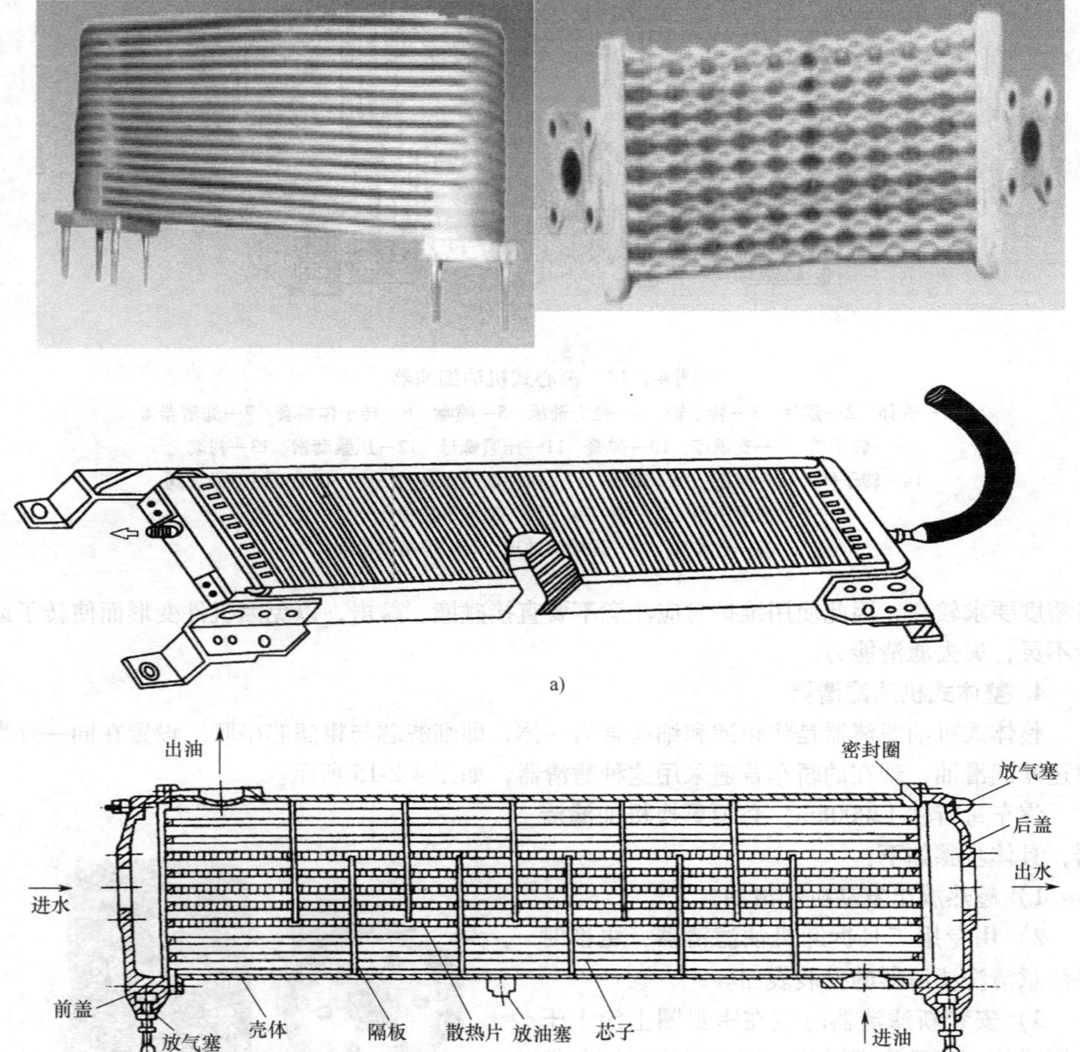

图4-2-16　机油散热器的形式

a）风冷式　b）水冷式

风冷式机油散热器一般安装在发动机液散热器的前面，利用冷却风扇的风力使润滑油冷却，图4-2-16a所示为EQ6100—1型汽车发动机的机油散热器，它是管片式结构，与一般的冷却散热器类似。

水冷式机油散热器又称为机油冷却器，一般串联在机油粗滤器前，装在发动机冷却液路中，用冷却液的温度来控制润滑油温度，柴油发动机多采用这种润滑油冷却方式，该装置的冷却器芯为管栅式结构，一般装在发动机缸体左侧水套内，润滑油在通过冷却器芯时，热量经芯壁与散热片传给冷却液，再流进主油道，如图4-2-16b所示。

2. 机油散热器的检修

机油散热器拆卸后，散热器芯、散热器体要用专用的溶剂浸泡和清洗。

1）检查散热器体、盖、支架是否有裂纹、损坏和腐蚀。有则应更换新件。

2）检查散热器芯有无损坏或渗漏。如管子变形或损坏不超过5%，可以进行修理，超过5%则应更换芯子。

四、曲轴箱通风装置

1. 曲轴箱通风装置基础知识

曲轴箱通风装置可以及时将进入曲轴箱内的混合气和废气抽出，同时使新鲜空气进入曲轴箱，形成不断的对流。

曲轴箱通风方式有自然通风和强制通风两种。

自然通风是利用汽车行驶时的气流及冷却风扇的气流作用，在通风管出口处形成一定的真空度，将曲轴箱内的气体抽出，新鲜空气则从进气管经空气滤清器和节流总阀总成进入曲轴箱，如图4-2-17所示。

强制通风是将曲轴箱内的气体导入到发动机进气管中，将它吸入到气缸内燃烧。现代汽车发动机多采用闭式强制通风方式，简称PCV装置。图4-2-18是汽车发动机强制通风装置示意图，发动机曲轴箱抽气管直接接在进气管上，不断将曲轴箱内的气体抽入气缸内燃烧，新鲜空气则通过进气滤清器补充到曲轴箱内。为了防止发动机在低小负荷下工作时，过多的气体由曲轴箱流入气缸，使发动机工作不正常，常在抽气管上安装一个单向流量控制阀（PCV阀）。当发动机在小负荷下工作时，由于进气管真空度大，单向阀关闭，曲轴箱内的气体只能从阀的中心小孔流入进气管，这样，既保证了通风效果，又保证了发动机运转平稳。

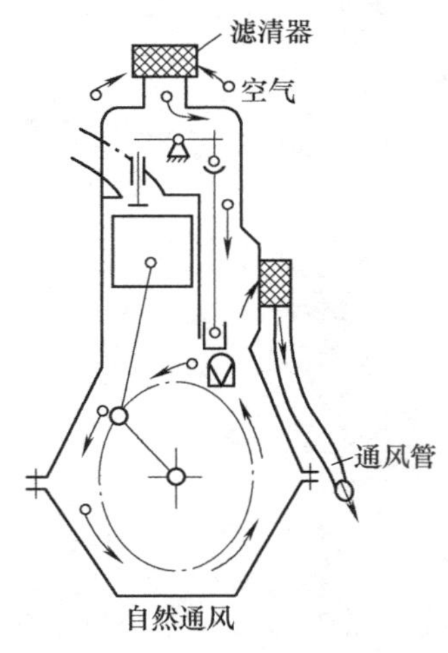

图4-2-17　自然通风装置示意图

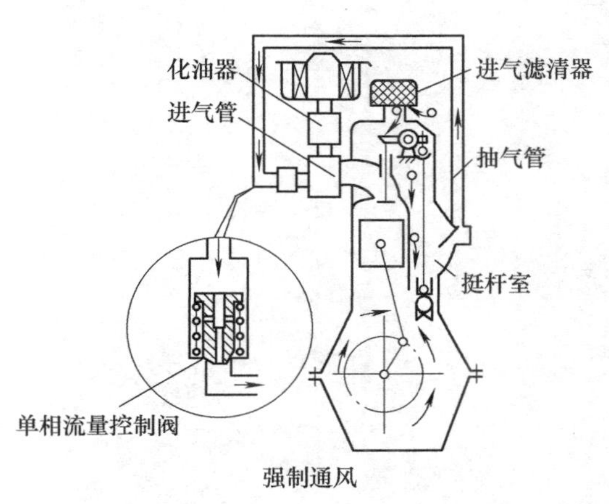

图4-2-18　汽车发动机强制通风装置示意图

当发动机转速提高时，单向阀逐步开启，使通风量逐渐加大。当发动机在大负荷下工作时，单向阀完全打开，通风量达到最大，保证了曲轴箱内气体的更新。

2. 曲轴箱通风装置检修

（1）滤网的检修　用清洁的汽油清洗滤网后，用压缩空气吹干。滤网装入前，应在干净的润滑油中浸渍，以增强其对灰尘的吸附和过滤作用。

（2）管路的检修　通风管路如有连接松动、堵塞或破裂漏气等，应及时修理或更换新件。

（3）单向阀的检修　检查单向阀是否灵活、密封。如有发卡、锈死或弹簧失去弹性，应更换新件。

曲轴箱通风装置应定期维护检查，使它保持畅通完好。良好的曲轴箱通风装置在发动机正常工作时，曲轴箱内应有一定的真空度(78kPa)，否则应重新检修。

思考与练习

1. 润滑系的主要作用有________、________、________、________、________、________。
2. 齿轮式机油泵分________与________两类。
3. 转子式机油泵由________、________、________、________、________、限压阀等组成。
4. 机油滤清器有________、________、________三种。
5. 机油粗滤器主要滤去润滑油中颗粒较大即________的杂质。
6. 汽车每行驶________必须更换滤清器。
7. 机油散热器主要有________和________两种。
8. 现代汽车发动机多采用闭式强制通风方式，简称________装置。

单元5　冷却系的构造与维修

5

教学建议

1. 教学环境：要求在理论实践一体化的专业教室中完成，最好能实现小班制教学。

2. 教材使用：

（1）任务引导——引导文，由学生根据“知识链接”和教师讲解在实训前完成。

（2）任务实施——实训任务，先由教师示范关键步骤，再由学生根据具体步骤完成实训任务，也可以由学生自行探索，教师在组织过程中根据需要进行示范和讲解。

（3）实训报告——实训记录，任务完成后上交。

（4）实训考核——实训评价，根据情况全面考核或抽考。

（5）知识链接——必要的理论知识，建议采用多媒体动画教学。

知识目标

1. 通过完成发动机冷却系的几个项目，熟悉冷却系的基本结构、主要作用以及循环路线。

2. 掌握发动机冷却系维护的主要作业内容、技术要求及安全操作规程。

能力目标

1. 掌握发动机冷却系的拆装方法。

2. 掌握发动机冷却系的检测方法。

3. 掌握冷却系各部件的检测和维护方法。

情感目标

1. 体验安全生产规范，遵守操作规程，感受合作与交流的乐趣。

2. 在项目学习中逐步养成自主学习新知识、新技术的良好习惯。

3. 在操作学习中不断积累维修经验，从个案中寻找共性。

项目1　冷却系的拆卸与装配

任务要求

要求分组对冷却系进行拆卸与安装，掌握对冷却系维护等操作。完成操作后，要求记录作业内容，整理好工具及其他设备。

作业时间：45min。

情境创设

老师把需要进行冷却系拆卸的汽车开过来，要求、引导学生按汽修厂的工作过程完成对冷却系的检查与拆装工作，从而使学生能在完成任务的过程中学习到相关技能，并掌握相关的理论知识。也可以播放冷却系拆装检查的案例视频，激发学生的学习兴趣。

教学资料准备：教学用车使用说明书、维修手册等。

任务实施

一、工作安排

养成合作完成工作任务的习惯，请你将工作分工与完成时间记录在表5-1-1中。

表5-1-1　组员工作分工与完成时间表

姓　名	任务分工	完成时间	备　注

二、丰田5A发动机冷却系的拆卸与装配

丰田5A 1.8L发动机冷却系如图5-1-1所示，其拆卸与装配步骤如下：

1. 丰田5A发动机冷却系统的拆卸

1）放净冷却液，拆开蓄电池负极接线，拆除风扇电线。

2）拆下各连接水管。

3）拆下传动带，卸下散热风扇电动机；拆卸节温器、散热器、冷却液膨胀水箱。

4）拆下同步带的上防护罩和中防护罩。转动曲轴使第一缸活塞处于上止点位置，拆下同步带。

5）旋下固定螺栓，拆下后防护罩；旋出水泵固定螺栓，拆下水泵(注:丰田5A发动机水泵一般为一次性使用,不需要分解维修)，取下O形密封圈。

2. 丰田5A发动机冷却系的装配

1）装上O形密封圈；装上水泵和后防护罩。

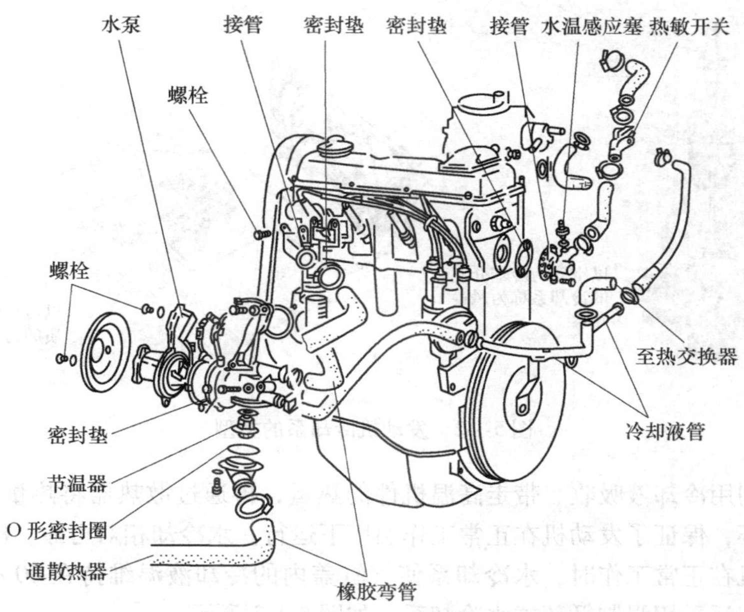

图 5-1-1 丰田 5A 1.8L 发动机冷却系统示意图

2）用 15N · m 的力矩拧紧水泵固定螺栓；装上同步带。

3）装上同步带的上防护罩和中防护罩；装上传动带。

4）按照拆卸的反顺序装上散热器、水管等组件。

5）检查装配是否到位、完整、可靠，加足冷却液。

一、冷却系的作用

在可燃混合气燃烧时，气缸内气体温度可高达 1800 ~ 2000℃。直接与高温气体接触的发动机气缸体、气缸盖、活塞、气门等机件若得不到及时冷却，会因高温而导致其机械强度降低甚至损坏；其中运动机件会因受热膨胀而破坏正常间隙，润滑条件恶化，在短时间内出现“卡死”以致严重损坏。

相反，如发动机工作温度过低，由于热量散发过多，使转变成有用功的热量减少，还会使燃料蒸发困难或已蒸发的燃料重又凝结。一方面会因燃烧不完全而造成发动机功率下降、油耗量增大；另一方面凝结在气缸壁的燃油会冲刷缸壁上的机油膜，流入曲轴箱稀释润滑油，导致润滑效果变差。结果将使发动机功率下降，磨损加剧。

冷却系的作用就是对发动机进行冷却，维持发动机的正常工作温度，保证发动机的正常工作。

二、冷却系的类型

根据冷却介质不同，发动机冷却系可分为水冷却系和风冷却系两大类，如图 5-1-2 所示。

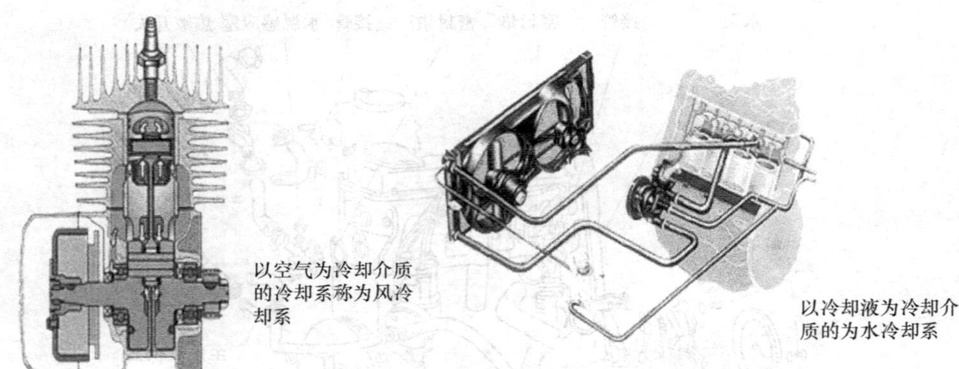

图 5-1-2　发动机冷却系的类型

水冷却是利用冷却液吸收、带走高温机件的热量，再通过散热器将热量散发到大气中。冷却液不断循环，保证了发动机在正常工作温度下运行。水冷却相对可靠，冷却强度调节方便。常见发动机在正常工作时，水冷却系使气缸盖内的冷却液温维持在 80 ~ 105℃。目前，汽车发动机上广泛采用强制循环式水冷却系，如图 5-1-3 所示。

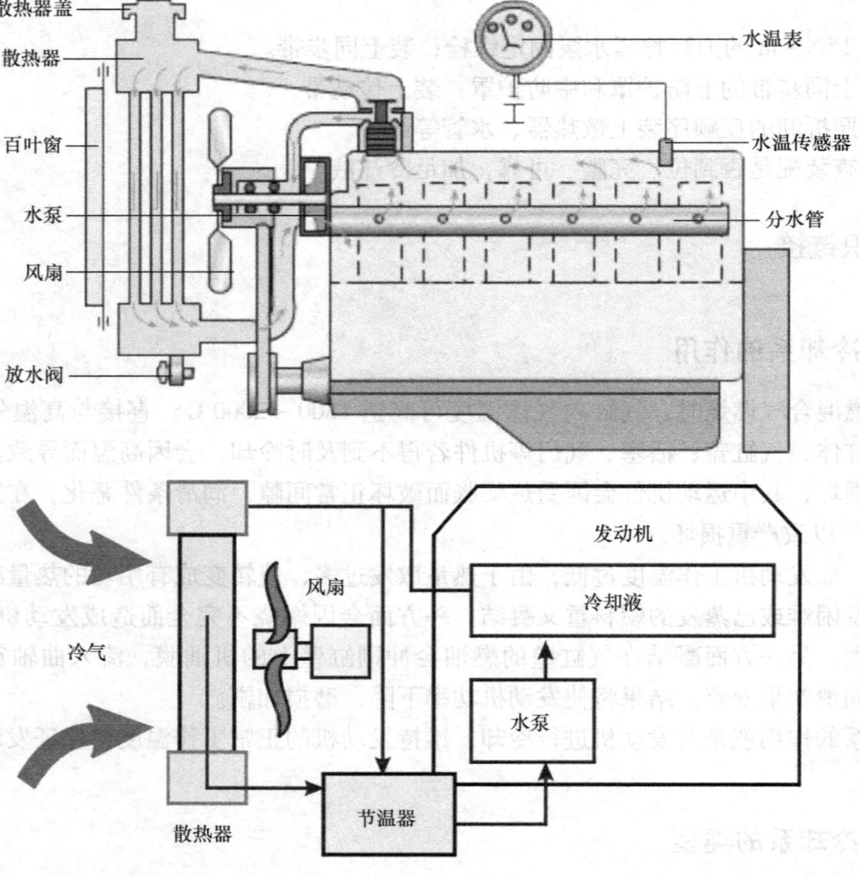

图 5-1-3　发动机强制循环式水冷却系

风冷却是以空气作为冷却介质，将发动机中高温零件的热量直接散入大气的一种冷却方式，其结构简单但冷却不可靠，冷却强度不容易调节和控制，所以只在小型汽油发动机或某些大型柴油发动机上采用风冷却系，如图 5-1-4 所示。

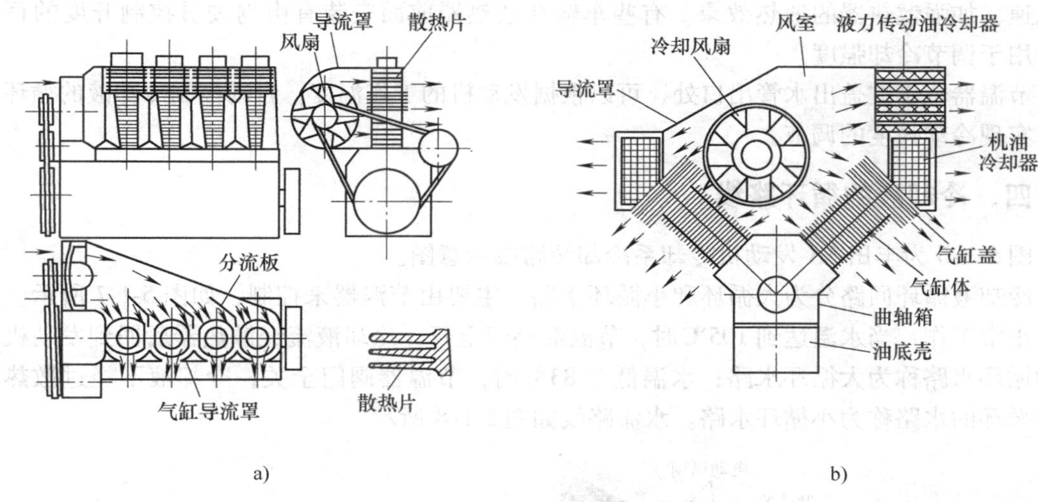

图 5-1-4 发动机风冷系示意图

a）直列式发动机风冷却系示意图 b）V 形风冷发动机冷却系示意图

三、发动机水冷却系的组成

不同车型发动机的冷却系组成、冷却液循环路线有所不同。常见汽车发动机水冷却系的组成如图 5-1-5所示，主要由水泵、散热器、节温器、风扇、风扇控制机构、百叶窗、水套、膨胀水箱、水温表及报警装置等组成。

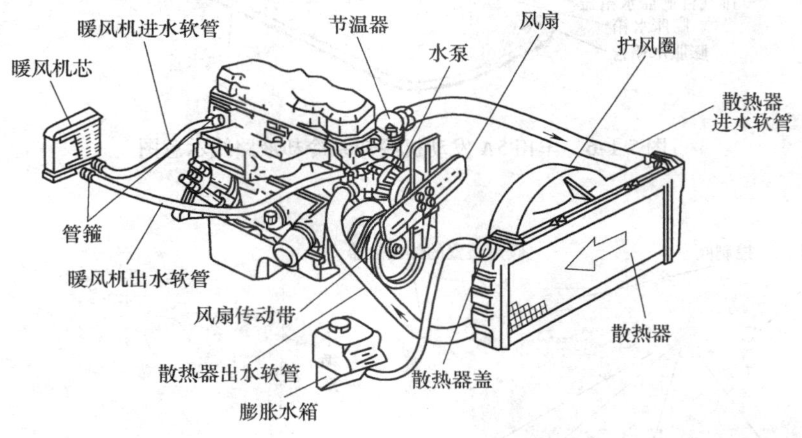

图 5-1-5 常见汽车发动机水冷却系的组成

水泵使冷却液在水套和散热器之间进行循环，由曲轴通过 V 带驱动，水泵的出水孔通过分水管与水套相通。

水套是气缸与缸体外壁之间和缸盖上、下平面之间的夹层空间，在缸体和缸盖加工时直接铸造而成。缸体和缸盖水套之间有对应的通水孔使水套相通，在水套内充满了冷却液。

散热器一般安装在发动机前方的支架上，通过橡胶水管与发动机缸盖上的水套出水口及水泵进水口相通。风扇位于散热器后面，可产生强大的抽吸力，增大通过散热器的空气流量和流速，加强散热器的散热效果。有些车辆在散热器前面安装有由驾驶员控制开度的百叶窗，用于调节冷却强度。

节温器位于缸盖出水管出口处，可以根据发动机的工作温度，自动控制冷却液的循环路线，实现冷却强度的调节。

四、冷却液的循环路线

图 5-1-6 为丰田 5A 发动机冷却系冷却液路线示意图。

冷却液循环回路分为大循环和小循环水路，主要由节温器来控制，如图 5-1-7 所示。发动机正常工作，当水温达到 105℃时，节温器阀门全开，冷却液流经散热器后回到发动机水套的循环水路称为大循环水路；水温低于 83℃时，节温器阀门全关，冷却液不经过散热器进行循环的水路称为小循环水路。水流路线如图 5-1-8 所示。

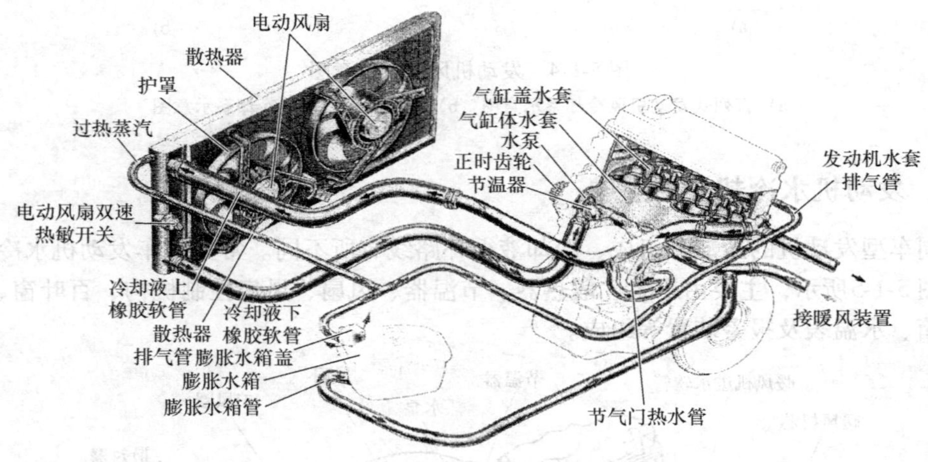

图 5-1-6　丰田 5A 发动机冷却系冷却液路线示意图

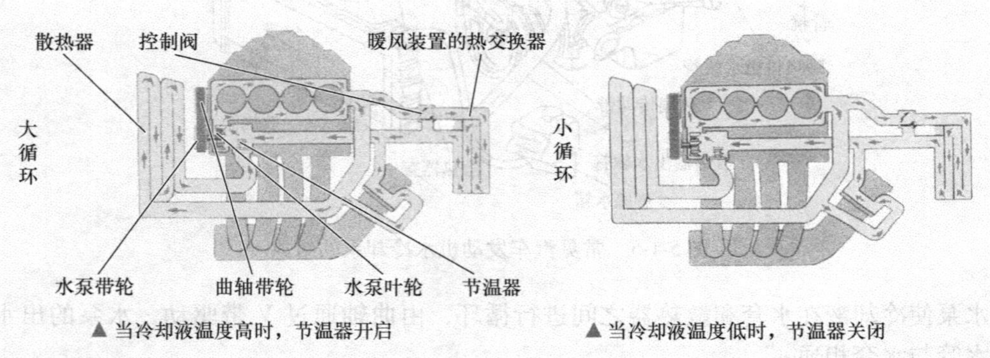

图 5-1-7　冷却液循环回路的大、小循环示意图

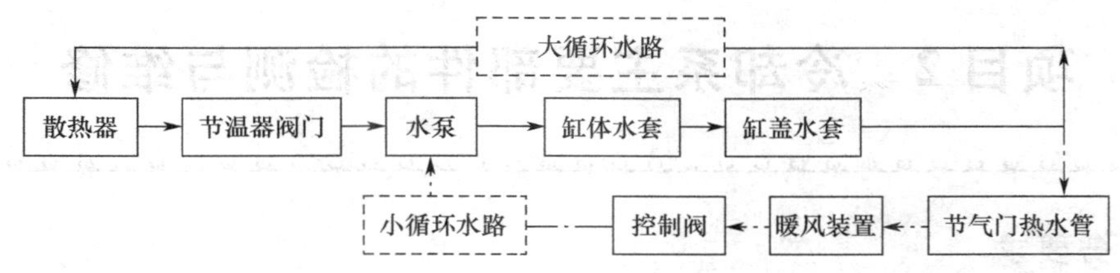

图 5-1-8　丰田 5A 发动机水流路线图

在某些发动机上，冷却液还承担为润滑系的润滑油和自动变速器润滑油散热的任务。在某些柴油增压发动机上，冷却系还通过中冷器使进入气缸的空气温度降低，以提高进气效率。图 5-1-9 所示为装有中冷器的柴油增压发动机冷却系大、小循环的液流示意图。

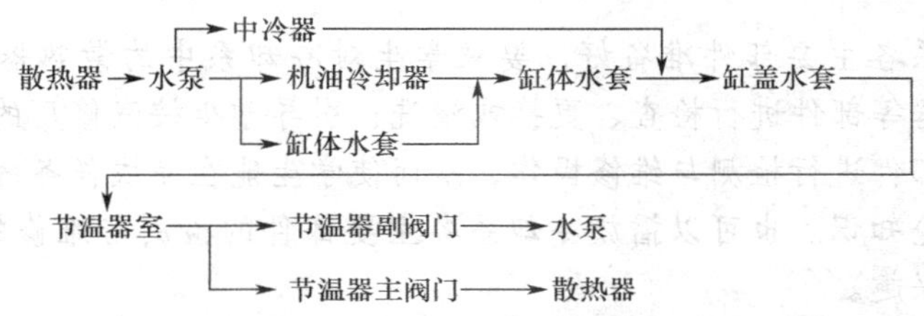

图 5-1-9　增压中冷柴油发动机冷却系大、小循环的液流示意图

思考与练习

一、判断题（正确的打"√"，错误的打"×"）

1. 冷却系的任务是调节冷却强度，维持发动机正常的工作温度。（　　）
2. 冷却液的循环路线分大、小循环两种，是受节温器和散热器共同控制的。（　　）
3. 散热器盖上有蒸汽阀和空气阀，可防止散热器内压力过高或过低。（　　）
4. 水冷却系的冷却强度调节是通过改变散热器的空气量或改变散热器的冷却液量来实现的。（　　）
5. 发动机的风扇能产生吸力，提高空气流经散热器的速度。因此，风扇可以随意安装。（　　）
6. 发动机冷却系可分为水冷却系和风冷却系两大类。（　　）

二、选择题

1. 一般汽油发动机的工作温度是（　　）。

A. 45～60℃　　B. 60～75℃　　C. 80～105℃　　D. 110～120℃

2. 冷却液应加（　　）。

A. 河水　　B. 海水　　C. 自来水　　D. 纯净水

3. 冷却液温低于 83℃时冷却液路进行（　　）。

A. 大循环　　B. 小循环　　C. 大、小循环

三、简答题

1. 水冷却系由哪些主要零部件组成？
2. 常见发动机水冷却系大、小循环的路线是怎样的？

项目2　冷却系主要部件的检测与维修

任务要求

要求分组对冷却系各主要部件进行检测与维修，并掌握相关的检修操作。完成操作后，要求记录作业内容，整理好工具及其他设备。

作业时间：90min。

情境创设

老师把冷却系各主要部件准备好，要求学生对冷却系中的散热器、水泵、膨胀水箱、风扇、节温器等部件进行检查、更换或清洗；引导学生按汽修厂的工作过程完成对冷却系的各主要部件进行检测与维修操作，从而使学生能在完成任务的过程中掌握相关的技能操作和理论知识。也可以播放冷却系各主要部件的检测与维修的相关案例视频，激发学生的学习兴趣。

教学资料准备：教学用车使用说明书、维修手册等。

任务实施

一、工作安排

养成合作完成工作任务的习惯，请你将工作分工与完成时间记录在表5-2-1中。

表5-2-1　组员工作分工与完成时间表

姓　名	任务分工	完成时间	备　注

二、散热器的检测与维修

1. 散热器的拆卸与装复

散热器的拆卸一般步骤如下：

1）若发动机采用电子控制燃油喷射系统，则需拆开蓄电池负极接线。

2）等发动机冷却后，排空冷却系中的冷却液。

3）松开散热器的上、下软管和连接膨胀水箱的软管卡箍，并拆下软管。

4）拆开电动冷却风扇和热敏开关的电线。

5）拧下下支点支架的固定螺栓，拆下支架。

6）从上支座中卸出散热器，向上抬起散热器，连同冷却风扇与护罩一起抬出。

7）必要时，把风扇与护罩从散热器上拆下，然后拧下螺母，把风扇和电动机与护罩分开。

安装散热器与拆卸步骤相反。若热敏开关已拆下，装回去时要装一个新的密封衬垫。

2. 散热器的检修

（1）散热器的清洗　散热器在使用过程中，会因腐蚀、内部沉积水垢、外表脏污等原因影响冷却效果。清洗散热器，去除水垢能有效恢复其散热性能。清洗水垢采用化学法，即利用酸或碱类物质与水垢的化学反应，生成可溶于水的物质将水垢清除。

常见做法有：①先用压缩空气和清水清洗外部，然后放在洗涤池内，用氢氧化钠或铬酸水溶液煮洗。如果内部积垢严重，应先拆去上、下水室，用通条通插，清除水管内积垢，然后再用压缩空气或清水冲洗内部。②采用循环法，即放空冷却液后，先加入酸性溶液，以一定压力(一般为10kPa)在水套和散热器内循环洗涤，再用碱性溶液中和洗涤，一般经3～5min即可清洗完毕。

（2）散热器渗漏的检验　将散热器进、出口堵死，在散热器内充入50～100kPa压力的压缩空气，并将散热器浸泡在水中，检查有无气泡冒出，如发现渗漏部位应做好记号，以便修补。

（3）散热器的修复　散热器的渗漏大多出现在散热管与上、下水室间的接触部位。渗漏不严重时，可用钎焊修复。散热管出现渗漏时，小型的散热器不便于更换散热管，常采用局部封堵解决。封堵的散热管不得超过管数总量的10%。切断散热片的面积不得大于迎风总面积的10%。对于大型的散热器，可以采用接管法和换管法修复。

1）接管法：当散热器外层少数冷却管有部分损坏，且长度不大时，采用接管法修复，其方法如下：

① 剪去损坏的冷却管，并将断口修整平齐；再取一段旧管，其长度为镶接部分加长10mm，然后将端口扩大，套装在损坏管的断口处。

② 将通条插入冷却管，用尖嘴钳修理平整端口，如图5-2-1所示。在接口处涂以氯化锌溶液。用乙炔火焰加热，用锡焊牢。

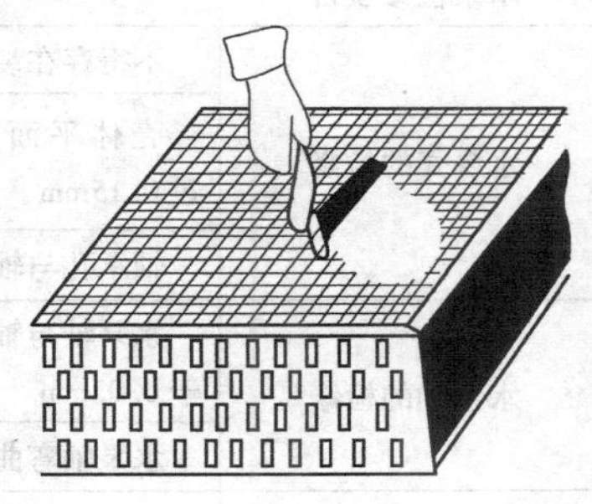

图5-2-1　校正冷却管

2）换管法：当冷却管损坏长度较大时，可采用换管法修复，需将损坏的冷却管抽出，然后再装入新冷却管并焊合。采用换管法需具备电阻加热器(图5-2-2)和乙炔加热器(图5-2-3)。

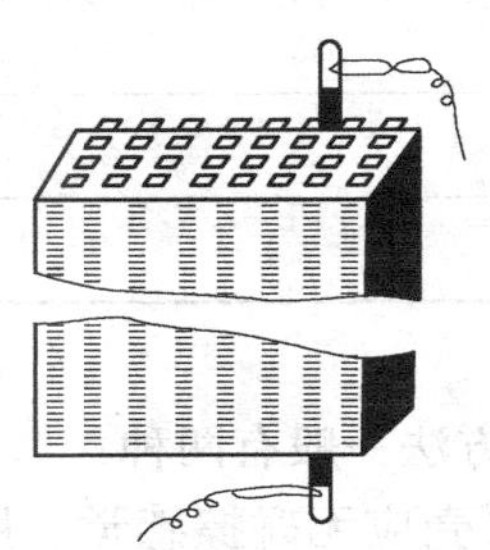

图5-2-2　用电阻加热器更换冷却管

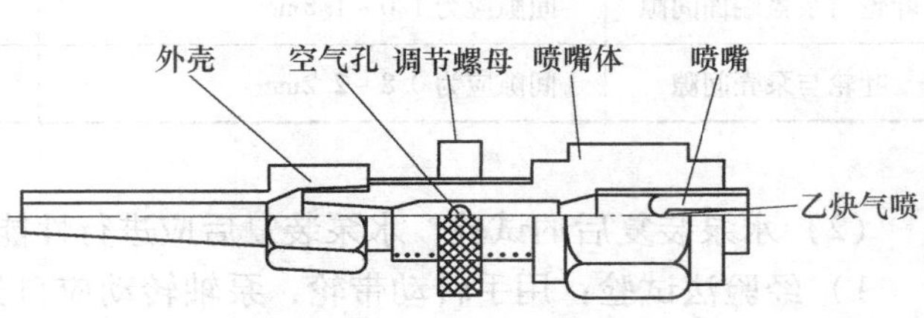

图5-2-3　乙炔加热器

更换工艺如下：

① 将散热器固定好，并清除水垢。

② 将电阻加热器插入准备更换的冷却管内，两端接通24V电源约1min，熔化冷却管外面的焊锡。

③ 然后用乙炔加热器将冷却管与上、下底板连接处焊锡熔化，使之脱离。

④ 切断电源，用钳子将冷却管及电阻加热器一起抽出，待冷却后，取出电阻加热器。

⑤ 在缠有棉纱的扁铜条上浸沾盐酸溶液，插入安装冷却管的孔中抽拉几次，清除污垢。

⑥ 将表面挂有焊锡的新冷却管插入孔内，再插入电阻加热器，并通电加热，待冷却管表面焊锡熔化后，切断电源，焊牢后，抽出电阻加热器。

⑦ 最后用乙炔加热器烧热电铬铁，粘焊锡，将冷却管与底板接合处焊牢。

（4）散热器盖的检查　将散热器盖装在散热器盖检验器上，并对散热器盖加压，检查密封性能及阀门的开闭压力：压力阀的开启压力应在73.5～103kPa的范围内，真空阀的开启压力应在0.98～11.8kPa的范围内，若不符合应更换散热器盖。

3. 水泵的检测与维修

（1）水泵的检修　水泵常见的损伤有水泵壳体渗漏、破裂、变形，水泵叶轮破裂，水封损坏，水泵轴与轴承磨损，轴承座孔磨损等。水泵的主要检修项目及方法见表5-2-2。

表5-2-2　水泵主要检修项目及方法

水泵检修项目	技术要求	修理工艺方法
水泵壳的检修	不得存在裂纹、砂眼	铸铁焊条电焊或用环氧树脂胶粘接
	壳体平面发生翘曲变形，不得超过0.15mm	车平或磨平，但车削总厚度不应大于0.50mm。在装配时，根据车削厚度加厚水泵盖衬垫
	轴承孔与轴承配合紧密	采用过盈配合的镶套法修复
水泵轴的检修	水泵轴与轴承内径的配合间隙应不大于0.03mm	换用新件
	水泵轴弯曲不大于0.50mm	冷压校直
水泵叶轮的检修	叶轮不得存在裂纹、破损	换用新件
	轴孔磨损不应过甚	镶套修复
水封的检查	水封总成不得存在座圈磨损，水封老化、变形，转动环与静止环接触面磨损起槽，表面剥落或破裂	更换水封总成
叶轮与泵盖端面间隙	间隙应为1.0～1.8mm	用垫片调整
叶轮与泵壳间隙	间隙应为0.8～2.2mm	超过应更换叶轮

（2）水泵装复后的试验　水泵装复后应进行性能试验，试验方法一般有两种：

1）经验法试验：用手转动带轮，泵轴转动应自如，叶轮与泵壳应无碰擦感觉。用手转动带轮，测试顶隙，应无松旷感觉，前后拉动带轮，测试轴向间隙，允许稍有旷动。堵住水泵进水孔，将水灌入水泵腔中，转动水泵轴，泄水孔无漏水现象。

2）试验台上试验水泵性能：具体试验数据见表5-2-3。

表 5-2-3 几种常见发动机水泵试验数据

	流 量	扬 程
6BTA5.9	转速在 5150r/min 时，≥216L/min	≥19.5m
CA6102	转速在 2000r/min 时，≥140L/min	≥5m
	转速在 3300r/min 时，≥240L/min	≥7m

4. 电动风扇及温控开关的检修

许多发动机电动风扇是用散热器上温控开关控制的。如 JV 发动机，当散热器温度升到 93～98℃时，风扇开始运转。否则，应检查熔丝是否熔断。如熔丝完好，再拔下温控开关插头，在供电正常、熔丝完好的情况下，将两插片直接接通，此时若风扇仍不转，表明电动风扇损坏，应予更换；两插片接通后风扇转动，表明温控开关损坏，应更换温控开关。

温控开关是否损坏也可用万用表检查。将温控开关拆下放入水中，逐渐加热，并用万用表电阻挡测量温控开关接线端与外壳间的电阻值，当水温达到(92±2)℃时，万用表指针应指示温控开关导通；当水温下降到(87±2)℃时，万用表指示温控开关断开(电阻为无穷大)。否则表明温控开关损坏，应换用新件。

5. 节温器的检修

节温器是负责控制冷却液流量，对确保发动机工作在合适的温度起到至关重要的作用。在汽车行驶 50000km 对发动机维护时，必须检查节温器的工作情况，发动机不可在拆去节温器的情况下使用。节温器的常见故障为：主阀门开度减小，循环冷却液流量减少，发动机出现过热现象；节温器关闭不严，造成发动机升温缓慢，发动机过冷。节温器的检查方法是：

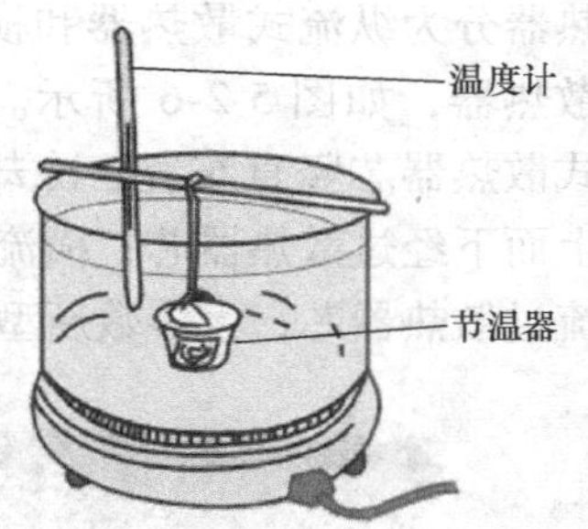

图 5-2-4 节温器的检查

1）将节温器埋入水中并加热，如图 5-2-4 所示。

2）先在常温下观察节温器主阀门和副阀门的开、闭情况(主阀门关,副阀门开)。

3）用温度计测量水温，观察节温器工作情况，注意在不同温度状态下主阀门与副阀门开度的变化。如果阀门在应打开的温度范围内不打开，应更换节温器。常见发动机节温器阀门开、闭情况见表 5-2-4。

表 5-2-4 常见发动机节温器阀门开、闭情况

	主阀门初开温度/℃	主阀门全开温度/℃	主阀门升程/mm
6BTA5.9 发动机	83	95	8
EQ6100 发动机 CA6102 发动机	76±2	86±2	8.5～9.5
JV 发动机	87±2	102±3	7
丰田 5A 发动机	87±2	105	8

一、散热器

1. 散热器的作用与分类

散热器的作用是将冷却液所含的热量通过风扇产生的流动空气进行散发，使冷却液迅速得到冷却，以保持发动机的水温正常。

按散热器冷却管的布置形式进行分类有单列冷却管、双列冷却管（图 5-2-5a、b）及三列冷却管。双列冷却管散热器结构相对简单，冷却效果好，所以广泛应用在轿车上。

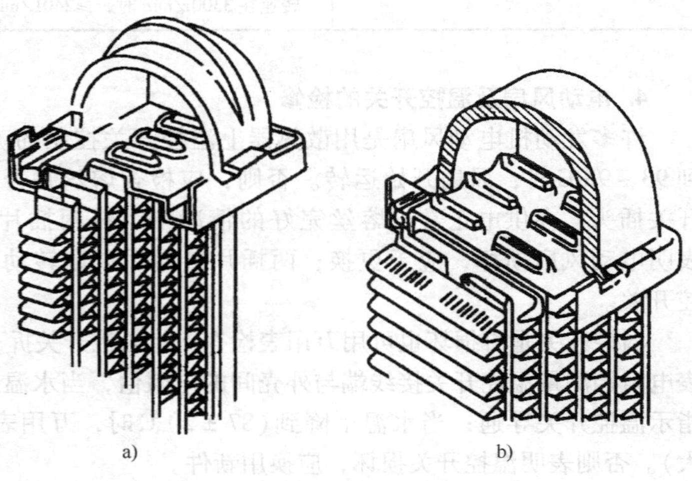

图 5-2-5　单列冷却管、双列冷却管

a）单列冷却管　b）双列冷却管

按散热器的水流方向可将散热器分为纵流式散热器和横流式散热器，如图 5-2-6 所示。纵流式散热器芯竖直布置，冷却液自上而下经过散热器芯；横流式散热器芯横向布置，左右两端分别为进、出水室，冷却液横向流过散热器芯，大多数新型轿车采用这种结构以降低发动机罩的高度。

图 5-2-6　纵流式和横流式散热器

如图 5-2-7 所示，按散热器芯的结构形式，散热器可分为：

（1）管带式散热器　有许多波纹状的散热带与冷却管相间排列，芯管（冷却管）呈扁平形，以减小空气阻力，增加散热面积。在波形散热带上加工有鳍片，增强了散热能力。这种散热器芯与管片式相比，散热能力强，制造工艺简单，质量轻，成本低。

（2）管片式散热器　由许多冷却管和散热片组成，优点是散热面积大，气流阻力小，结构刚性好。

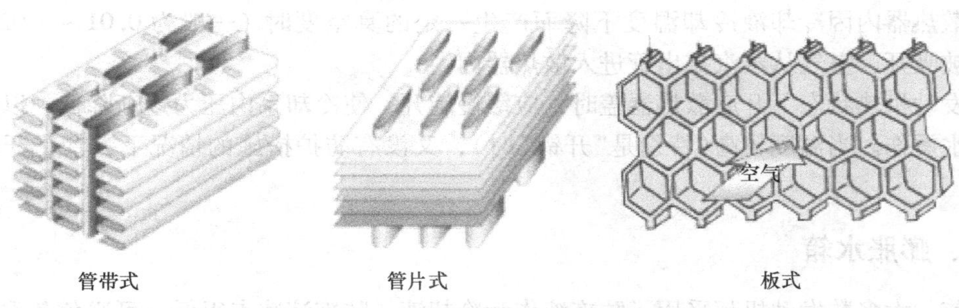

图 5-2-7　散热器芯的结构形式

（3）板式散热器　散热效果好，制造简单，但焊缝多，不坚固，容易沉积水垢且不易维修。

2. 散热器的结构

散热器的结构如图 5-2-8 所示，其主要组成部分为上贮水室、下贮水室和散热器芯。上贮水室顶部有加水口，平时用散热器盖盖住，冷却液由此注入整个冷却系。在上、下贮水室分别装有进水软管和出水软管，它们分别与发动机缸盖上的出水管和水泵的进水管相连接。气缸盖出水管流出的高温热水经过散热器进水软管进入上贮水室，经冷却管得到冷却后流入下贮水室，从散热器出水软管流出被吸入水泵。

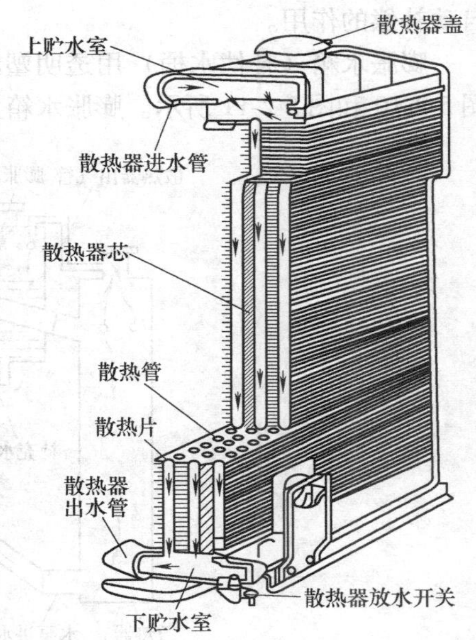

图 5-2-8　散热器的结构

汽车发动机多采用封闭式水冷系。这种水冷系广泛采用具有蒸汽阀和空气阀的散热器盖，以维持冷却系与外界的压力平衡。如图 5-2-9 所示，蒸汽阀在弹簧的作用下，紧紧地压在加水口上，密封散热器。在蒸气阀中央设有空气阀，弹簧使其处于关闭状态。由于这两个阀门的作用，不但可以提高冷却液的沸点（达 108 ~ 120℃），还可防止当散热器内水量减少或压力降低时冷却管被大气压瘪。

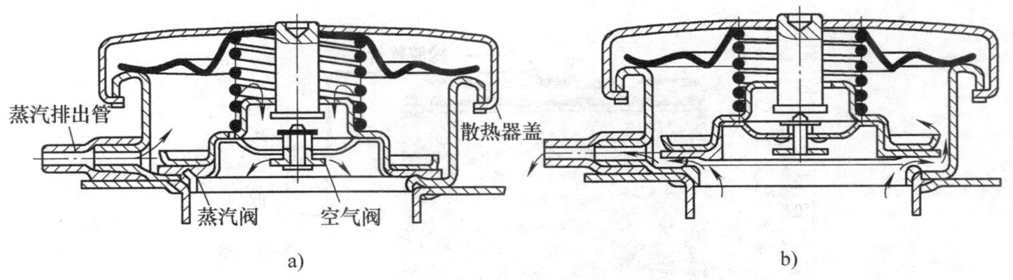

图 5-2-9　具有蒸汽阀和空气阀的散热器盖
a）空气阀开启　b）蒸汽阀开启

当散热器内温度升高产生蒸汽，使压力升高到一定数值时（一般为 0.026 ~ 0.037MPa），蒸汽阀打开，水蒸气从蒸汽排出管排出。冷却液沸点的提高，就是冷却系内的压力升高所致。当散热器内因冷却液冷却温度下降而产生一定的真空度时（一般为 0.01 ~0.02MPa），空气阀被吸开，空气从蒸汽排出管进入散热器内。

在发动机热状态下开启散热器盖时，应缓慢旋开，使冷却系内压力逐渐降低，以免被喷出的热水烫伤。当温度较高(特别是“开锅”时)，又没有防护措施的情况下，禁止开启散热器盖。

二、膨胀水箱

目前，大多数发动机都采用了防冻液作为冷却液。防冻液冰点很低，可避免冬季使用中因结冰而导致散热器、缸体和缸盖被胀裂的现象；防冻液的沸点也要比水高，更有利于发动机的正常工作。为防止防冻液的损失，在冷却系设置了膨胀水箱，对散热器内的防冻液起到自动补偿的作用。

膨胀水箱（补偿水桶）用透明塑料制成，设置于散热器一侧，位置稍高于散热器，如图 5-2-10 和图 5-2-11 所示。膨胀水箱上端通过水套出气管和散热器出气管分别和缸盖水套

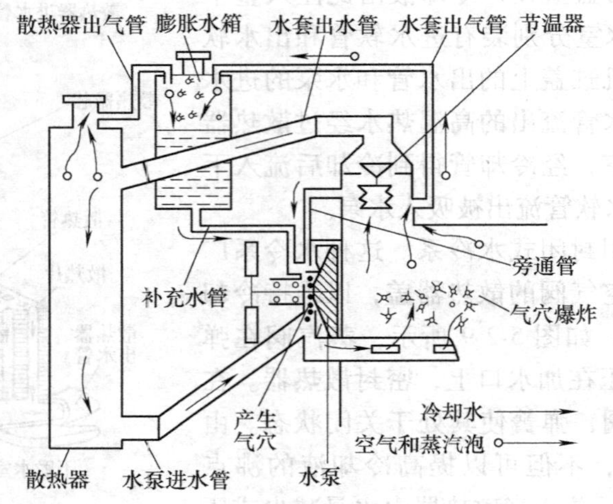

图 5-2-10　膨胀水箱示意图

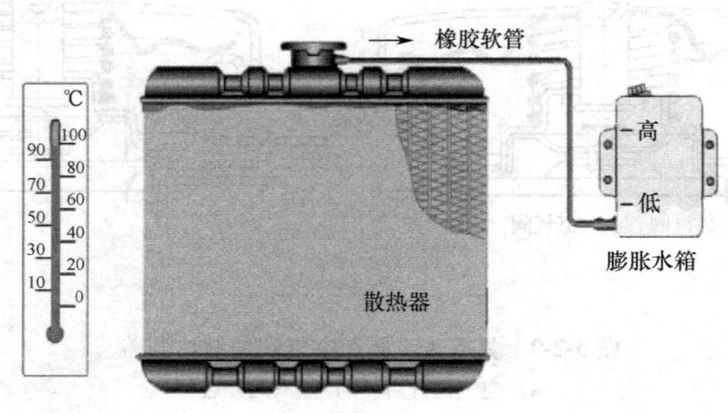

图 5-2-11　膨胀水箱装置示意图

及散热器上贮水室相通。膨胀水箱下端通过补充水管和旁通管相通。膨胀水箱除了具备对散热器内的冷却液起到自动补偿作用外，又同时具备及时将冷却系内的水气分离、避免“穴蚀”产生的功能。

膨胀水箱上有两条刻线标记“GAO”（高）和“DI”（低）或“max”和“min”标记，液面高度应在两者之间。有的膨胀水箱内还装有自动液位报警装置。

三、水泵

1. 水泵的作用

水泵的作用是对冷却液加压，使水在冷却系中强制循环流动。目前绝大多数汽车发动机使用离心式水泵。离心式水泵具有结构简单、尺寸小而排量大的特点，当水泵由于故障而停止工作时，并不妨碍水在冷却系内的自然循环(水泵两侧的进、出水道仍相通)。

2. 水泵的工作原理

离心式水泵工作原理如图 5-2-12 所示。当水泵工作时，水泵中的水被叶轮带动一起旋转，水在自身的离心力作用下，从叶轮的边缘被甩出，然后经外壳上与叶轮成切线方向的出水管被压送到发动机水套内。与此同时，叶轮中心处压力降低，散热器的水便经进水管被吸进叶轮中心处。

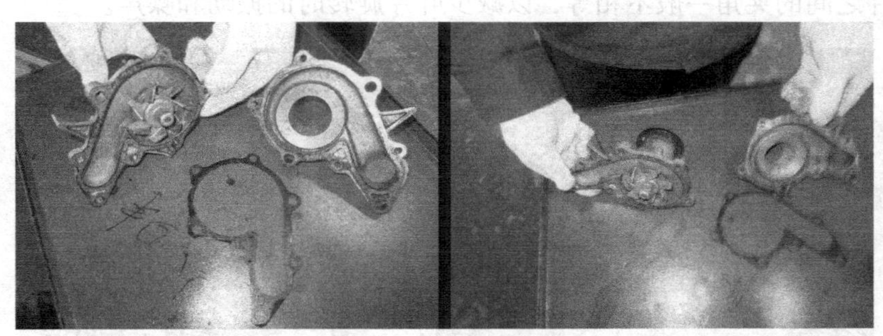

图 5-2-12 离心式水泵示意图

四、冷却强度调节装置

由于发动机负荷、转速和环境温度等使用条件经常改变，冷却强度也应该不断改变，才能使发动机工作在最合适的温度。冷却强度主要通过两种方式调节：一是改变通过散热器的空气量；另一种是改变通过散热器的冷却液量。前者由百叶窗和风扇离合器来完成，后者依靠节温器来实现。

1. 百叶窗

百叶窗装于散热器的前面，由许多片可以摆动的活动挡板组成。通过一套操纵机构由驾驶员控制百叶窗的开闭，以调节流过散热器的空气量，控制冷却强度。有些汽车采用调温器来自动控制百叶窗开度，如图 5-2-13 所示。

2. 风扇

风扇的作用是促进散热器的通风，提高散热器的热交换能力，如图 5-2-14 所示。风扇通常安装在散热器后面，其位置应尽可能布置得对准散热器芯的中心。风扇工作时空气沿着风扇旋转轴的轴线方向，从汽车前方通过散热器向发动机方向流动。

图 5-2-13　百叶窗

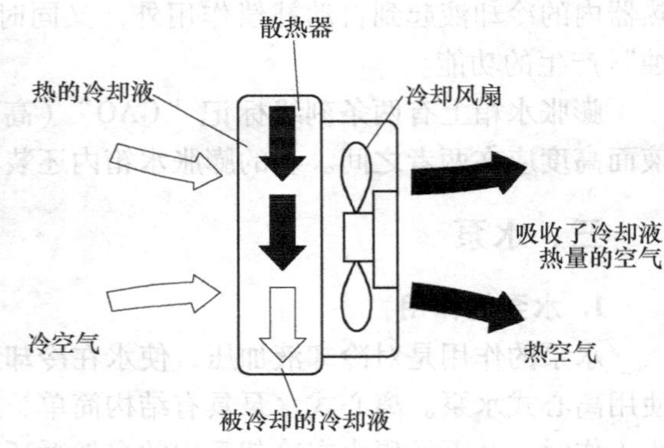

图 5-2-14　风扇的作用示意图

风扇结构及形式，如图 5-2-15 所示。风扇的出风量主要与风扇的直径、转速、叶片形状、叶片扭转角及叶片数目有关。水冷发动机大多数采用螺旋桨式风扇，其叶片多用薄钢板冲压制成，横断面多为弧形，也有用塑料或铝合金铸成翼形断面。风扇叶片的数量通常为 4 ~ 9片，叶片之间的夹角一般不相等，以减少叶片旋转时的振动和噪声。

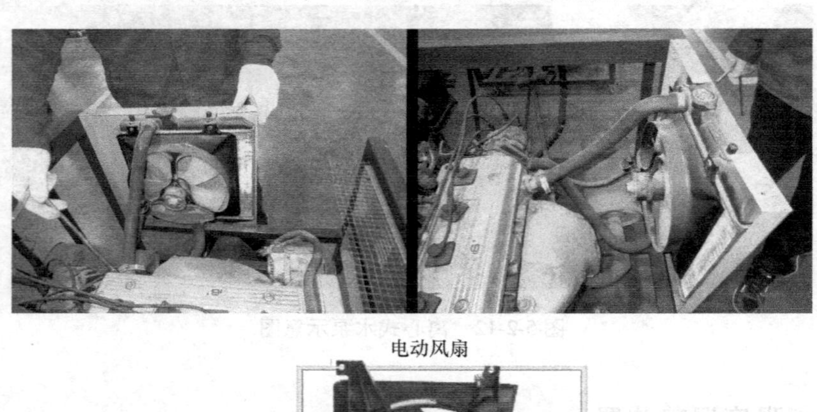

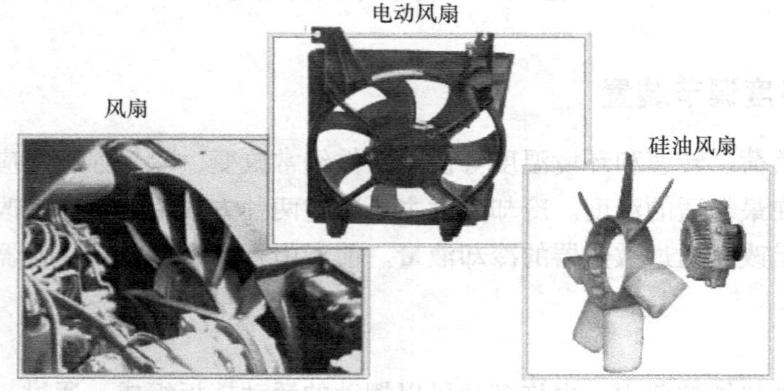

图 5-2-15　风扇结构及形式

车用发动机风扇按驱动的动力不同可分为机械风扇和电动风扇。机械风扇常和发电机一起由曲轴带轮通过传动带驱动，如图 5-2-16 所示。通常将发电机的支架做成可移动式的，以便调节传动带的张紧度。传动带过松，将引起传动带相对带轮打滑，使风扇的出风量减少、发动机过热，发电机发电量减小。传动带过紧，将增加水泵及发电机轴、轴承的磨损。因此要求传动带必须保持一定的张紧度，一般用大拇指以 30 ~ 50N 的压力按下传动带时产生 10 ~ 15mm 的挠度为宜。现代汽车发动机传动带常采用张紧轮自动调节的方式进行张紧。

电动风扇温控系统一般由带感温元件的温控开关、电动风扇和风扇继电器组成。根据冷却液的温度高低，使风扇以不同转速工作，从而提高整车的经济性。电动风扇的温控系统如图 5-2-17 所示。

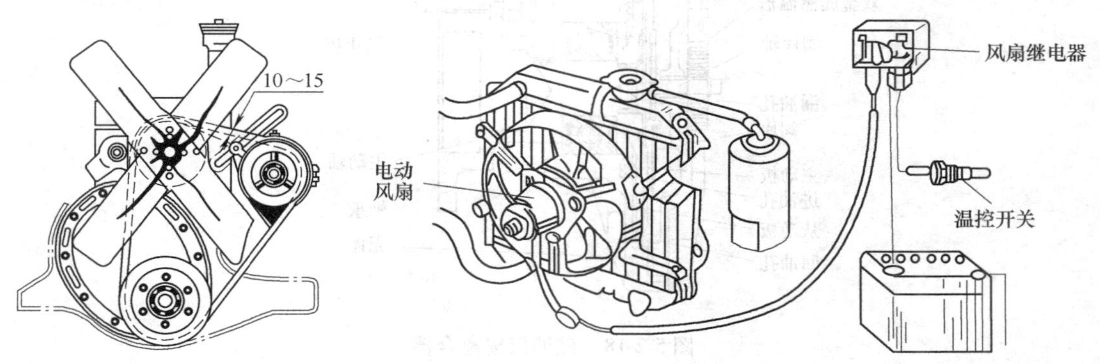

图 5-2-16　机械风扇

图 5-2-17　电动风扇的温控系统

风扇电动机的工作时刻和转速由位于散热器上的热敏开关控制，只有当发动机温度达到一定数值后或空调压缩机工作时，风扇才以一定的挡位速度工作；当发动机温度下降时，热敏开关自动断开，冷却风扇停转。空调压缩机工作时，风扇处于常转状态。

3. 风扇转速的控制

常见控制风扇转速的方法有两种：一种是利用电动风扇控制风扇转速；另一种是利用风扇离合器控制风扇转速。

风扇离合器主要有硅油风扇离合器和电磁式风扇离合器两种风扇控制装置。

(1) 硅油风扇离合器　硅油风扇离合器是以硅油为介质，利用硅油高粘度的特性传递转矩，利用散热器后面的空气温度，通过感温器自动控制风扇离合器的分离和接合。温度低时，硅油不流动，风扇离合器分离，风扇转速慢，基本上是空转。温度高时，硅油的粘度使风扇离合器接合，于是风扇和水泵一起旋转，起到调节发动机温度的作用。

硅油风扇离合器由主动板、从动板、阀片、阀片轴、双金属感温器、密封圈、风扇、主动轴、锁止板等组成，结构如图 5-2-18 所示。

(2) 电磁式风扇离合器　常见电磁式风扇离合器主要由电磁摩擦离合器和温控开关等组成。如图 5-2-19 所示，通过温控开关控制电路接通或断开，使风扇工作或不工作。

当冷却液温度低于 92℃ (不同发动机通、断时温度不同) 时，温控开关的电路不通，衔铁环在弹簧的张力作用下贴在风扇毂上，与摩擦片分离，此时离合器处于分离状态，风扇不转动。当冷却液温度超过 92℃时，温控开关的电路自动接通，线圈通电后电磁壳体产生吸力将衔铁环压紧在摩擦片上，此时离合器处于结合状态，风扇随风扇毂一起被电磁壳体带动旋转。

在电源断路或电磁线圈失控的情况下，其应急措施是在风扇毂上备有两个螺孔，在此两孔中旋入两个螺钉，使衔铁环压紧在摩擦片上，使其机械联接就可以了。

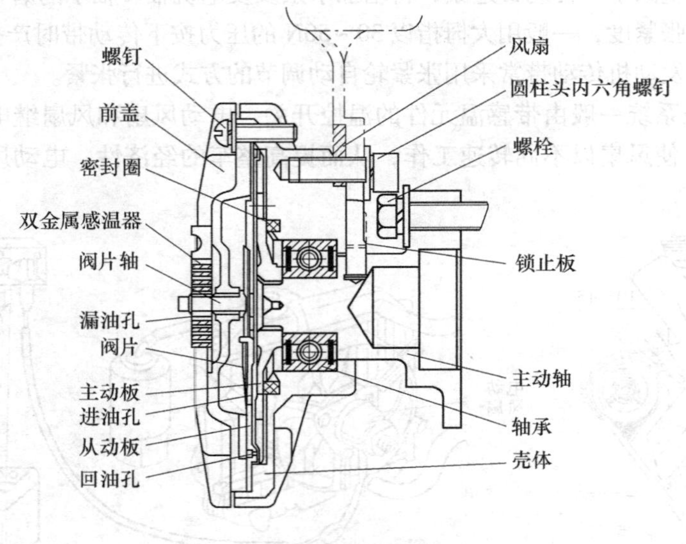

图 5-2-18　硅油风扇离合器

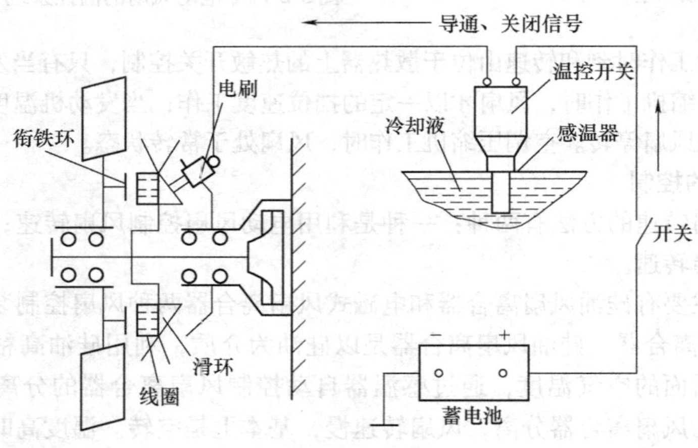

图 5-2-19　电磁式风扇离合器工作原理图

4. 节温器

节温器是控制冷却液流动路径的阀门。节温器的作用是随发动机冷却系水温变化自动地控制通过散热器的冷却液流量，使发动机工作在正常的温度范围内。目前汽车上广泛采用单阀或双阀蜡式节温器。

蜡式节温器是利用石蜡受热体积急剧膨胀的特点，在冷却液升温时，石蜡熔化，体积急剧膨胀，压缩胶管，迫使推杆运动。由于推杆固定在阀座上，反作用力推动感应体总成打开主阀门(同时使副阀门关闭)，进行大循环的水流量增加。当冷却液温度降低时，石蜡降温，体积收缩，感应体总成在弹簧弹力的作用下被逐渐拉回原位，主阀门逐渐关闭而副阀门则逐渐打开。图 5-2-20 所示是单阀蜡式节温器的工作原理。丰田 5A 发动机采用单阀蜡式节温器，水温低时(＜87℃)，阀门关闭，冷却液只做小循环；水温高时(＞87℃)，阀门逐渐打

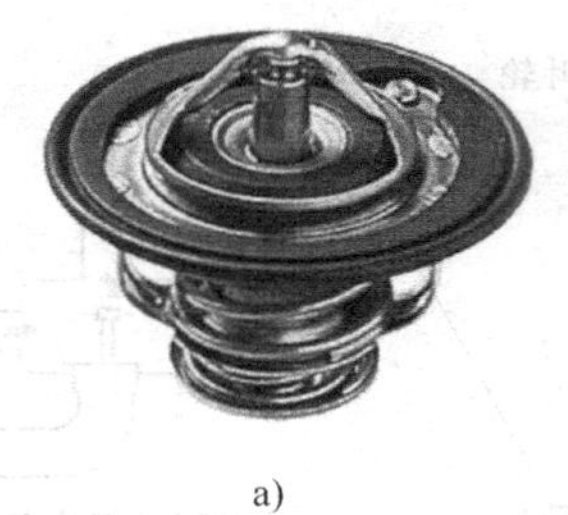

a)

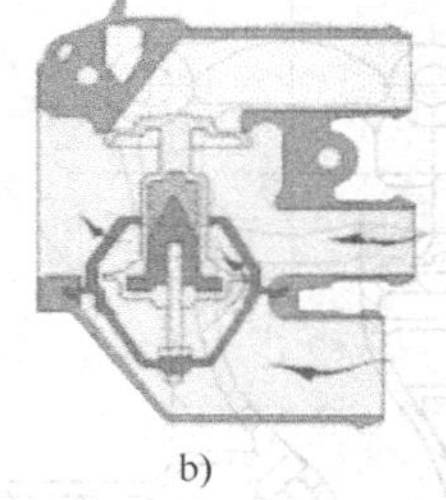

b)

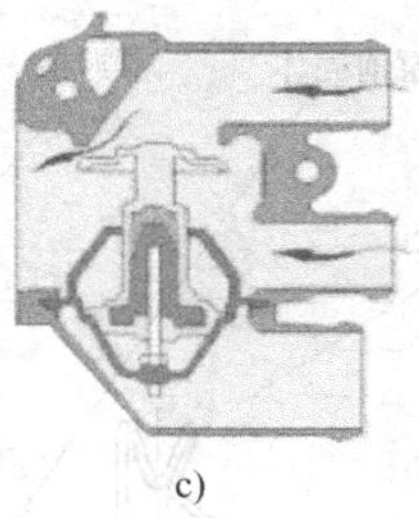

c)

图 5-2-20 单阀蜡式节温器工作原理

a）实物 b）节温器阀关闭 c）节温器阀打开

开，冷却系开始进行大循环，水温达到 105℃时，阀门全开，冷却系大循环达到最大流量。

图 5-2-21 所示为丰田 5A 发动机所用的双阀蜡式节温器。图 5-2-22 为双阀蜡式节温器的工作原理示意图。

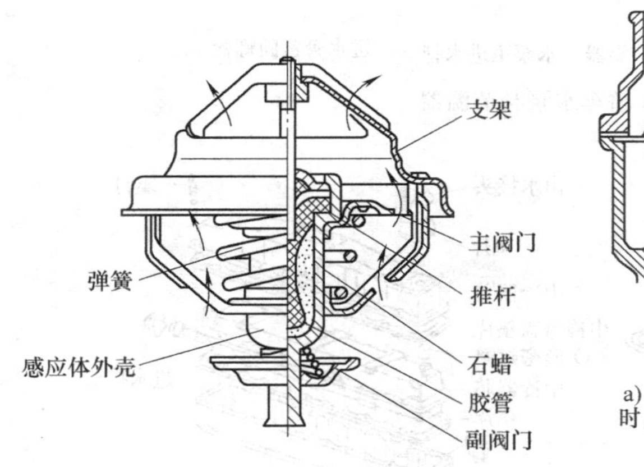

图 5-2-21 丰田 5A 发动机双阀蜡式节温器

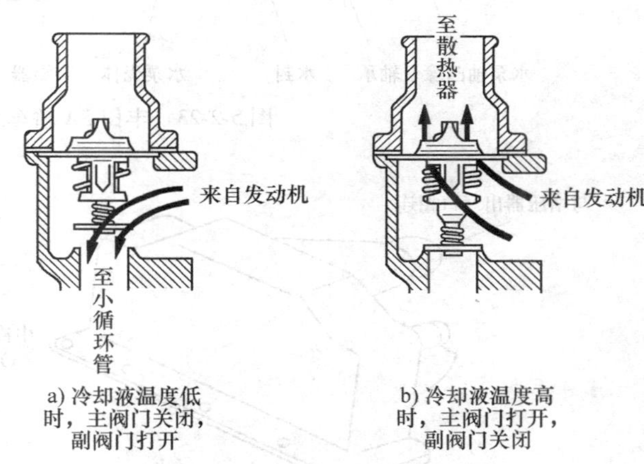

图 5-2-22 双阀蜡式节温器的工作原理示意图

图 5-2-23 为常见丰田 5A 轿车水泵与节温器的安装位置和工作原理示意图。

五、空气中间冷却器

1. 空气中间冷却器的作用

柴油发动机空气中间冷却器是对增压后的空气在进入气缸前进行冷却的装置，简称中冷器。柴油增压发动机采用中冷后，使进入气缸的空气温度降低，空气密度进一步提高，增加了进入气缸的气体量，从而提高了柴油发动机的功率。

2. 空气中间冷却器的结构、原理

中冷器的冷却介质有水、机油和空气。采用水作冷却介质的中冷器，其结构原理与散热器基本相同。图 5-2-24 所示是 6BTA5.9 发动机上采用的中冷器，它由中冷器壳及中冷器芯等组成。中冷器壳由铝板模压而成，它分为中冷器盖和中冷器体两部分。中冷器盖通过进气接管与增压器的空气出气口相连，中冷器出气口与气缸盖进气口相连。中冷器芯由铜合金管子组成。发动机冷却液从中冷器后端的进水接头进入中冷器芯中，然后由前端出口流向节温

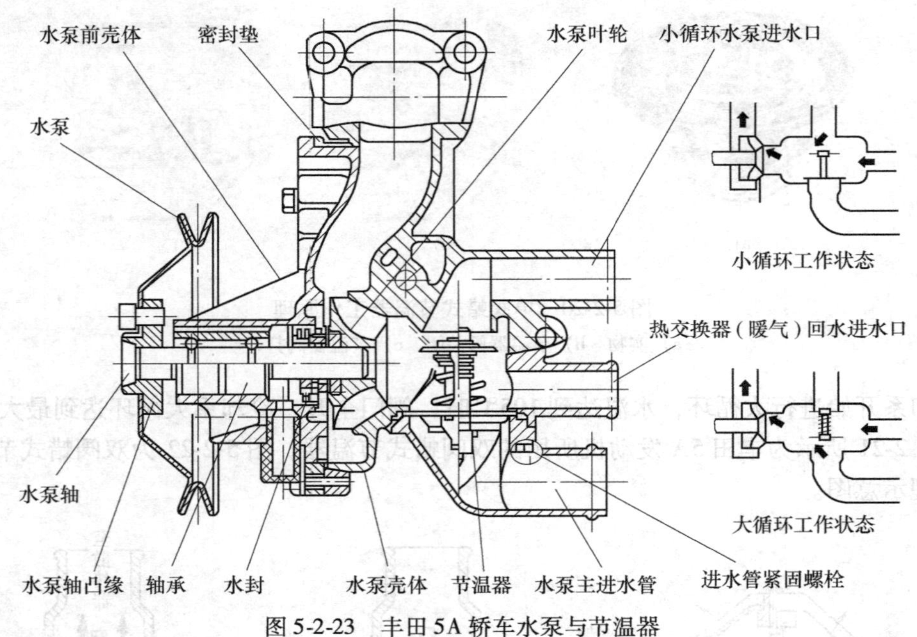

图 5-2-23　丰田 5A 轿车水泵与节温器

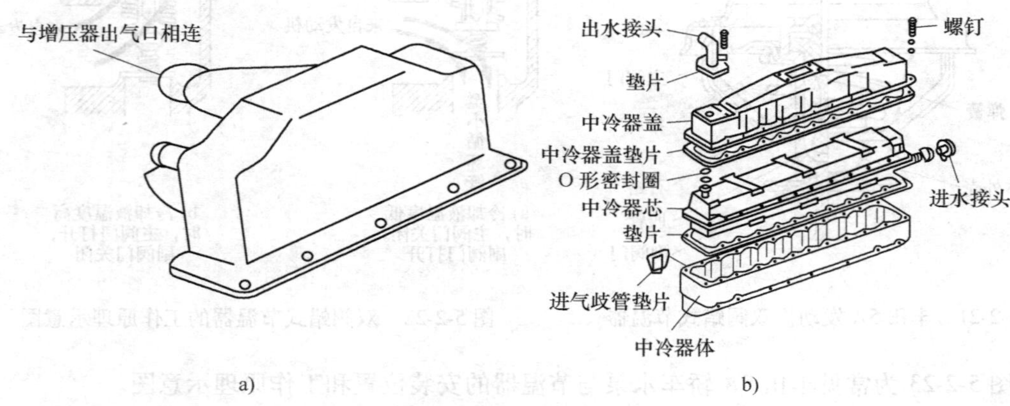

图 5-2-24　中冷器分解图

a）中冷器外形图　b）中冷器分解图

器。空气由增压器压送进中冷器，流过中冷器受到冷却液的冷却，降温后进入气缸。

柴油发动机的增压、中冷系统工作原理如图 5-2-25 所示。

六、冷却液

1. 冷却液的选择

冷却液最好选用软水，即含盐分少的水，如雨水、雪水、自来水等，否则在水套中易产生水垢，使气缸体、气缸盖传热效果变差，发动机容易过热。如果只有硬水，则需要经过软化后，方可注入冷却系中使用（图 5-2-26）。

2. 防冻液

冬季或寒冷地区气温会下降到 0℃以下，对于停止工作又无保温措施的汽、柴油发动机

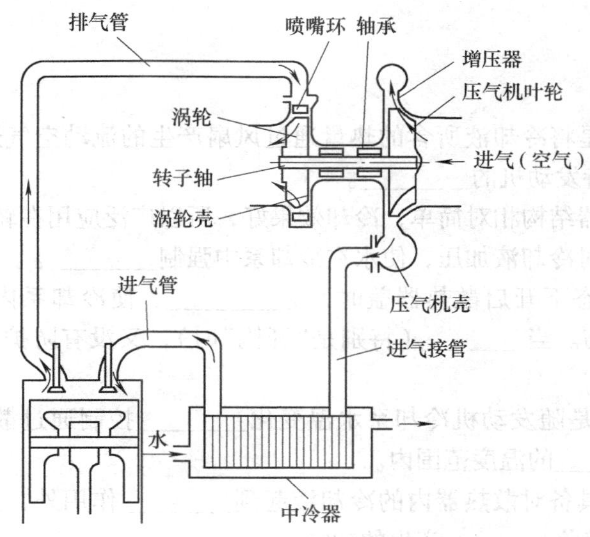

图 5-2-25 柴油发动机的增压、中冷系统工作原理示意图

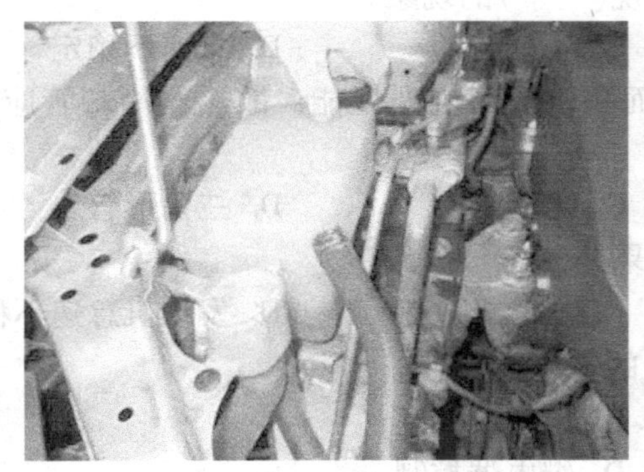

图 5-2-26 加注冷却液

来说，机体内的水会凝结成冰，由于水结冰后体积膨胀，会发生缸体、缸盖、散热器等被撑裂的情况，因此现代汽车发动机冷却系中通常采用加入含有各种添加剂的防冻液，降低冷却液的结冰点和抑制冰晶的形成来解决冬季结冰问题。

常见的添加剂含有：

抑沸剂——提高防冻液的沸点，以醇、醚为主。

阻垢剂——避免由于细小金属杂质、密封胶残留物等从冷却系中溶解、裹带其他物质产生积垢。

防腐剂——提高冷却液的安全稳定性，避免产生沉淀、受热分解等现象。

思考与练习

一、填空题

1. 散热器的作用是将冷却液所含的热量通过风扇产生的流动空气进行散发，使冷却液迅速得到冷却，以保持发动机的________。

2. ________散热器结构相对简单，冷却效果好，所以广泛应用在轿车上。

3. 水泵的作用是对冷却液加压，使水在冷却系中强制________。

4. 在发动机热状态下开启散热器盖时，应________，使冷却系内________逐渐降低，以免被喷出的热水烫伤。当________（特别是“开锅”时），又没有防护措施的情况下，禁止开启散热器盖。

5. 节温器的作用是随发动机冷却系水温变化________控制通过散热器的冷却液流量，使发动机工作在________的温度范围内。

6. 膨胀水箱除了具备对散热器内的冷却液起到________作用外，又同时具备及时将冷却系内的________、避免________产生的功能。

二、选择题

1. 如果节温器阀门打不开，发动机将会出现(　　)的现象。

A. 温升慢　　B. 热容量减少　　C. 不能起动　　D. 怠速不稳定

2. 为在容积相同的情况下获得较大散热面积，提高抗裂性能，散热器冷却管应选用(　　)。

A. 圆管　　B. 扁圆管　　C. 矩形管　　D. 三角形管

3. 发动机冷却系中锈蚀物和水垢积存的后果是(　　)。

A. 发动机温升慢　　B. 热容量减少　　C. 发动机过热　　D. 发动机怠速不稳

4. 硅油风扇离合器根据(　　)来控制风扇的转速。

A. 流进散热器的空气温度　　B. 冷却液温度

C. 发动机润滑油温度　　D. 继电器控制

三、问答题

1. 发动机温度过高、过低有哪些危害？

2. 简述节温器的工作原理及结构。

3. 试述蜡式节温器的检测方法。

单元6 柴油发动机燃料供给系的构造与维修

6

教学建议

1. 教学环境：要求在理论实践一体化的专业教室中完成，最好能实现小班制教学。

2. 教材使用：

（1）任务引导——引导文，由学生根据“知识链接”和教师讲解在实训前完成。

（2）任务实施——实训任务，先由教师示范关键步骤，再由学生根据具体步骤完成实训任务，也可以由学生自行探索，教师在组织过程中根据需要进行示范和讲解。

（3）实训报告——实训记录，任务完成后上交。

（4）实训考核——实训评价，根据情况全面考核或抽考。

（5）知识链接——必要的理论知识，建议采用多媒体动画教学。

知识目标

1. 熟悉柴油发动机的结构组成和工作原理。

2. 通过完成柴油发动机燃料供给系的拆装，熟悉柴油发动机燃料供给系的结构原理，掌握拆装步骤、检测项目和检修方法。

3. 熟悉柴油发动机燃料供给系的发展方向，为以后分析和诊断柴油发动机燃料供给系故障打下基础。

能力目标

1. 正确拆装柴油发动机燃料供给系，并熟悉其拆装注意事项及步骤。

2. 正确拆装和检测喷油器的各零件，并用简单的试验方法检验装配质量。

3. 正确拆装和检测喷油泵的各零、部件，并在喷油泵试验台上正确进行调试。

4. 正确拆装和检测调速器的各零、部件，并在试验台上进行检验和调整。

5. 正确检查、调整喷油正时，并对供油提前角进行正确的调试。

6. 正确拆装和检测柴油发动机燃料供给系辅助装置的各零、部件，并检验其装配质量。

7. 正确拆装和检测柴油发动机 PT 供油系统的各零、部件，并检验其装配质量。

8. 正确拆装和检测 VE 型转子泵的各零、部件，并检验其装配质量。

9. 正确拆装和检测柴油发动机进、排气系统，特别是涡轮增压器的各零、部件，并检验其装配质量。

情感目标

1. 体验安全生产规范，遵守操作规程，感受合作与交流的乐趣。
2. 在项目学习中逐步养成自主学习新知识、新技术的良好习惯。
3. 在操作学习中不断积累维修经验，从个案中寻找共性。

项目1　柴油发动机燃料供给系的拆装

任务要求

1. 要求熟悉柴油发动机的结构组成和工作原理。
2. 要求掌握柴油发动机燃烧的要求及燃烧室的构造分类。
3. 掌握柴油发动机燃料供给系正确拆装步骤及拆装注意事项。

情境创设

1. 柴油发动机燃料供给系工作室，配备多媒体教学设备。
2. 播放柴油发动机的结构和其工作原理的教学视频，为学生营造实训气氛，激发学生的学习兴趣。
3. 教学资料准备：教学用柴油发动机结构及其工作原理光盘。

任务实施

一、工作安排

养成合作完成工作任务的习惯，请你将工作分工与完成时间记录在表6-1-1中。

表6-1-1　组员工作分工与完成时间表

姓　名	任务分工	完成时间	备　注

二、柴油发动机燃料供给系的拆卸

以YC6108ZQB柴油发动机为例，从发动机上拆卸柴油发动机燃料供给系：

1）拆下涡轮增压器后的排气接管。

2）拆下排气接管支架焊接件。

3）拆下空气压缩机进、回水管。

4）拆下增压器管夹总成及进油软管、进油管插头。

5）拆下增压器机油回油管组件。

6）拆下液压转向泵及空气压缩机总成。

7）拆下发电机带轮调整螺钉及其支架和调节板的紧固螺钉。

8）拆下柴油滤清器进油管及滤清器总成。

9）拆下进气管与增压器的连接管，拆下增压器总成。

10）拆下排气管总成。

11）拆下高压油管定位螺钉、管插头螺母及管夹，取下高压油管。

12）拆下增压补偿管。

13）拆下喷油器回油管总成，拆下喷油器紧固螺母、弹簧垫及压板，取下喷油器总成。

14）拆下喷油泵进、出油管组件。

15）拆下节气门弹簧支架。

16）拆下喷油泵总成，喷油泵传动法兰焊接件及喷油泵驱动轴上的半圆键。

17）拆下喷油泵托架，分解完成。

三、柴油发动机燃料供给系装机

1）校上止点指针：当活塞处于上止点时，指针必须对零，如图6-1-1所示。

2）装上喷油泵托架并调整托架的同轴度：用右手压紧检具，保证检具前后支承座靠紧喷油泵托架内侧台阶并压紧在托架上，以检验套能顺利套住驱动轴为合格，否则必须调整。可在检具的铅垂或水平方向加铜垫调整直至合格，如图6-1-2所示。

图6-1-1　校上止点指针

图6-1-2　调喷油泵托架的同轴度

3）装上喷油泵驱动轴上的半圆键、喷油泵传动法兰焊接件(图6-1-3)。

4）装上喷油泵总成：注意将调整同轴度时所加的铜片装夹在相应的油泵紧固螺钉或托架的紧固螺钉上，拧紧所有螺母，并保证所调整的同轴度，如图6-1-4所示。

5）校供油提前角：转动曲轴，使上止点指针对准静态供油提前角刻度，调整提前器使第一缸喷油记号与供油指针记号对正，拧紧联接螺钉(力矩为55N·m)，如图6-1-5所示。静态供油提前角角度值见表6-1-2。

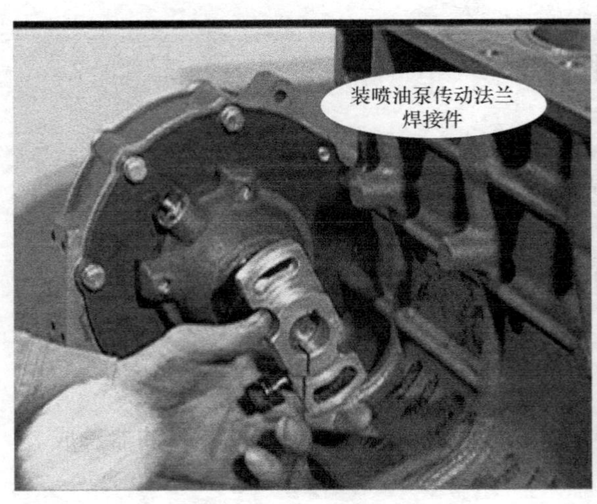

图 6-1-3　装喷油泵传动法兰焊接件

图 6-1-4　装喷油泵

注意

①调整供油提前角时，逆时针转动曲轴的角度必须大于30°，然后才能重新顺时针转动到位，以消除齿侧间隙。②装喷油泵连接片时，不得敲击连接片组件，拧紧螺钉后，连接片组件应处于自然、不扭曲变形状态。

6）装上节气门弹簧支架，如图 6-1-6 所示。

图 6-1-5　校供油提前角

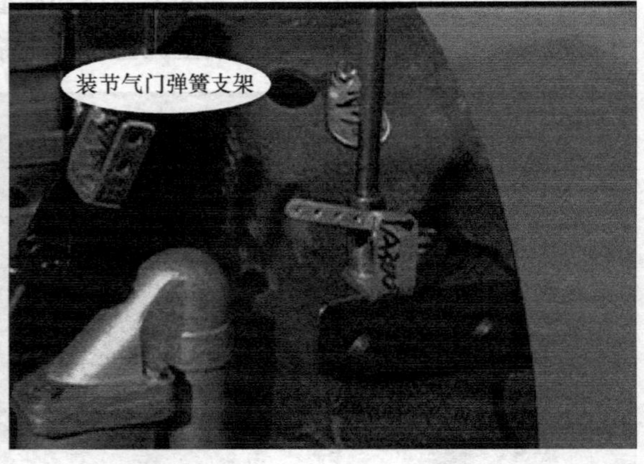

图 6-1-6　装节气门弹簧支架

表 6-1-2　静态供油提前角角度值

机型	提前角/(°)	机型	提前角/(°)
A3000 系列	9 ~ 11	A3600 系列	11 ~ 13
A3200 系列	7 ~ 11	A4100 系列	9 ~ 11
A3500 系列	9 ~ 10		

7）装上喷油泵出油管组件，如图 6-1-7 所示。

8）配喷油器总成：喷油器凸出缸盖底平面的高度应为4.1～4.5mm，否则应加减铜垫调整，配好的喷油器总成不得互换，如图6-1-8所示。

图6-1-7　装喷油泵出油管组件

图6-1-8　配喷油器总成

9）取下喷油器保护盖，装上喷油器压板、弹簧垫、螺母，紧固喷油器，如图6-1-9所示。

10）装回油管总成，进气管垫片及进气管，从中间到两边分2～3次对角交叉均匀拧紧，如图6-1-10所示。

图6-1-9　装喷油器压板

图6-1-10　装回油管总成

11）装增压补偿管，如图6-1-11所示。

12）装高压油管，并拧紧高压油管插头螺母及管夹（油管不得与缸体及其他零件发生摩擦），拧紧高压油管的定位螺钉，如图6-1-12所示。

13）装排气管垫片（凸的一面朝气缸盖）及排气管总成，如图6-1-13所示。

14）装增压器垫片（凸的一面朝排气管），装上增压器，如图6-1-14所示。

15）取出进气管口掩盖物，装进气接管垫片、进气接管并调整增压器进气口方向，使之与进气管连接好，并对角交叉拧紧所有螺钉及环箍螺钉，拧紧增压器进气口调整螺钉，如图6-1-15所示。

图 6-1-11　装增压补偿管

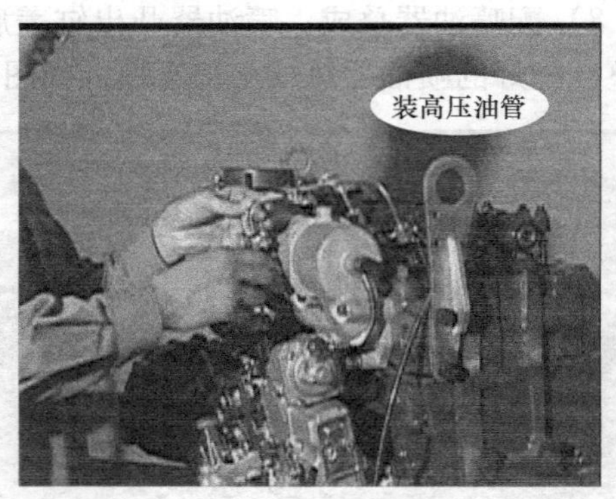

图 6-1-12　装高压油管

图 6-1-13　装排气管总成

图 6-1-14　装增压器

图 6-1-15　装进气接管

16）装喷油泵进油管总成、增压器回油管组件（垫片高接口面朝回油管），并在增压器口加注增压柴油发动机用新机油约20mL，如图6-1-16所示。

图6-1-16 装增压器回油管组件

17）装增压器进油管插头及进油软管并紧固插头螺母，装上管夹固定总成并夹好进油管，如图6-1-17所示。

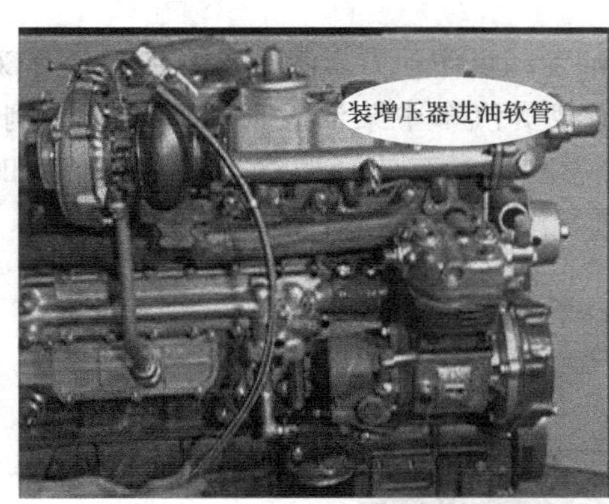

图6-1-17 装增压器进油软管

18）装涡轮增压器后排气接管并拧紧各螺栓，如图6-1-18所示。全系统装复完毕。

注：其他未提及的螺栓/螺母拧紧力矩参照表6-1-3。

表6-1-3 螺栓/螺母拧紧力矩参照表

螺纹规格	性能等级8.8级 拧紧力矩/N·m	性能等级10.9级 拧紧力矩/N·m	螺纹规格	性能等级8.8级 拧紧力矩/N·m	性能等级10.9级 拧紧力矩/N·m
M6	9~11	12~14	M12	73~89	105~128
M8	21~25	29~35	M12×1.5	75~92	106~130
M8×1	22~27	32~39	M12×1.25	78~96	113~138
M10	41~51	58~71	M14	122~149	160~195
M10×1.25	45~55	63~77	M14×1.5	126~154	178~218
M10×1	46~56	65~79			

图 6-1-18　装涡轮增压器后排气接管

一、柴油发动机燃料供给系的特点

目前重型汽车，尤其是超重型汽车均以柴油发动机作动力。图 6-1-19 所示是 YC6105QC 和 YC6105QA 柴油发动机的外形。在大、中型载货汽车中柴油发动机的使用比例达到了 98% 以上，柴油发动机在汽车中的位置显得非常重要。有的轻型汽车甚至轿车(如捷达轿车)也使用了柴油发动机。这是因为柴油发动机与汽油发动机相比有更多的优越性。

图 6-1-19　YC6105QC 和 YC6105QA 柴油发动机的外形

(1) 热效率高、经济性好、故障少　由于柴油发动机的压缩比较大(柴油发动机为 15 ~ 22,汽油发动机为 6 ~ 12)、热效率较高(柴油发动机为 30% ~40%,汽油发动机为 20% ~ 30%)，使热能更多地转变为机械能。

柴油发动机的油耗率比汽油发动机少30%左右，柴油的价格与汽油相比相差不大。因此，柴油发动机比汽油发动机的经济性好。柴油发动机没有电气点火系统的故障，仅有油路系统的故障，而油路系统机件较精密、可靠、耐用，相比之下柴油发动机的故障少、故障率低。

（2）柴油发动机的排气污染小　在发动机未达到极限磨损期时，由于柴油发动机是将燃油喷入大量的高温空气中进行燃烧，CO和CH_4的生成量比汽油发动机少得多。

二、柴油发动机燃料供给系的类型

1）按燃烧室的结构可分为整体式和分开式。

2）按混合气形成方式可分为直接喷射式、油膜蒸发式。

3）按喷油泵的形式可分为柱塞直列式喷油泵、转子分配式喷油泵和PT供油系统。

4）按进气方式可分为非增压式和增压式。

5）按控制形式可分为机械调整式和电子控制燃油喷射系统。

三、柴油发动机燃料供给系的功用、组成

1. 功用

柴油发动机燃料供给系的功用是完成燃料的储存、滤清和输送工作，按柴油发动机各种不同工况的要求，定时、定量并以一定的喷油压力将柴油喷入燃烧室，使其与空气迅速良好地混合和燃烧，最后使废气排入大气中。

1）柴油箱、柴油滤清器、低压柴油管、输油泵完成燃料的储存、滤清和输送。

2）喷油泵通过高压油管、喷油器向燃烧室定时、定量、定压喷油。

3）气缸内的燃烧室使高压油雾与空气混合并燃烧。燃烧后的高压气体推动活塞对外做功。

4）燃烧后的废气经排气门、排气管、排气消声器进入大气。

2. 组成

柴油发动机燃料供给系由燃料供给、空气供给、混合气形成及废气排出四部分组成，如图6-1-20所示。

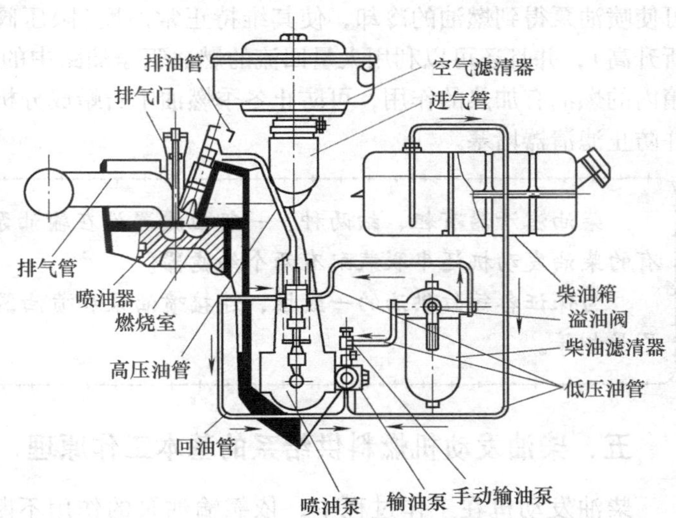

图6-1-20　柴油发动机燃料供给系示意图

（1）燃油供给　由柴油管、输油泵、低压油管及滤清器、喷油泵、高压油管、喷油器及回油管等组成。可分为低压供油系统、机械/电子控制系统、高压供油系统。

（2）空气的供给　由空气滤清器、进气管及进气道组成。现在很多柴油发动机还装有涡轮增压器以提高进气效率和发动机的功率。

(3) 混合气的形成　燃烧室。

(4) 废气的排出　由气缸盖内的排气道、排气管及排气消声器组成。

四、柴油发动机燃料供给系的基本油路

柴油发动机燃料供给系的基本油路如图 6-1-21 所示。

(1) 低压油路　从油箱到喷油泵入口的这段油路中的油压是由输油泵建立的，而输油泵的出油压力一般为 150 ~ 300kPa，这段油路称为低压油路。

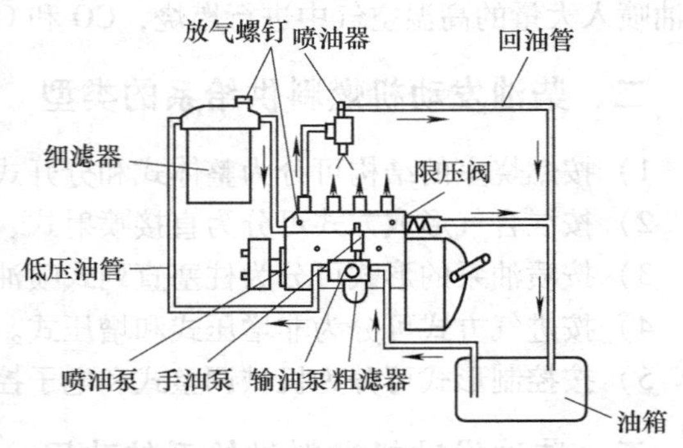

图 6-1-21　柴油发动机燃料供给系的基本油路

(2) 高压油路　从喷油泵到喷油器这段油路中的油压是由喷油泵建立的，一般在 10MPa 以上，故这段油路称为高压油路。

(3) 多余燃油回流的回油油路　由于输油泵的供油量比喷油泵的出油量大 3 ~ 4 倍，为了保持进入喷油泵进油室内的油压稳定，滤清器或喷油泵上装有限压阀（又称溢流阀），大量多余的燃油经限压阀和回油管流回输油泵的进口或直接流回柴油箱。喷油器工作间隙泄漏的少数柴油也经回油管流回柴油箱。对于使用燃料含轻馏分较多的柴油发动机，喷油压力较高，喷油泵的负荷较大，柱塞回油的瞬时，进油室内压力波动较大。为此系统中的限压阀多设在喷油泵上（图 6-1-20），这样，大部分多余的燃油通过喷油泵流回油箱，因而可使喷油泵得到燃油的冷却，使其维持正常温度（限压阀设在细滤器上，喷油泵的温度将有所升高），并且还可以利用大量回流的燃油驱净油路中的气体。过量的燃油流回油箱还对油箱内的燃油有加热的作用，可防止冬季燃油中石蜡成分析出结晶颗粒，使燃油的流动性增大并防止滤清器堵塞。

> 柴油滤清器有粗、细两种，一般粗滤器设在输油泵之前，细滤器设在输油泵之后，有的柴油发动机还串联装配有两个细滤器。
>
> 为保证各气缸供油的一致性，连接喷油泵和喷油器的钢制高压油管的直径和长度要尽量相等。

五、柴油发动机燃料供给系的基本工作原理

柴油发动机在工作过程中，依靠输油泵的作用不断地将油箱中的柴油吸出，并经柴油滤清器滤去杂质后，输入喷油泵的低压油腔，喷油泵将燃油压力提高，按柴油发动机不同工况的要求，定时、定量、定压输出柴油，经高压油管送至喷油器，当燃油压力达到规定值时，喷油器的喷油孔开启，燃油呈雾状喷入燃烧室，混合气随即在燃烧室内形成，在高温、高压条件下，柴油自行着火燃烧，气缸内的压力和温度急剧升高，推动活塞下行做功输出动力。

一、柴油

柴油是在533～623K的温度范围内，从石油中提炼出的碳氢化合物，含碳87%（质量分数）、氢12.6%和氧0.4%。柴油按凝点分为10、0、－10、－20、－35五个牌号，其凝点分别不高于10℃、0℃、－10℃、－20℃、－35℃。牌号越高凝点越低。

二、柴油发动机混合气的形成与燃烧原理

1. 可燃混合气的形成与燃烧

柴油发动机可燃混合气的形成和燃烧都是直接在燃烧室内进行的。柴油借助喷油器在压缩行程结束稍前时刻喷入柴油发动机燃烧室，与进气行程中进入气缸并已经压缩处于高温、高压状态下的空气混合形成可燃混合气，当可燃混合气温度升至其自燃温度时即自行着火燃烧。

（1）混合气的形成和燃烧过程的主要特点

1）燃料的混合和燃烧是在气缸内进行的。

2）混合与燃烧的时间很短（气缸内只有0.0017～0.004s）。

3）柴油粘度大，不易挥发，必须以雾状喷入。

4）可燃混合气的形成和燃烧过程是同时、连续重叠进行的，即边喷射，边混合，边燃烧。

图6-1-22所示为在压缩过程中，气缸内压力随曲轴转角θ变化的关系曲线。

① 泵油始点（O点）：喷油泵开始泵油的时刻。

② 喷油始点（A点）：喷油器开始喷油的时刻。

③ 燃烧始点（B点）：气缸内可燃混合气开始发火的时刻。

④ 供油提前角：从泵油始点O开始到活塞到达压缩行程上止点为止的曲轴转角。

⑤ 喷油提前角：从喷油始点A开始到活塞到达压缩行程上止点为止的曲轴转角。

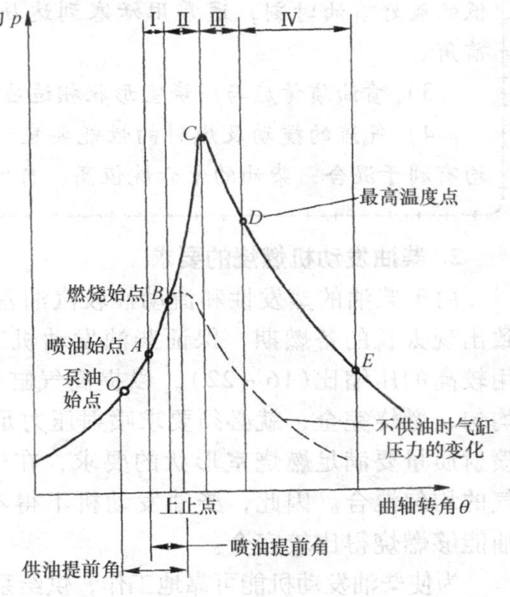

图6-1-22 气缸内压力随曲轴转角的关系

（2）可燃混合气的形成与燃烧阶段

1）备燃期：从喷油开始到开始着火燃烧为止，如图6-1-22中Ⅰ所示，喷入气缸中的雾状柴油并不能马上着火燃烧，气缸中的气体温度随着柴油温度升高，少量的柴油分子首先分解，并与空气中的氧分子进行化学反应，具备着火条件而着火，形成了火源中心，为燃烧做好了准备。这一时期很短，一般仅为0.0007～0.003s。

2）速燃期：从燃烧开始到气缸内出现 p_{max} 时为止，如图 6-1-22 中Ⅱ所示。火源中心已经形成，已准备好了的混合气迅速燃烧，在这一阶段由于喷入的柴油几乎同时着火燃烧，而且是在活塞接近上止点，气缸工作容积很小的情况下进行燃烧的，因此，气缸内的压力 p 迅速增加，温度升高很快。

3）缓燃期：从出现 p_{max} 至出现 T_{max} 为止，如图 6-1-22 中Ⅲ所示。这一阶段喷油器继续喷油，由于燃烧室内的温度和压力都高，柴油的物理和化学准备时间很短，几乎是边喷射边燃烧。但因为气缸中氧气减少，废气增多，燃烧速度逐渐减慢，气缸容积增大，所以气缸内压力略有下降，温度达到最高值，通常喷油器已结束喷油。

4）后燃期：缓燃期以后的燃烧时期，如图 6-1-22 中Ⅳ所示。这一时期虽然不喷油，但仍有一少部分柴油没有燃烧完，随着活塞下行继续燃烧。后燃期没有明显的界线，有时甚至延长到排气行程还在燃烧。后燃期放出的热量不能充分利用来做功，很大一部分热量将通过缸壁散至冷却液中，或随废气排出，使发动机过热，排气温度升高，造成发动机动力性、经济性下降。因此，要尽可能地缩短后燃期。

要使燃烧过程进行得好，混合气形成的好坏是关键，所以对混合气形成的要求如下：

1）必须要有足够的空气量和适当的柴油量。混合气过稀，燃烧速度慢，散发热量多，发动机功率下降；混合气过浓，燃烧不完全，油耗增加，冒黑烟，经济性变坏。

2）喷油时刻要准确，混合气形成要良好。最好的喷油时刻与燃烧室的形式和发动机转速有关，对于一定结构的发动机在规定转速下，可通过试验找到一个功率大、油耗低的最好喷油时刻，通常用活塞到达压缩上止点前的曲轴转角来表示，称为喷油提前角。

3）喷油质量应与燃烧室形状相适应，形成均匀的混合气。

4）气流的搅动及燃料的性能要良好。燃烧室的形状合理，切向进气，形成涡流，均有利于混合；柴油的十六烷值高，自燃点低，备燃期短。

2. 柴油发动机燃烧的要求

由于柴油的蒸发性和流动性较汽油差，混合时间短，为改善混合气形成的条件，不致出现太长的备燃期，保证柴油发动机工作柔和，除了选用十六烷值较高的柴油，采用较高的压缩比（16～22），以提高气缸内的空气温度，促进柴油蒸发外，还要求混合均匀、燃烧完全，就必须要求喷射压力足够高，一般在 10MPa 以上，以利于柴油雾化。喷射质量要满足燃烧室形状的要求，在燃烧室内形成强烈的空气运动，促进柴油与空气的均匀混合。因此，柴油发动机不得不采用较大的过量空气系数，使喷入气缸的柴油能够燃烧得比较完全。

为使柴油发动机能可靠地工作，供给系还应保证：

1）在一个工作循环内，各缸均喷油一次，其次序与选定的发动机发火次序相同。

2）能随发动机负荷的不同而相应改变供油量，且各缸的供油量是一致的。

3）各缸有统一的喷油提前角，并且在一定程度上可以根据发动机工况进行统一调节。

三、燃烧室

1. 柴油发动机燃烧室的分类

柴油发动机燃烧室可分为统一式燃烧室和分隔式燃烧室两大类。

统一式燃烧室为凹顶活塞顶部与气缸盖底部所包围的单一内腔，几乎全部容积都在活塞顶面上。燃油自喷油器直接喷射到燃烧室中，借喷出油柱的形状和燃烧室形状的匹配，以及燃烧室内空气涡流运动，迅速形成混合气。所以又叫直接喷射式燃烧室。

2. 统一式燃烧室的构造

统一式燃烧室的缸盖底面是平的，活塞顶部下凹(ω形、浅盆形、球形、U形)。

(1) ω形燃烧室(图6-1-23a)　通常采用螺旋进气道或切向进气道，柴油直接喷射在活塞顶的浅凹坑内：喷入的柴油一部分分布在燃烧室空间内，另一部分被空气涡流甩到燃烧室壁面上，形成油膜。由于混合气形成以空间混合为主，因此这种燃烧室要求喷油喷射压力较高，一般为17～22MPa。同时还要求雾化质量高，因此采用小孔径的多孔喷油器，孔数一般为6～12个，并使喷油柱形状与燃烧室形状大致相符。

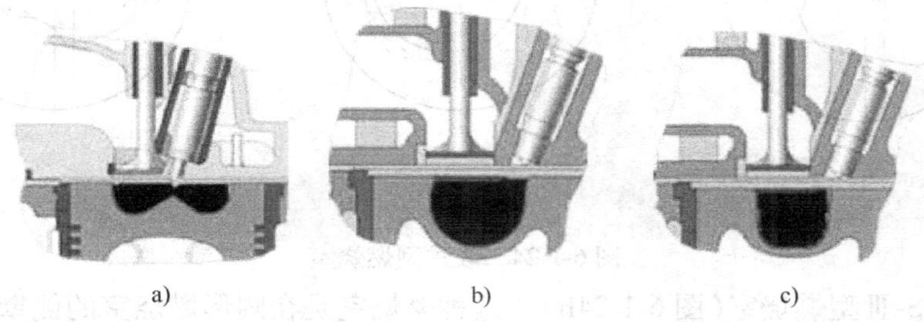

图6-1-23　统一式燃烧室的构造

优点：形状简单，结构紧凑，燃烧室与水套接触面积小，散热少，可减少热损失，热效率高，经济性较好。

缺点：工作粗暴，喷射压力高，制造困难，喷孔易堵。

应用：6135Q型柴油发动机及依维柯SOFIM8140.27S即采用ω形燃烧室、螺旋进气道和多孔喷油器(4孔，孔径ϕ0.35mm)，其喷油压力为17.5MPa。

(2) 球形燃烧室(图6-1-23b)　球形燃烧室的活塞凹顶剖面轮廓呈球形，燃料喷注时要求具有一定的能量，喷射时尽量不分散。因此，必须具有较高的喷油压力(17～19MPa)。空气由缸盖螺旋形进气道进入气缸，绕气缸轴线做高速螺旋转动产生强烈的空气涡流。采用单孔或双孔喷油器沿气流运动的切线方向喷入柴油，使绝大部分柴油直接喷射在燃烧室壁面上形成油膜。小部分柴油雾珠散布在压缩空气中，并迅速蒸发燃烧，形成火源。油膜一方面受灼热的燃烧室壁面的加温，同时又受已燃柴油的高温辐射，使柴油发动机逐层蒸发，与涡流空气边混合边燃烧。

优点：混合气形成速度开始较慢，工作柔和，噪声小，又叫轻声发动机。

缺点：起动困难，加速性能较差，螺旋形进气道结构复杂，制造困难。

应用：国产6120Q型柴油发动机即采用球形燃烧室。

(3) U形燃烧室(图6-1-23c)　U形燃烧室的活塞凹顶断面轮廓呈U形。与球形燃烧室一样，其主要是借助高速空气涡流把燃料均匀地分布在燃烧室壁面形成油膜，然后蒸发而形成混合气。不同之处在于其燃料喷射方向基本垂直于气流方向，由气流将燃料甩到燃烧室壁上形成均匀的油膜。其中有一部分细小油膜没有被甩到燃烧室壁上而留在高温空气中，首先形成火源，起引燃作用。在低速时，空气涡流弱，甩到燃烧室壁面上的油量少，而留在空间的油量多，提高了柴油发动机的起动性。

特点：U 形燃烧室多采用单孔轴针式喷油器，其喷孔直径较大，不易堵塞，喷油压力较低(12MPa)。

(4) 微涡流燃烧室(图 6-1-24a) 这种燃烧室由两部分组成，上部为四角形，下部为圆形(纵断面仍为 ω 形)。除了具有 ω 形燃烧室的特点外，又利用四角形凹坑组织二次扰动，实现燃油和空气的良好混合，加快和改善了燃烧过程，从而降低燃油消耗率，降低了碳烟及 NOx 的排放。

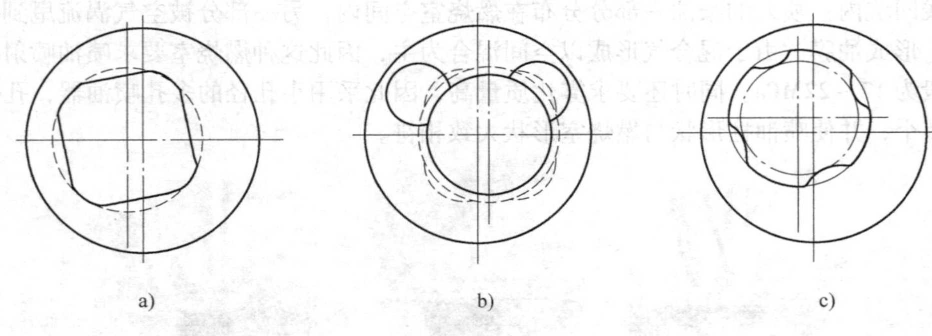

图 6-1-24 改进型燃烧室

(5) HMMS-Ⅲ型燃烧室(图 6-1-24b) 这种燃烧室是在圆形燃烧室的侧壁上增加 4 个特殊形状的凹坑，并配以缩口。这种结构增加了涡流能量，空气流动十分充分。因为在 4 个凹坑附近可以得到较强的涡流，而且涡流中心可引到燃烧室中心位置上，在燃烧室上口处涡流较强，它与喷射到侧壁面上的油滴发生撞击，促进燃油与空气的更好混合。

(6) 花瓣形燃烧室(图 6-1-24c) 其结构与 ω 形近似，仅横截面形状呈花瓣形。它利用花瓣形状所具有的几何特点，恰当地选择进气涡流、喷油系统与燃烧室形状，将三者很好地匹配，可保证发动机具有较低的燃油消耗率，经济运行区域宽、起动性能好，并且在降低最大压力、减小柴油发动机工作冲击、噪声、排放污染方面均有较好的表现。

YC6100QC 型和 YC6150QA 型柴油发动机即采用这种燃烧室。

3. 分隔式燃烧室的结构

分隔式燃烧室由两部分组成，一部分位于活塞顶与气缸底面之间，称为主燃烧室；另一部分在气缸盖中，称为副燃烧室。这两部分由一个或几个孔道相连。分隔式燃烧室的常见形式有涡流室式燃烧室和预燃室式燃烧室两种。

(1) 涡流室式燃烧室(图 6-1-25a) 涡流室位于气缸盖上，呈球形或圆柱形，其容积约占燃烧室总容积的 50～80%，涡流室有一个或数个通孔与主燃烧室相通。在压缩行程时，压入涡流室的空气产生强烈的高速旋转的涡流运动(几百转/分)，促使喷入其中的燃料与空气混合。着火后混合物流入主燃烧室，借活塞顶部的双涡流凹坑形成二次流动，进一步与主燃烧室内的空气混合燃烧。

要求：顺气流方向喷射，由于涡流运动促进了混合气的形成与燃烧，可采用较大孔径的

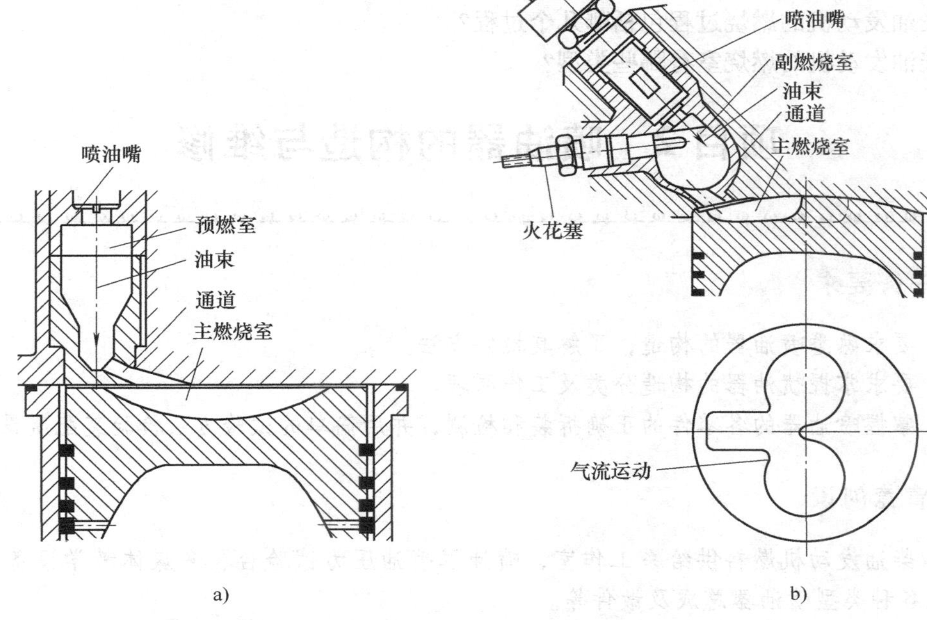

图 6-1-25 分隔式燃烧室

喷油器，喷射压力也较低(12～14MPa)。

优点：工作柔和，空气利用率较高，喷射压力较低。

缺点：热损失大，经济性差，起动困难。

应用：适用于中小功率柴油发动机。

(2) 预燃室式燃烧室(图 6-1-25b) 缸盖上有预燃室，占燃烧室总容积的 1/3，预燃室与主燃烧室有通道，活塞为平顶。因为通道不是切向的，所以压缩时不产生涡流。连通预燃室与主燃烧室的孔道直径较小，由于节流作用产生压力差，使预燃室内形成紊流运动，油束大部分射在预燃室的出口处，只有少部分与空气混合(出口处较浓,而上部较稀)，上部着火后，产生高压，已燃的和出口处较浓的混合气一同高速喷入主燃烧室，在主燃烧室内产生强烈的燃烧扰流运动，使大部分燃料在主燃烧室内混合和燃烧。

预燃室式燃烧室的优、缺点与涡流室式燃烧室基本相同，这里不再复述。

思考与练习

一、填空题

1. 柴油发动机可燃混合气的形成装置是柴油发动机的________。
2. 柴油发动机在进气行程进入气缸的是________。
3. 柴油发动机工作时由进气管进入气缸的是________。
4. 柴油发动机的混合气形成装置是________。
5. 柴油发动机的混合气形成是在________内进行的。
6. 柴油发动机燃料供给系主要由________、________、________、________部分组成。
7. 柴油发动机混合气形成主要有________、________种方式。

二、简答题

1. 柴油发动机的燃烧过程包括哪几个过程?
2. 柴油发动机的燃烧室有哪些类型?

项目2 喷油器的构造与维修

任务要求

1. 要求熟悉喷油器的构造，了解其检修方法。
2. 要求掌握喷油器的构造分类及工作原理。
3. 掌握喷油器的各零件的正确拆装和检测，并用简单的试验方法检验装配质量。

情境创设

1. 柴油发动机燃料供给系工作室，喷油器喷油压力试验台、多媒体教学设备、工作台、各种类型喷油器总成及散件等。

2. 播放柴油发动机喷油器的结构和其工作原理的教学视频，为学生营造实训气氛，激发学生的学习兴趣。

3. 教学资料准备：教学用柴油发动机喷油器结构及其工作原理光盘。

任务实施

一、工作安排

养成合作完成工作任务的习惯，请你将工作分工与完成时间记录在表6-2-1中。

表6-2-1 组员工作分工与完成时间表

姓　名	任务分工	完成时间	备　注

二、喷油器的拆卸与装复

以YC6105QC、YC6108Q型柴油发动机为例，图6-2-1是其喷油器零件分解图。

1. 拆卸顺序

六角头螺母M8→回油管接头螺栓及其垫片→调压螺钉紧帽、垫圈→调压螺钉→垫片和调压弹簧→顶杆→喷油器紧帽→针阀体→针阀→喷油器垫片→螺柱。

喷油器拆卸后，检查时如发现磨损、损伤或其他异常情况，应根据具体需要进行修理或

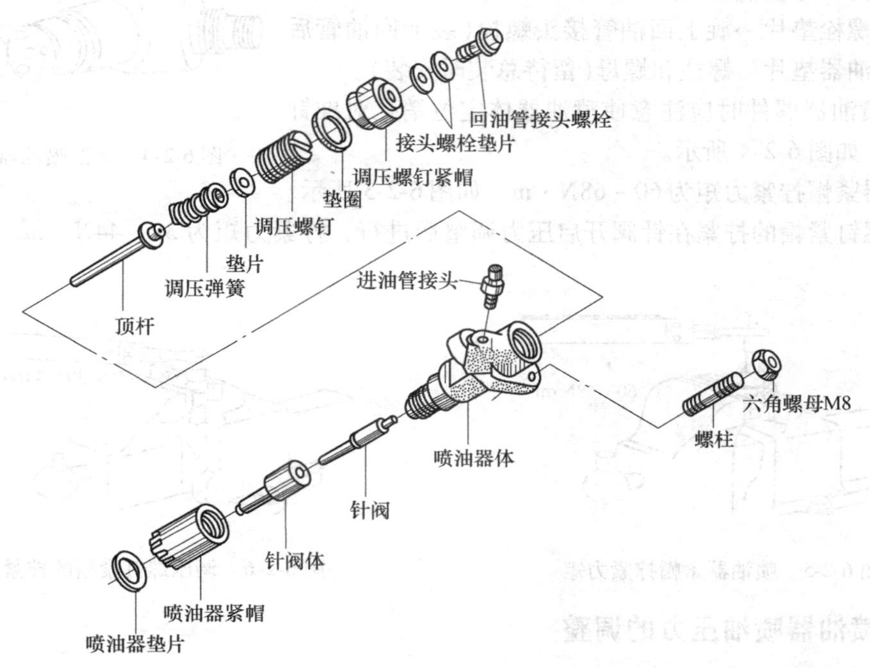

图 6-2-1　喷油器零件分解图

更换零件。

用清洁柴油清洗喷油器偶件，检查其是否磨损、腐蚀、损伤和卡滞等，必要时应更换。在喷油器偶件头部如有积炭，可用以下方法清除：

方法一：用木片清除针阀头部的积炭，如图 6-2-2 所示。同时用木片清除针阀体头部外周的积炭。

方法二：用专用通针清除针阀体头部喷孔的积炭，先用直径 0. 25mm 的通针，再用直径 0. 28mm 或 0. 29mm 的通针边转动边插入喷孔进行清除，如图 6-2-3 所示。

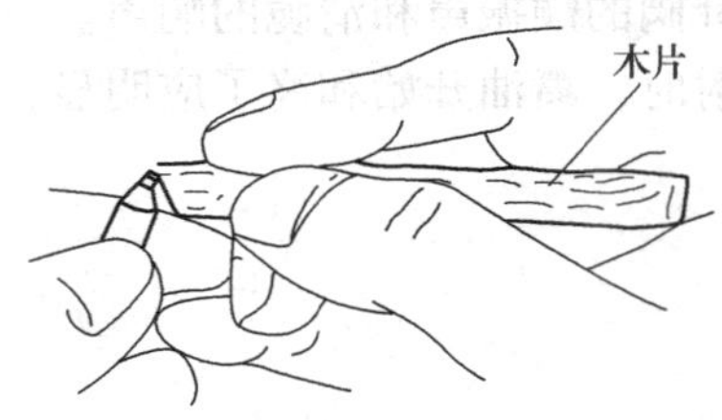

图 6-2-2　清除针阀积炭

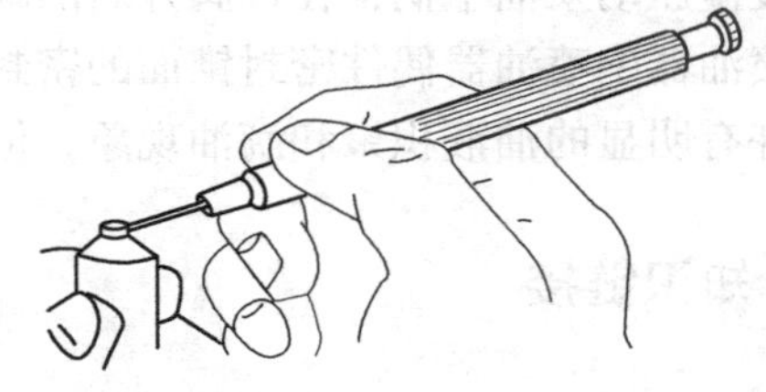

图 6-2-3　清除针孔积炭

喷油器紧帽肩胛及孔壁积炭应彻底清除。

2. 喷油器的装复

拆下的垫片不能再用的在复装时应更换新件。

进油管接头→喷油器偶件→喷油器紧帽→顶杆→调压弹簧→垫片、调压螺钉→垫圈、调

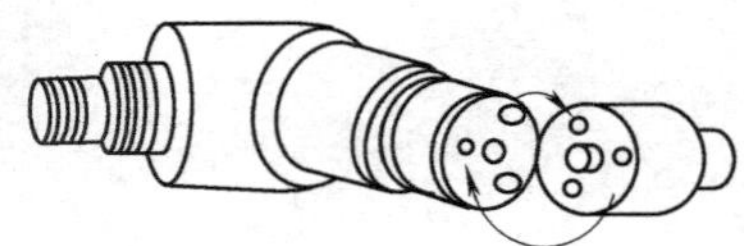
图 6-2-4 装配喷油器偶件

压螺钉紧帽(调好喷油压力如图 6-2-5 所示,后按图 6-2-6 拧紧)→接头螺栓垫片→旋上回油管接头螺栓(装上回油管后旋紧)→喷油器垫片、螺柱和螺母(留待总装时安装)。

装配喷油器偶件时应注意使喷油器体定位销孔对准针阀定位销，如图 6-2-4 所示。

喷油器紧帽拧紧力矩为 60 ~ 68N · m，如图 6-2-5 所示。

调压螺钉紧帽的拧紧在针阀开启压力调整后进行，拧紧力矩为 39 ~ 44N · m，如图 6-2-6 所示。

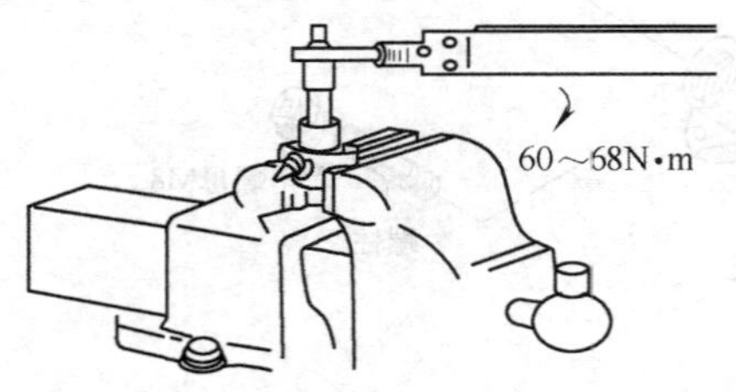

图 6-2-5 喷油器紧帽拧紧力矩

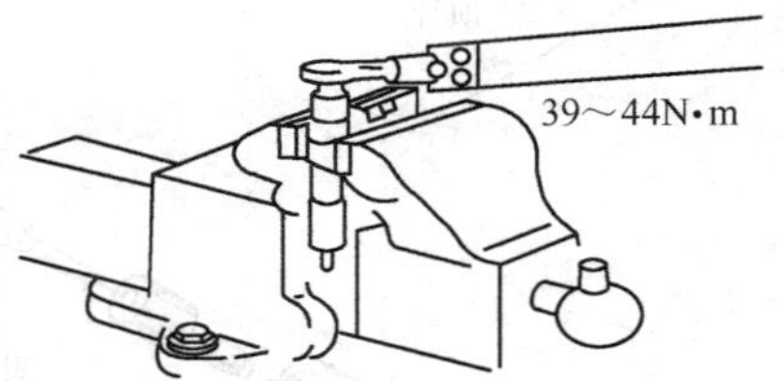

图 6-2-6 调压螺钉紧帽的拧紧

三、喷油器喷油压力的调整

1. 喷油器针阀开启压力的调整或检查

压动泵油手柄，用螺钉旋具调整调压螺钉，使针阀开启压强为(23.0 ± 0.5)MPa(YC6105QC、6108Q)。若油压太低，则拧入油压调节螺钉；反之，则退出油压调节螺钉。调整完后，须将锁止螺母锁紧后重试。有些喷油器无调节螺钉(如依维柯 SOFIM8140 · 27 发动机)，则应分解喷油器，更换调整垫片。

2. 喷雾质量检查

在试验台上以 3 次/s 的速度压动泵油手柄，喷雾质量应符合如下规定：喷孔喷出的柴油应成雾状；不应有明显的肉眼可见的飞溅油粒、连续油柱，以及极易判别的局部浓、稀不均匀现象。

喷油器中针阀在针阀体内的滑动性应良好，无卡滞现象。

缓慢压动泵油手柄，在针阀开启的瞬间应伴随有针阀的颤振声和清脆的响声。

喷油器中喷油器偶件密封锥面的密封性：连续喷射时，喷油开始和终了应明显，喷孔口不允许有明显的油液积聚和滴油现象，但允许有湿润。

知识链接

一、喷油器的作用、结构和工作原理

喷油器的功用是将喷油泵输送来的高压柴油，以一定的压力经喷孔雾化成较细的颗粒，呈雾状喷入燃烧室中。根据混合气形成与燃烧的要求，喷油器的喷射压力要足够，使燃油雾化均匀，喷射干脆利落，停油迅速，无后滴现象，此外还要有合适的喷雾锥角。常见的喷油器有两种：孔式喷油器和轴针式喷油器。

1. 孔式喷油器

（1）结构组成 孔式喷油器适用于直接喷射燃烧室，喷油孔数1～8个，孔径ϕ0.2～ϕ0.8mm。喷孔数目和喷孔角度的选择视燃烧室的形状、大小和空气涡流情况而定。

喷油器由针阀、针阀体、顶杆、调压弹簧、调压螺钉及喷油器体等组成。其中最主要的是优质合金钢制成的针阀和针阀体，两者合称针阀偶件。针阀上部的圆柱表面与针阀体的相应圆柱面为高精度的滑动配合，配合间隙为0.002～0.003mm。

图6-2-7是孔式喷油器的结构。针阀偶件的配合面通常是经过精磨后再研磨，从而保证其配合精度的。所以选配和研磨好的一副针阀偶件是不能互换的，这点在维修过程中应特别注意。

1）承压锥面：针阀中部的锥面全部露出在针阀体的环形油腔中，用以承受油压。

2）密封锥面：针阀下端的锥面与针阀体相应的内锥面配合，以实现喷油器内腔的密封。

装在喷油器上部的调压弹簧通过顶杆使针阀紧压在针阀体的密封锥面上，将喷孔关闭。

在喷油器工作过程中，会有少量柴油从针阀与针阀体的配合表面之间的间隙漏出。这部分柴油对针阀起润滑作用，并沿顶杆周围的空隙上升，通过回油管螺栓上的孔进入回油管，流回柴油滤清器。

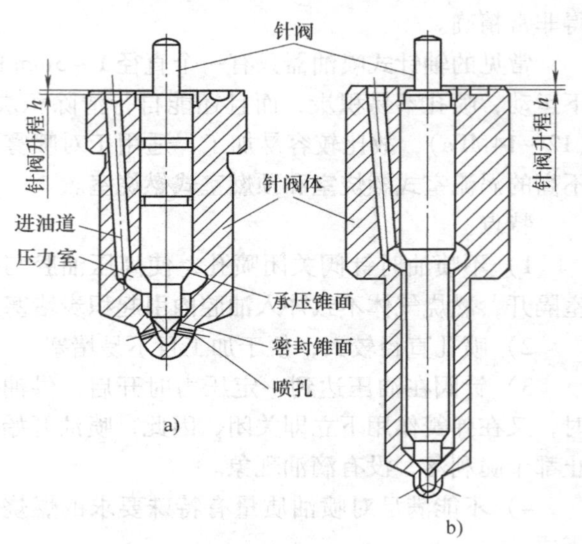

图6-2-7 孔式喷油器结构

喷油器用两个紧固螺钉固定在气缸盖上的喷油器孔座内，用铜制的锥体密封，以防止漏气。

（2）工作过程

1）喷油。当喷油泵开始供油时，高压柴油从进油口进入喷油器体内，沿油道进入喷油器阀体环形槽内，再经斜油道进入针阀体下面的高压油腔内，高压柴油作用在针阀锥面上，并产生向上抬起针阀的作用力，当此力克服了调压弹簧的预紧力后，针阀就向上升起，打开喷油孔，柴油经喷油孔喷入燃烧室。

2）停油。喷油泵停止供油时，喷油器进油道内的油压迅速下降，针阀在调压弹簧的作用下迅速回位关闭喷孔，将密封锥面密封，停止喷油。经针阀和针阀体圆柱工作表面渗出去的柴油对针阀起润滑作用，这部分柴油沿顶杆周围的空隙上升，通过回油管螺栓上的孔进入回油管，流回柴油滤清器或油箱。

（3）特点

1）喷孔的位置和方向与燃烧室形状相适应，以保证油雾直接喷射在球形燃烧室壁上。

2）喷射压力较高。

3）喷油头细长，喷孔小。

2. 轴针式喷油器

轴针式喷油器的工作原理与孔式的相同，其结构特点是针阀下端的密封锥面以下还延伸出一个轴针，其形状可以是倒锥形或圆柱形。

轴针式喷油器的轴针伸出喷孔外，使喷孔成为圆环状的狭缝（轴针与孔的顶隙为0.05mm）。这样的结构可以使喷出的雾束呈空心的锥状或柱形（见图6-2-8b，图a为不喷油）。喷孔通过端面与雾束锥角的大小取决于轴针的升程和形状，因此要求轴针的形状加工得非常精确。

常见的轴针式喷油器只有一个直径1~3mm的喷孔。由于喷孔直径较大，孔内有轴针上下运动，喷孔不易积炭，而且还能自行清除积炭。轴针式喷油器孔径较大，喷油压力较低（12~14MPa），故比较容易加工，适用于对喷雾要求不高的涡流室式燃烧室和预燃室式燃烧室。

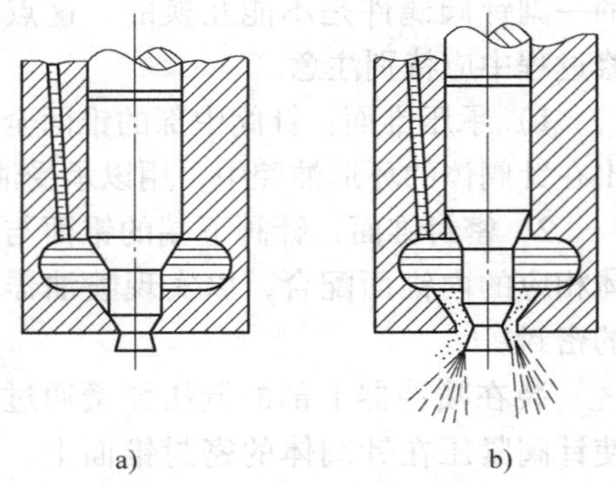

图6-2-8　轴针式喷油器的喷油情况
a）不喷油　b）喷油

特点：

1）不喷油时针阀关闭喷孔，使高压油腔与燃烧室隔开，燃烧气体不致冲入油腔内引起积炭堵塞。

2）喷孔直径较大，便于加工且不易堵塞。

3）针阀在油压达到一定压力时开启，供油停止时，又在弹簧作用下立即关闭，因此，喷油开始和停止都干脆利落，没有滴油现象。

4）不能满足对喷油质量有特殊要求的燃烧室的需要。

阅读知识

喷油器是柴油发动机燃料供给系中的易损件，一般汽车每行驶$10\times10^4\sim12\times10^4$km或发动机产生动力不足、冒烟、怠速不稳等现象时，必须检查、校验喷油器的性能并视需修理或更换针阀偶件。

一、喷油器性能的检验

喷油器性能的检验主要包括喷油器开始喷射压力的检查与调整，喷雾质量、密封性能的检查等。

喷油器的试验应在专用的试验台上进行，如图6-2-9所示。

油箱中的柴油经过滤后流入手油泵的油腔中，压动手油泵泵油时，高压油经油阀流入压力表和喷油器，使喷油器喷油。从压力表上即可看出喷油压力及其变化情况。

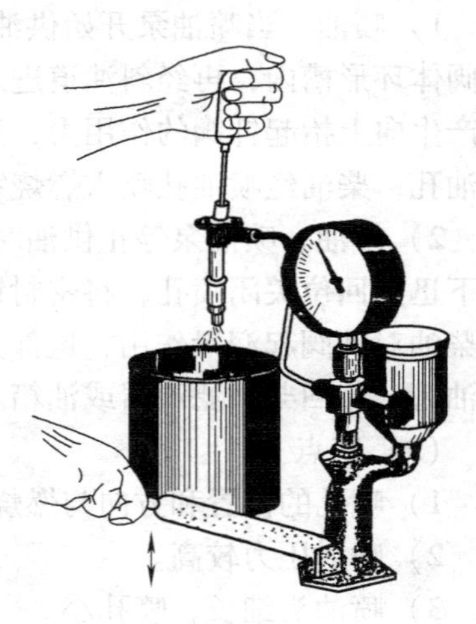
图6-2-9　喷油器试验台

1）喷油压力的检查与调整。将喷油器安装在试验台上，压动手柄排净系统内的空气，再快速压动手柄几次以清除喷油器内的积炭。然后慢慢压动手柄，同时观察压力表，当喷油器喷射时，压力表指针会回落，指针刚开始回落时的压力值即为喷油压力，此值应符合原厂标准。

2）密封性能的检查。将压力保持在低于喷油压力1～2MPa的状态下，保持10s，喷油器处不应有油滴流出。

3）喷雾质量的检查。喷出的油束应细小均匀，不偏斜；各孔各自形成一个雾化良好的雾束；喷射时可听到断续清脆的声音。

4）喷油干脆程度的检查。喷油一次后看压力表指示压力下降是否超过10%～15%，若压力下降过多，则喷雾质量和密封性能差。

二、喷油器的修理

若试验喷油器不能满足上述试验要求，则应更换喷油器针阀偶件或总成。更换针阀偶件后的喷油器必须重新试验，以检验安装质量及调整喷油压力。

喷油器每次在发动机上拆下后，必须更换新的密封锥体(或垫片)才能安装，以防气缸漏气。

修好后的喷油器，应在油管插头处和针阀端部用防污罩套上。

思考与练习

1. 喷油器有________和________类型。
2. 对柴油发动机喷油器有________和________及________要求。
3. 喷油器开始喷油时的喷油压力取决于________。
4. 孔式喷油器的喷油压力比轴针式喷油器的喷油压力________。
5. 柴油发动机工作时，柴油直接喷入气缸是通过________。
6. 喷油器主要由________、________、________、________、________、________零件组成，________与________是精密偶件。
7. 若喷油器的调压弹簧过软，会使得________。
8. 柴油发动机工作时，柴油直接喷入气缸是通过________。

项目3 喷油泵的构造与维修

任务要求

1. 熟悉喷油泵的构造，了解其检修方法。
2. 掌握喷油泵的构造分类及工作原理。
3. 掌握喷油泵各零件的拆装和检测方法，并用简单的试验方法检验装配质量。

情境创设

柴油发动机燃料供给系工作室，喷油泵喷油压力试验台、多媒体教学设备、工作台、各种类型喷油泵总成及散件等。

播放柴油发动机喷油泵的结构和其工作原理的教学视频，为学生营造实训气氛，激发学生的学习兴趣。

教学资料准备：教学用柴油发动机喷油泵结构及其工作原理光盘。

任务实施

一、工作安排

养成合作完成工作任务的习惯，请你将工作分工与完成时间记录在表 6-3-1 中。

表 6-3-1　组员工作分工与完成时间表

姓　　名	任务分工	完成时间	备　　注

二、喷油泵的拆卸与装复

1. 喷油泵的拆卸步骤

A 型喷油泵主要零部件分解图如图 6-3-1 所示。

1）拆下检查窗盖板紧固螺钉，取出盖板及密封垫。

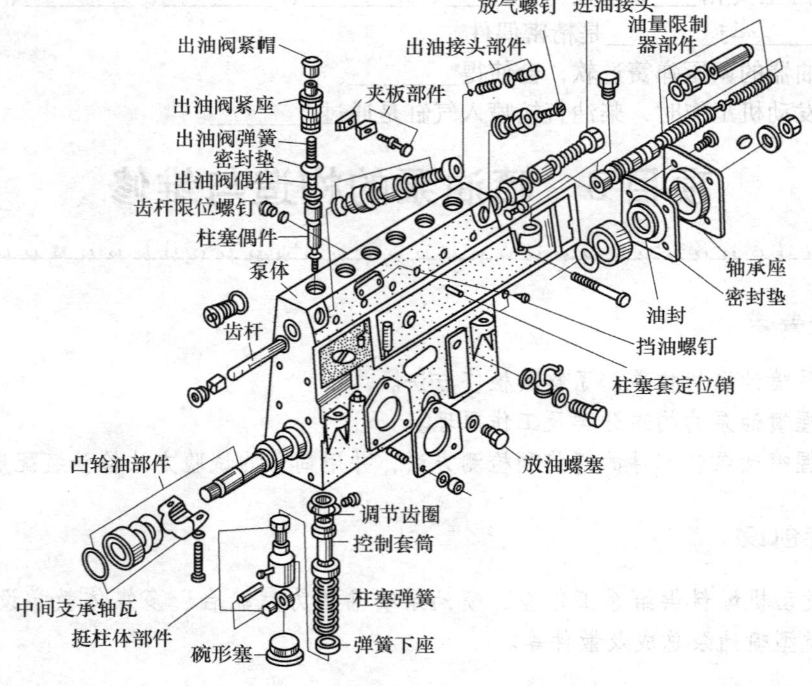

图 6-3-1　A 型喷油泵主要零部件分解图

2）拆下出油阀紧帽，取出出油阀限止块、出油阀弹簧。

3）吊出出油阀偶件：拆下出油阀紧座后，用工具将出油阀偶件从泵体内取出，如图6-3-2所示。注意：出油阀偶件一定要成对装回，不能互换。

4）用螺钉旋具旋松油量调节齿圈。

5）拆下出油阀紧座和出油阀偶件后，将喷油泵平放，用钩形硬铜丝钩住柱塞套进油孔，拉出柱塞套，同时从柱塞套安装孔内取出柱塞，如图6-3-3所示。注意：柱塞偶件一定要成对装回，不能互换。喷油泵拆装调整专用工具如图6-3-4所示。

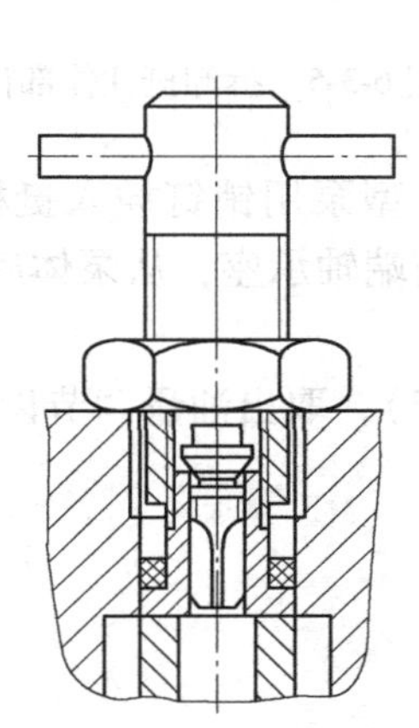

图6-3-2 吊出出油阀偶件

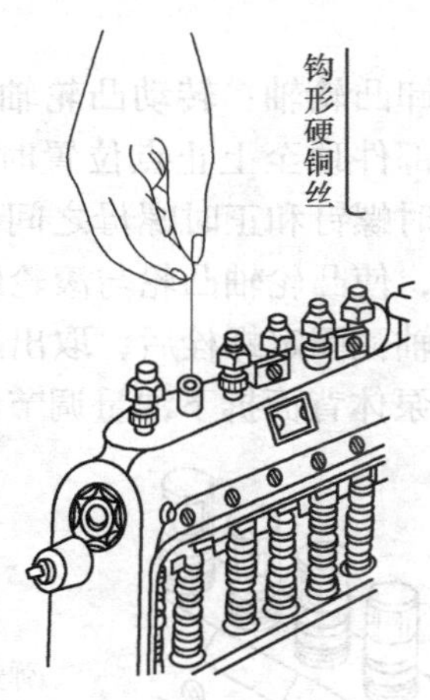

图6-3-3 从泵体上部取出柱塞偶件

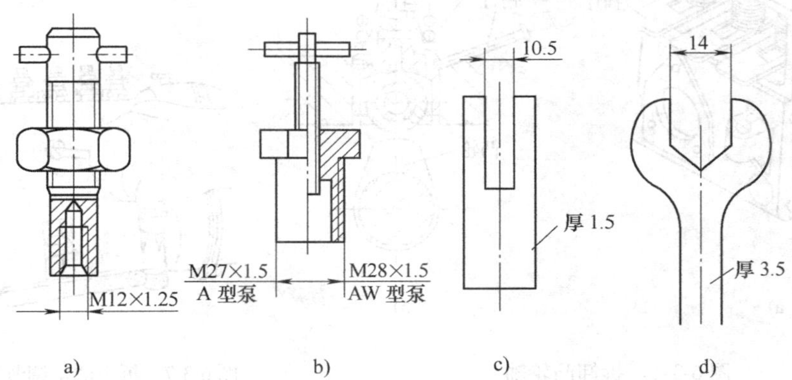

图6-3-4 喷油泵拆装调整专用工具

a）吊出油阀工具 b）挺柱顶持器 c）插片 d）正时螺钉调整扳手

6）用专用工具压缩柱塞弹簧，用尖嘴钳取出弹簧下座。依次从泵体检查孔中取出柱塞弹簧、柱塞弹簧上座、油量控制套筒和油量调节齿圈。

7）拆卸挺柱体部件：转动油泵凸轮轴，使滚轮体部件处于最低位置，拆下泵体底部各缸碗形塞，用挺柱顶持器逐个顶推挺柱体，取下插片或销钉，如图6-3-5所示。

8）用尖嘴钳从碗形塞孔中取出挺柱体部件及弹簧下座、柱塞弹簧等零件。而油量控制套筒和调节齿圈则可以泵体窗口取出。从泵体中取出滚轮体部件。

9）用同样的方法拆出其他各分泵组件。

10）从凸轮轴前端拆下喷油提前角自动调节器。

11）拆下前轴承盖的固定螺栓，用木锤轻轻敲击前轴承盖，取下前轴承盖和密封垫。

12）拆下调速器前壳的固定螺栓，用木锤轻轻敲击调速器前壳，取下调速器前壳和密封垫。

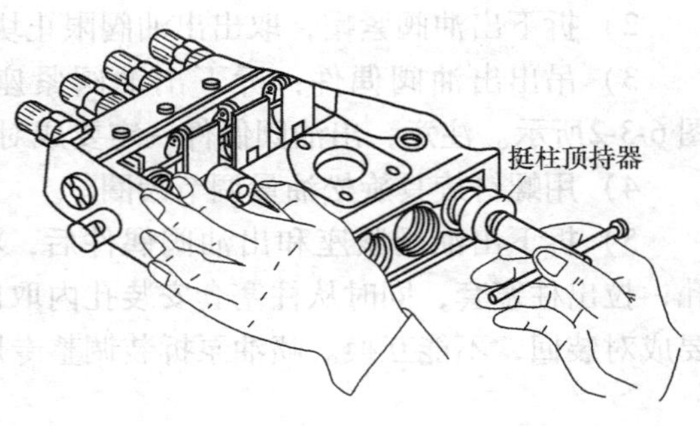

图 6-3-5　拆卸挺柱体部件

13）拆卸凸轮轴：转动凸轮轴，按顺序将各缸挺柱体部件顶至上止点位置时，A 型泵用插片插入正时螺钉和正时螺母之间卡住，见图 6-3-6a；AW 型泵用销钉插入挺柱体销孔中，见图 6-3-6b，使凸轮轴凸轮与滚轮脱离接触。拆下喷油泵前端轴承座，从泵体底部拆下凸轮轴中间支承轴瓦固定螺栓后，取出凸轮轴和支承轴瓦。

14）从泵体背面拆下油量调节齿杆限位螺钉后（图 6-3-7），取出油量调节齿杆。

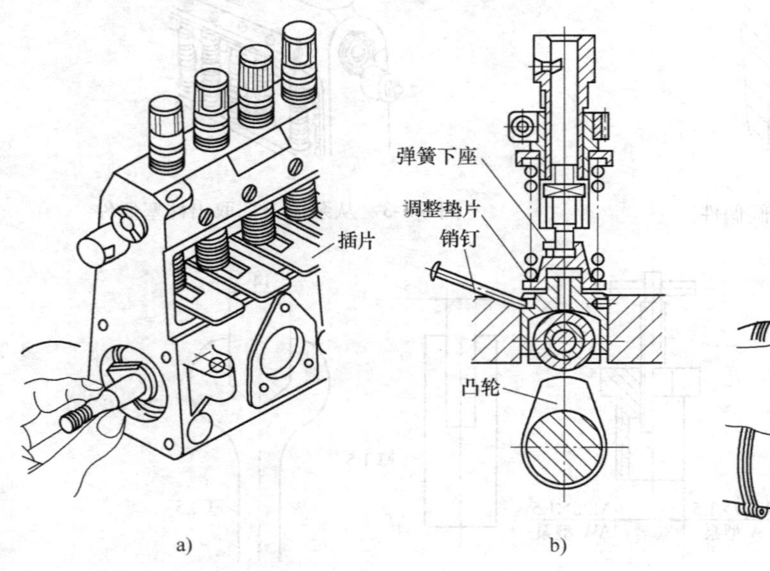

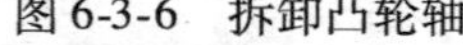

图 6-3-6　拆卸凸轮轴

图 6-3-7　拆下油量调节齿杆限位螺钉

2. 喷油泵拆卸注意事项

1）所有拆卸工具、零部件存放器具必须清洗干净，并保持拆卸场所的整洁。

2）在拆卸时一定要注意使用专用工具，防止零件磕碰划伤。

3）各缸拆下的零部件应按原各缸顺序摆放，不得错乱。

4）配对偶件（柱塞偶件和出油阀偶件）必须成对使用，其零件不得互换。

3. A 型柱塞式喷油泵的装复

1）将油泵倒置在专用夹具上并固定。

2）将中间支撑轴瓦放在凸轮轴中间轴颈上后，将凸轮轴与轴瓦一起装入泵体，拧紧轴瓦固定螺栓。注意：凸轮轴前后方向不能装反。

3）装上油泵前轴承盖及密封垫，拧紧前轴承盖固定螺栓。

4）装上调速器前壳及密封垫，拧紧调速器前壳固定螺栓。

5）将油量调节齿杆装入泵体，并使齿杆上的定位槽对准泵体上的定位螺孔，装上限位螺钉。

6）将滚轮衬套、滚轮、滚轮销装入滚轮体，然后将滚轮体部件装入泵体。

7）转动凸轮轴使滚轮体处于下止点位置，装上油量调节齿圈、油量控制套筒、柱塞弹簧上座和柱塞弹簧。

8）从泵体上方装入柱塞偶件(图 6-3-8)，并使柱塞凸耳插入油量控制套筒中，然后旋紧柱塞套定位螺钉。注意：柱塞套上的定位槽和柱塞凸耳上有标记的一侧应同时朝向泵体窗口安装，如图 6-3-9 所示。

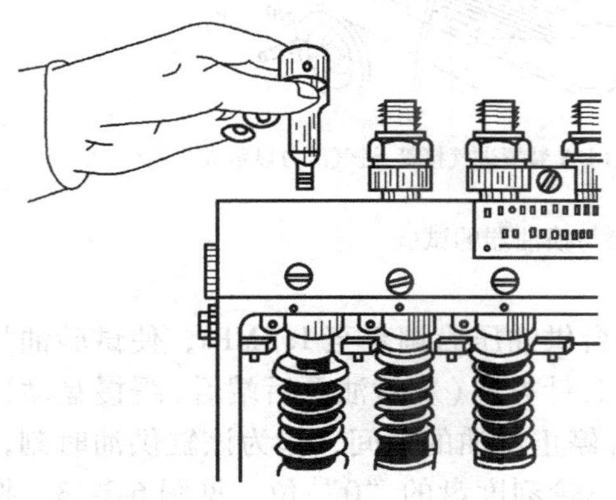

图 6-3-8　装入柱塞偶件

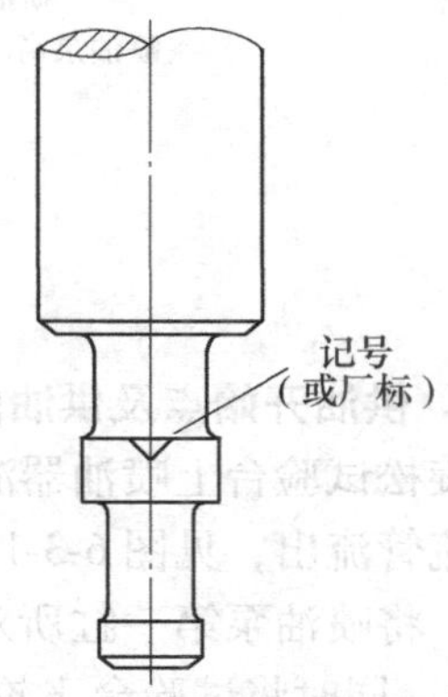

图 6-3-9　柱塞标志

9）用专用工具压缩柱塞弹簧，然后用尖嘴钳将柱塞弹簧下座装入柱塞下端缺口。

10）装上出油阀偶件、出油阀弹簧和出油阀限止块后，按规定力矩拧紧出油阀紧帽。

11）用一字螺钉旋具拧紧油量调节齿圈固定螺钉。

12）用同样方法装好各分泵。注意：每装好一分泵后，用手移动油量调节齿杆，都应运动自如，否则应查明原因，重新安装。

13）装上出油阀紧帽夹板。

14）装上供油提前角自动调节器。

15）装上检查孔盖板及密封垫，然后拧紧盖板固定螺钉。

4. 喷油泵装复注意事项

1）柱塞的拉出和插入应小心准确，不可碰出毛刺。如碰出毛刺应用磨石修磨好。

2）出油阀紧座在拧紧过程中应回松出油阀紧座几次，最后按规定力矩拧紧，同时检查柱塞在柱塞套内的滑动和转动是否灵活。

3）挺柱体部件装配尺寸 H 应符合原厂规定。

4）凸轮轴轴向间隙一般为 0.03～0.06mm，可用凸轮轴向调整垫片进行调整。

5）拆卸过的密封垫片都应更换，不得重新使用。复装时密封表面应涂密封胶。

三、喷油泵装复后的调整和试验

喷油泵的性能直接影响柴油发动机的动力性、经济性和可靠性，因此，通常在发动机大修时，或发动机产生起动困难、动力不足或冒烟、怠速不稳等故障时，必须对喷油泵进行检查与调试。喷油泵的检查和调整通常与调速器一起在喷油泵试验台上进行，如图 6-3-10 所示。

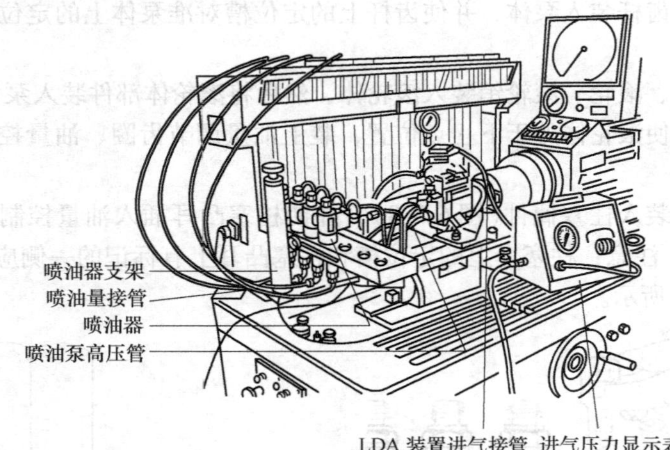

图 6-3-10 喷油泵与喷油器的试验

1. 供油开始点及供油间隔角的调整

旋松试验台上喷油器溢流管螺塞，将试验台供油压力调整至 1.5MPa，使试验油从喷油器溢流管流出，见图 6-3-11。用手或拨杆沿逆时针方向（从喷油泵后端看）缓慢盘动试验台飞轮，将喷油泵第一缸所对应的喷油器溢流管停止流油的瞬间，作为该缸供油时刻，见图 6-3-12。同时将试验台飞轮上的角度指针拨至飞轮刻度盘的“0”位，见图 6-3-13。按各缸供油顺序 1→5→3→6→2→4 依次检查并记录下各缸供油时刻。各缸对第 1 缸的供油夹角偏差应为 ±0.5°。

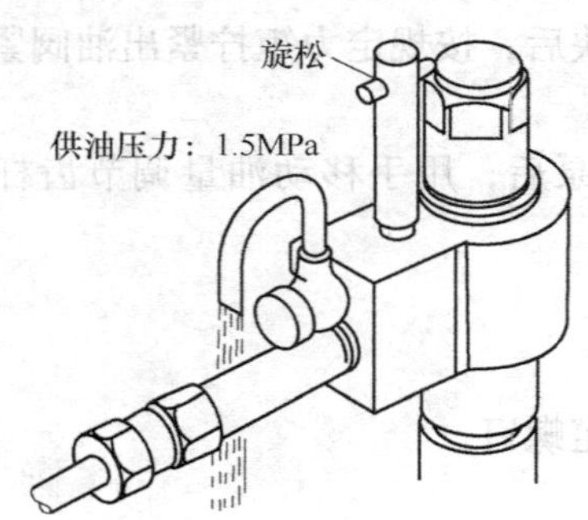

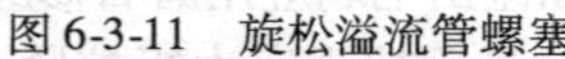
图 6-3-11 旋松溢流管螺塞

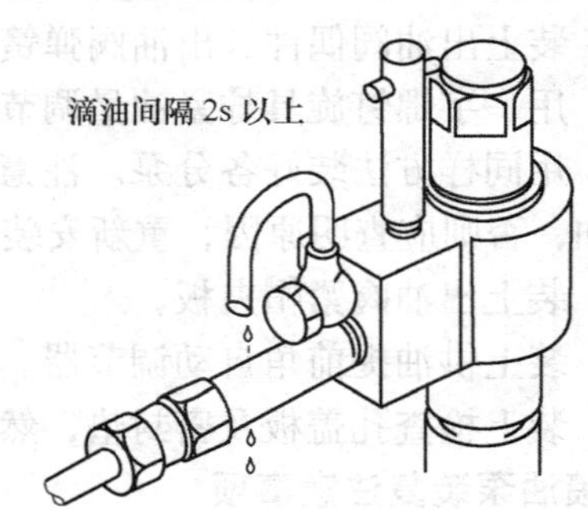

图 6-3-12 溢流管停止流油

若供油夹角超差，用专用工具调整挺柱体部件上的正时螺钉（A 型泵）或增减调整垫片厚度（AW 型泵）来进行调整。正时螺钉向上拧或增加调整垫片厚度，供油夹角减小，反之则增大。

2. 喷油泵供油量的调整和检查

将试验台供油压力调整为 0.1MPa，拧紧喷油器溢流管螺塞。

1）将调速器节气门手柄压在大节气门限位螺钉处，见图 6-3-14。试验台转速由低速向高速依次检查起动工况、校正工况、标定工况和高速空车工况时的供油量和各缸供油不均匀度。

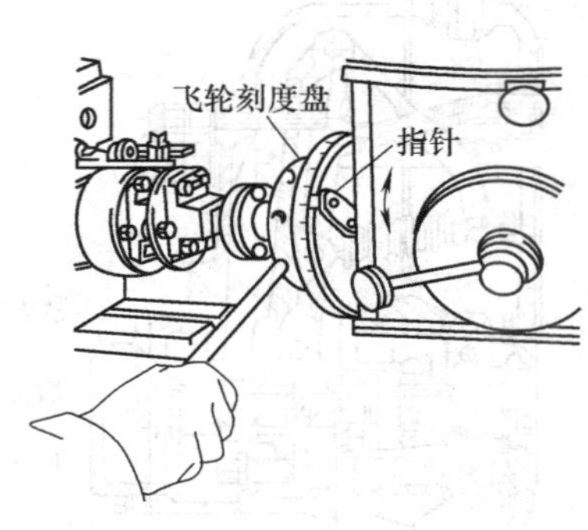

图 6-3-13 飞轮刻度盘及指针

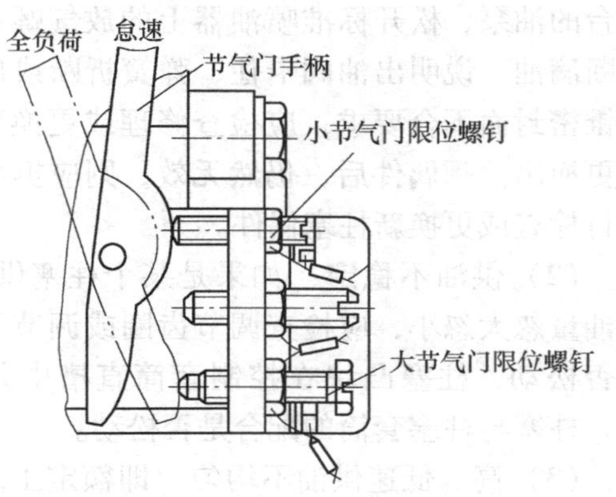

图 6-3-14 调速器油门限位螺钉

2）将调速器节气门手柄压在小节气门限位螺钉处，见图 6-3-14。检查怠速工况供油量和各缸供油不均匀度。

各工况下的供油量和各缸供油不均匀度应符合表 6-3-2 的规定。标定工况供油量和校正工况供油量及不均匀度如超过表 6-3-2 规定，可按图 6-3-15 所示进行调整。

将调节齿圈上的紧固螺钉旋松，用改变调节齿圈与油量控制套筒的相对位置来调整。油量控制套筒向左转动，油量增加；反之则减少(图 6-3-15)。

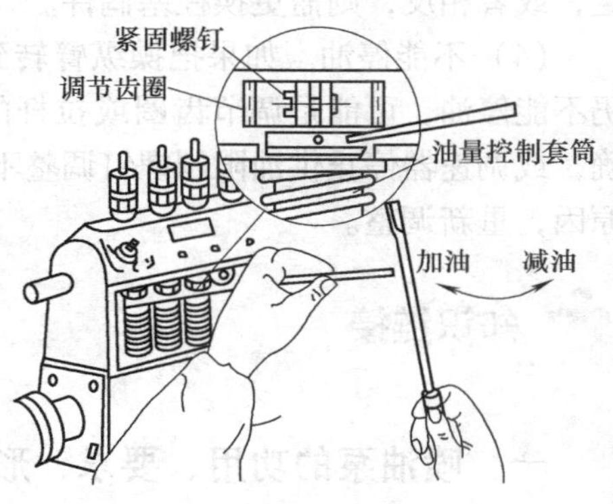

图 6-3-15 喷油泵供油量调整

怠速供油量如偏小或偏大，可调整调速器小节气门限位螺钉，参见图 6-3-14。小节气门限位螺钉向内拧，供油量增加，反之则减少。如果怠速供油量太小或供油不均匀度超差，说明柱塞偶件磨损严重，应予更换。

表 6-3-2 各工况下各缸供油量及不均匀度

工　况	齿杆行程 /mm	喷油泵转速 /(r/min)	供油量/(mL/200 次)		不均匀度(%)
			YC6105QC	YC6108Q	
起动工况		100 ~ 150	15 ±0. 75	16 ±0. 8	±5
最大转矩工况	10. 3	900	1. 5 ±0. 38	16 ±0. 40	±2. 5
标定功率工况	10. 0	1400	14. 5 ±0. 43	15. 5 ±0. 46	±3
高速空车工况	4 ~ 5	1540	<3. 0	<3. 0	
怠速工况	6. 7 ~ 7. 5	275 ~ 300	2. 5 ~ 3. 0	2. 5 ~ 3. 0	±12

注：齿杆行程供参考。

校正供油量仍不符合表 6-3-2 规定时，可打开调速器后盖，拧松内紧固螺母，将外紧固螺母顺时针拧进，供油量增加，反之则减少。调整部位参见图 6-3-16。

3. 调试中常见问题及处理方法

（1）其中某个缸达不到要求　应检查出油阀是否卡住，在被检喷油泵不转时，开动试验台的油泵，松开标准喷油器上的放气螺钉，若油管不断滴油，说明出油阀卡住、弹簧折断或出油阀偶件圆锥密封面不合要求，应检查修理或更换新偶件。如果更换出油阀偶件后，仍然无效，则应拆出柱塞偶件进行检查或更换新柱塞偶件。

(2) 供油不稳定　如果是某个柱塞供油不稳定，供油量忽大忽小，应检查调节齿圈或调节叉固定螺钉是否松动，柱塞凸块在控制套筒直槽中是否间隙过大，柱塞与柱塞套筒的配合是否松动。

(3) 高、低速供油不均匀　即额定工况的供油不均匀度达到了要求，而怠速的供油不均匀度超过了规定，或者相反，则需更换柱塞偶件。

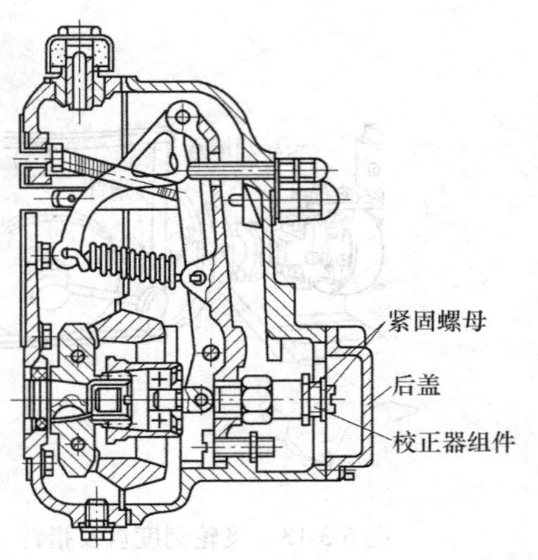

图 6-3-16　校正供油量调整部位

(4) 不能停油　如果把操纵臂转到停止供油位置仍不能停油，可能是调节齿圈或拉杆的安装位置不正确，或调速器停止供油限制螺钉调整不当，也可能是额定转速供油量超过标准，应逐步寻找原因，重新调整。

一、喷油泵的功用、要求、形式

1. 喷油泵的功用

喷油泵是柴油发动机燃油供给系中最重要的部件，它的性能和质量对柴油发动机影响极大，被称为柴油发动机的“心脏”。喷油泵的功用是提高柴油压力，按照发动机的工作顺序、负荷大小，定时、定量地向喷油器输送高压柴油，并保证各缸供油压力均等。

2. 发动机对喷油泵性能的要求

多缸柴油发动机的喷油泵应保证：

1) 各缸的供油次序符合发动机发火次序。

2) 各缸的供油量均匀，不均匀度在标定工况下为3% ~4%。

3) 各缸供油提前角一致，相差不大于0.5°曲轴转角。为避免喷油器的滴漏现象，喷油泵还必须保证能迅速停止供油。

3. 喷油泵的形式

喷油泵的结构形式很多，车用柴油发动机的喷油泵按工作原理不同大体可分为三类：柱塞式喷油泵、喷油泵-喷油器和转子分配式喷油泵。

(1) 柱塞式喷油泵　柱塞式喷油泵性能好，使用可靠，为目前大多数汽车柴油发动机所使用。

(2) 喷油泵-喷油器　喷油泵-喷油器的特点是将喷油泵和喷油器合成一体，直接安装在缸体上，可消除高压油管带来的不利影响，但要求在发动机上另加驱动机构，应用于PT燃油供给系统的喷油器即属于此类。

(3) 转子分配式喷油泵　转子分配式喷油泵依靠转子的转动实现燃油的增压(泵油)与分配。它有体积小、质量轻、成本低、使用方便等优点，尤其是体积小，对发动机和汽车的整体布置十分有利。

二、柱塞式喷油泵的泵油原理

柱塞式喷油泵的泵油原理如图6-3-17所示。工作时，柱塞由凸轮驱动，在柱塞套内做直线往复运动；此外，它还可以绕本身轴线在一定角度范围内转动。泵油过程可分为进油、供油、回油三个阶段。

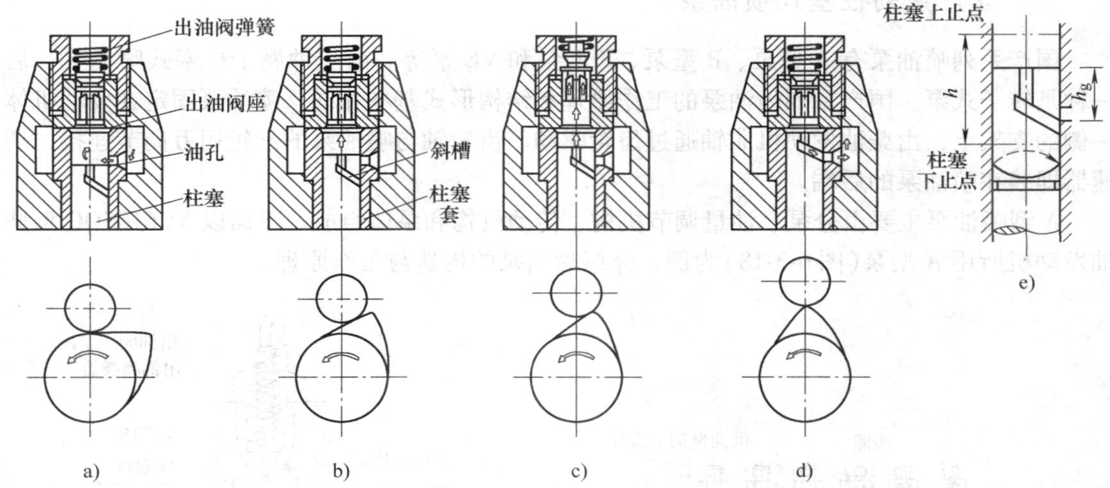

图6-3-17　柱塞式喷油泵的泵油原理

进油过程(图6-3-17a)：当凸轮的凸起部分转过去后，在弹簧力的作用下，柱塞向下运动，柱塞上部空间(称为泵油室)产生真空度，当柱塞上端面把柱塞套上的进油孔打开后，充满在油泵上体油道内的柴油经油孔进入泵油腔，直到柱塞将两个油孔关闭为止，柱塞运动到下止点，进油结束。

供油过程(图6-3-17b)：当凸轮轴转到凸轮的凸起部分顶起滚轮体时，柱塞弹簧被压缩，柱塞向上运动，燃油受压，一部分燃油经油孔流回喷油泵上体油腔。当柱塞顶面遮住套筒上进油孔的上缘时，由于柱塞和套筒的配合间隙很小，使柱塞顶部的泵油室成为一个密封油腔，柱塞继续上升，泵油室内的油压迅速升高，泵油压力大于出油阀弹簧力和高压油管剩余压力之和时，推开出油阀，高压柴油经出油阀进入高压油管，通过喷油器喷入燃烧室。

回油过程(图6-3-17c)：柱塞向上供油，当上行到柱塞上的斜槽(停供边)与套筒上的回油孔相通时，泵油室低压油路便与柱塞头部的中孔和径向孔及斜槽沟通，油压骤然下降，出油阀在弹簧力的作用下迅速关闭，停止供油。此后柱塞继续上行，当凸轮的凸起部分转过去后，在弹簧的作用下，柱塞又下行。此时便开始了下一个循环。

由上述泵油过程可知，由驱动凸轮轮廓曲线决定的柱塞行程 h(即柱塞的上、下止点间的距离，见图6-3-17e)是一定的，但并非在整个柱塞上移行程内都供油。喷油泵只是在柱塞完全封闭油孔之后到柱塞斜槽与油孔开始接通之前的这一部分柱塞行程 h_g 内才泵油。h_g 称为柱塞有效行程。显然，喷油泵每次泵出的油量取决于有效行程的长短。因此，欲使喷油泵能随发动机工况不同而改变供油量，只需改变有效行程，一般借改变柱塞斜槽与柱塞套油孔的相对角位置来实现。将柱塞朝图 6-3-17e 中箭头所示的方向转动一个角度，有效行程和供油量即增加；反之，则减少。当柱塞转到图 6-3-17d 所示位置时，柱塞根本不可能完全封闭油孔，因而有效行程为零，即喷油泵处于不泵油的状态。

阅读知识

一、国产系列柱塞式喷油泵

国产系列喷油泵有 A 型泵、B 型泵、P 型泵和 VE 泵等。前三种属于柱塞式喷油泵，后一种是转子式泵。国产系列喷油泵的工作原理和结构形式基本相同，喷油泵固定在发动机体一侧的支架上，由柴油发动机曲轴通过齿轮驱动。齿轮轴与喷油泵的凸轮用万向节连接，调速器即装在喷油泵的后端。

A 型喷油泵主要由分泵、油量调节机构、传动机构和泵体组成。下面以 YC6105QC 型柴油发动机所用 A 型泵(图 6-3-18)为例，介绍喷油泵的构造与工作原理。

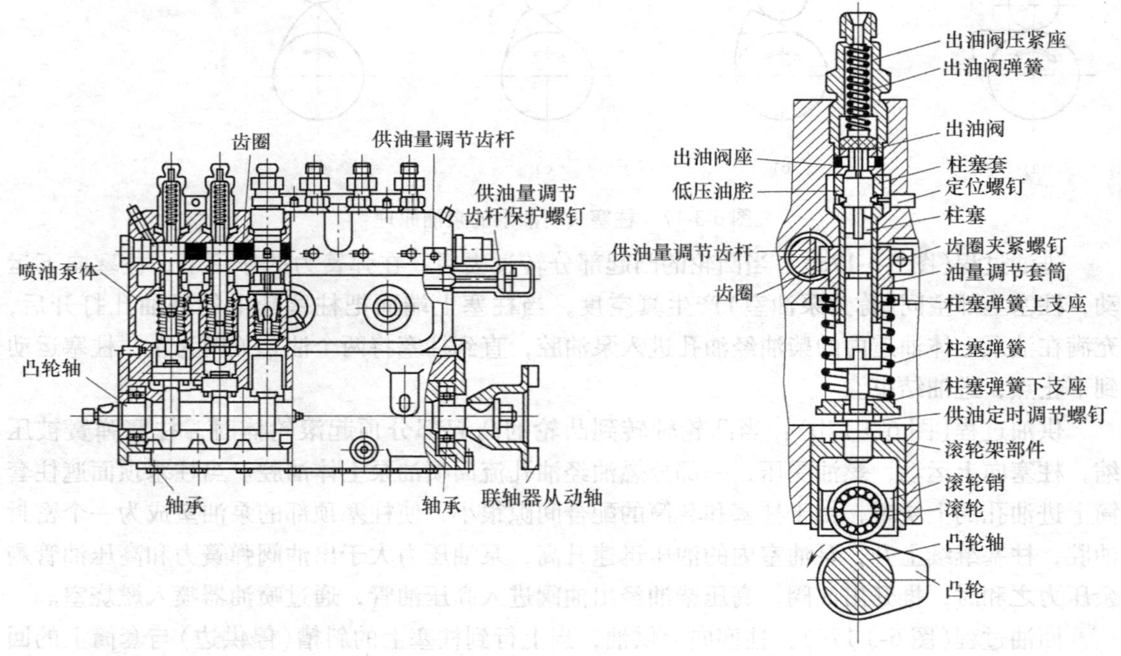

图 6-3-18　A 型喷油泵结构图

1. 分泵

分泵是带有一副柱塞偶件的泵油机构，整个喷油泵由与发动机缸数相等，结构和尺寸完全相同的若干个分泵组成。

分泵的主要零件有柱塞偶件(柱塞和柱塞套)、柱塞弹簧、弹簧上下支座、出油阀偶件、出油阀弹簧和出油阀压紧座等。

柱塞上部的圆柱表面铣有与轴线成45°夹角的直线斜槽，斜槽底部与柱塞顶面有孔道相通。柱塞套装入喷油泵体的座孔中，柱塞套上的进油孔与泵体内的低压油腔相通。为防止柱塞套转动，用销钉固定。

柱塞弹簧通过弹簧上支座支承于泵体上，弹簧下端通过下支座支承在柱塞上，装配时有预紧力，依靠弹簧力，柱塞压紧在滚轮架的上端面上。当柱塞上升到封闭进油孔时，泵腔油压升高，克服出油阀弹簧的预紧力后，出油阀开始上升，阀的密封面离开阀座。这时还不能立即供油，一直要等到减压环带完全离开阀座的导向孔时，即出油阀上升一段距离后，才有燃油进入高压油管，使管路油压升高；同样，在出油阀落下时，减压环带一进入导向孔，泵腔出口便被切断，于是燃油停止进入高压油管；再继续下降直到密封锥面贴合时，由于出油阀本身所让出的容积，使高压管路的压力迅速降低，喷油就可以立即停止。

柱塞泵的泵油机构包括两套精密偶件：柱塞偶件(柱塞和柱塞套,如图6-3-19所示)、出油阀偶件(出油阀和出油阀座,如图6-3-20所示)，它们的配合间隙只有0.0015～0.0025mm，经配对研磨后不能互换。柱塞式喷油泵柱塞的圆柱表面上铣有直线型(或螺旋形)斜槽，斜槽内腔和柱塞上面的泵腔用孔道连通。其目的是改变循环供油量，柱塞头部斜槽的位置不同，改变供油量的方法也不同。柱塞套上有进、回油孔，均与泵上体内的低压油腔相通，柱塞套装入泵上体后，用定位螺钉定位。出油阀是一个单向阀，在弹簧压力作用下，阀上部圆锥面与阀座严密配合，其作用是在停供时，将高压油管与柱塞上端空腔隔绝，防止高压油管内的油倒流入喷油泵内。出油阀的下部呈十字断面，既能导向，又能通过柴油。出油阀的锥面下有一个小的圆柱面，称为减压环带，其作用是在供油终了时，使高压油管内的油压迅速下降，避免喷孔处产生滴油现象。当环带落入阀座内时则使上方容积很快增大，压力迅速减小，停喷迅速。出油阀偶件位于柱塞套的上面，两者接触平面依靠加工精度紧密贴合可以保证高压密封。拧入压紧座，通过高压密封垫圈将出油阀座与柱塞套压紧，同时使出油阀弹簧将出油阀压紧在阀座上。出油阀的圆锥面是密封表面。阀的尾部同阀座内孔作滑动配合，为出油阀的运动导向。为了留出油流通路，阀尾有切槽，形成十字形断面。出油阀中部的圆柱面称为减压环带。

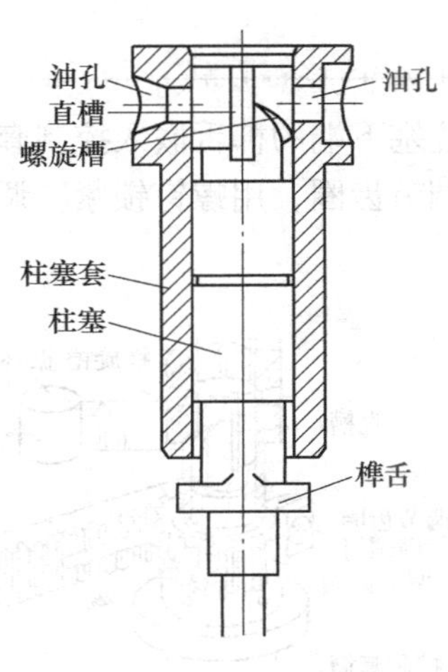

图6-3-19 柱塞偶件

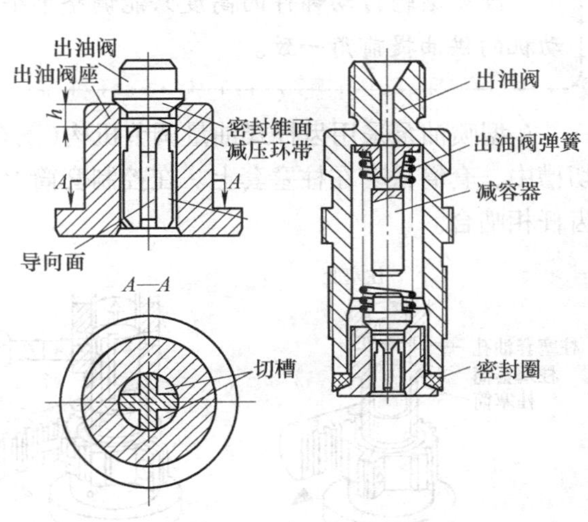

图6-3-20 出油阀偶件

出油阀的封油装置有两个：出油阀座与出油阀压紧座，它们之间有铜垫圈，以防高压油漏出；出油阀压紧座与泵体之间有密封圈，用以防止低压腔漏油。

2. 油量调节机构

油量调节机构的任务是根据柴油发动机负荷和转速的变化相应改变喷油泵的供油量，且保证各缸的供油量一致。

由泵油原理的分析可知，可用转动柱塞以改变柱塞有效行程的方法来改变喷油泵供油量。

YC6105QC 型柴油发动机配套的喷油泵有 A 型泵和 AW 型泵(也称 AD 型泵)，其主要结构基本相同，不同之处在于 A 型泵和 AW 型泵分别通过正时螺钉和调整垫片调整供油定时(图 6-3-21)。正时螺钉向上拧或增加调整垫片厚度，滚轮传动部件高度增大，于是柱塞封闭柱塞套上进油孔的时刻提前，即供油提前角增大；反之，供油提前角减小。

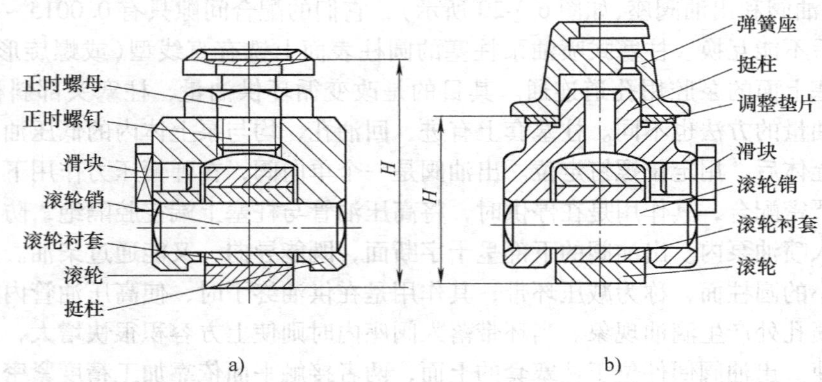

图 6-3-21　挺柱体部件

a) 正时螺钉调整结构(A 型泵)　b) 调整垫片调整结构(AW 型泵)

改变滚轮传动部件的高度只能调整单个分泵的供油提前角，因此可用来保证多缸发动机的供油提前角一致。

A 型喷油泵采用齿杆式油量调节机构(图 6-3-22)，柱塞下端的榫舌嵌入控制套筒相应的切槽中，套筒松套在柱塞套上。在控制套筒上部有一个调节齿圈，用螺钉锁紧。调节齿圈与齿杆相啮合。

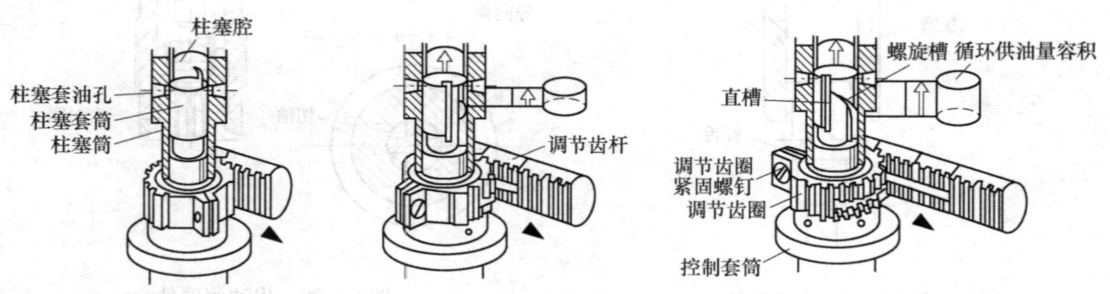

图 6-3-22　齿杆式油量调节机构

齿杆的轴向位置由驾驶员或调速器控制。移动齿杆时，齿圈连同控制套筒带动柱塞相对柱塞套转动，以调节供油量。

各缸供油均匀性的调整，可通过改变调节齿圈和控制套筒的相对位置来实现，即松开调节齿圈，按调整的需要使套筒与柱塞一起相对于调节齿圈转过某一角度，再将调节齿圈锁紧在套筒上。

齿杆式油量调节装置的特点是传动平稳，但制造成本较高。

二、喷油泵常见零件的损伤与检修方法

柱塞弹簧和出油阀弹簧如发现断裂、锈蚀、扭曲变形和裂纹等情况，应及时更换。柱塞套与泵体接合面漏柴油可修研接合面或更换柱塞偶件。

柱塞偶件配合工作表面如有发暗或严重磨损痕迹，则应更换。柱塞和柱塞套的磨损部位见图6-3-23和图6-3-24。在无专用试验设备的情况下，可按图6-3-25所示方法检查柱塞偶件的径部密封性(即径向部位配合间隙)：将在清洁柴油中清洗后的柱塞偶件的柱塞拉出约三分之一，如能借自重缓慢滑下即属正常。若柱塞急剧滑下，则可判断柱塞偶件配合表面已严重磨损，应予更换。

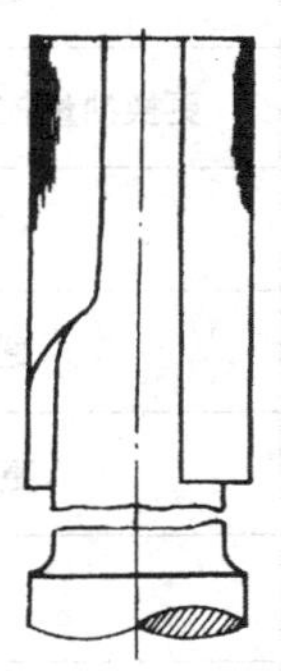

图6-3-23　柱塞的磨损

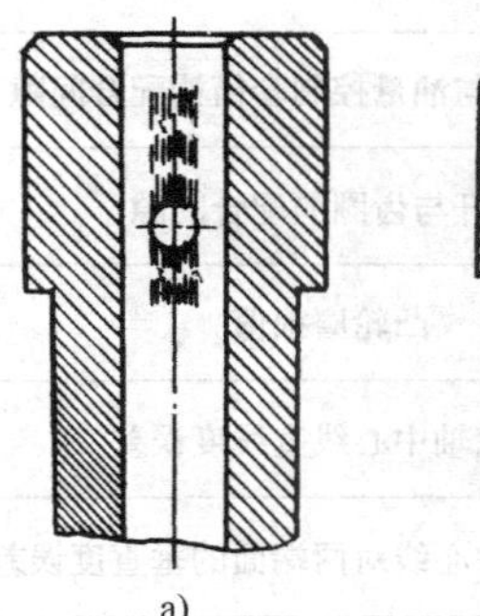

图6-3-24　柱塞套的磨损

a）进油孔附近的磨损　b）回油孔附近的磨损

出油阀偶件配合工作表面的磨损情况及部位见图6-3-26，密封锥面和凸缘环带两处磨损较大。

如磨损严重，应予更换。出油阀密封垫损坏则更换。在无专用试验设备的情况下，可按图6-3-27所示方法检查出油阀偶件径部密封性(即径向部位配合间隙)：用手指堵住出油阀大端孔口，反复拉动出油阀，在出油阀向外拉动过程中，封堵的手指上如无吸力或吸力极微弱，则可判断出油阀偶件径部配合工作表面已严重磨损，应予更换。

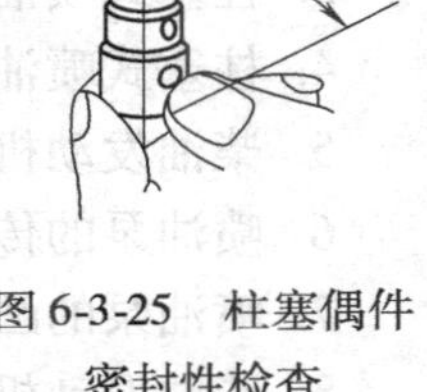

图6-3-25　柱塞偶件密封性检查

挺柱体部件顶端或滚轮磨损，视情修复或更换。喷油泵轴承磨损或损坏则更换。其他密封件损坏则更换相关密封件。

拆检更换零件应注意：各生产厂配套的喷油泵结构参数不相同，所换零件必须是原喷油泵生产厂的配件。

喷油泵主要零件配合间隙磨损变形极限值见表6-3-3。

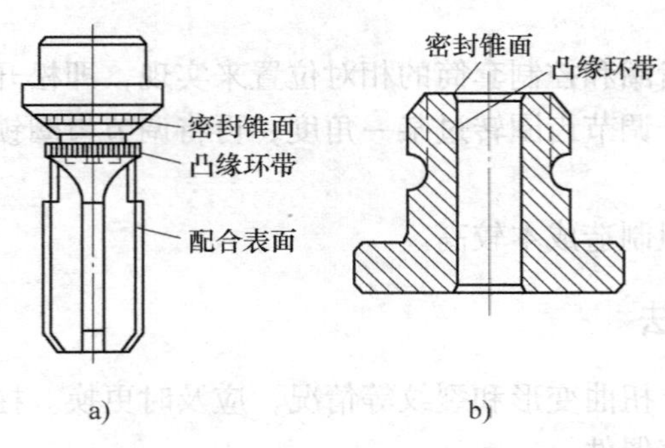

图 6-3-26　出油阀偶件的磨损
a）出油阀磨损情况　b）出油阀座磨损情况

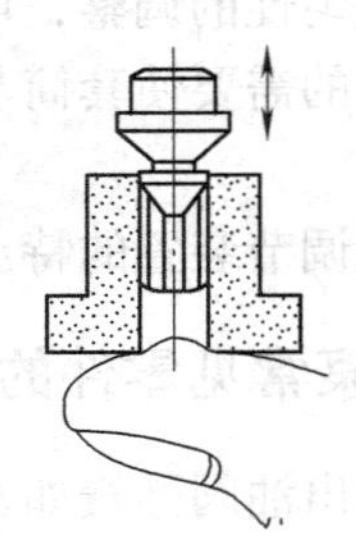

图 6-3-27　出油阀偶件密封性检查

表 6-3-3　喷油泵主要零件配合间隙磨损变形极限值

项　　目	极限值/mm	备　　注
挺柱体与泵体导程孔配合间隙	0.20	更换挺柱体
柱塞法兰与油量控制套筒槽配合间隙	0.12	更换油量控制套筒或柱塞偶件
齿杆与齿圈的配合间隙	0.15	更换齿圈
凸轮磨损值	0.20	更换凸轮轴
凸轮轴中心线直线度误差	0.15	更换凸轮轴
柱塞弹簧中心线对两端面的垂直度误差	1.50	更换
出油阀弹簧中心线对两端面的垂直度误差	1.00	更换

思考与练习

1. 改变喷油泵柱塞斜槽与柱塞油孔的相对位置，其目的是________。
2. 喷油泵每循环供油量取决于________。
3. 柱塞式喷油泵主要由________、________、________、________四部分组成。
4. 柱塞式喷油泵常用的油量调节机构主要有________和________两种。
5. 柴油发动机工作时，将柴油变为高压油的是________。
6. 喷油泵的传动机构由________和________组成。
7. 喷油泵的凸轮轴是由________通过________驱动的。
8. 柴油发动机的最佳喷油提前角随供油量和曲轴转速的变化而变化，供油量越大，转速越高，则最佳供油提前角________。
9. 柴油发动机喷油泵中的分泵数________发动机的气缸数。

项目4　调速器的构造与维修

任务要求

要求分组对RFD型调速器的分解、装复、调试及就车安装喷油泵的操作。

完成操作后，要求记录作业内容，整理好工具及其他设备。

作业时间：45min。

情境创设

老师把RFD型调速器放在工作台上，要求学生进行RFD型调速器的拆装练习，引导学生按汽修厂的工作过程完成对调速器的拆装与检查，从而使其能在完成任务的过程中学习到相关技能，并掌握相关的理论知识。

也可以播放对调速器进行日常维护的案例视频，激发学生的学习兴趣。

教学资料准备：教学用车使用说明书、维修手册等。

任务实施

一、工作安排

养成合作完成工作任务的习惯，请你将工作分工与完成时间记录在表6-4-1中。

表6-4-1　组员工作分工与完成时间表

姓　名	任务分工	完成时间	备　注

二、RFD型调速器的分解

RFD型调速器的零件如图6-4-1所示。调速器装拆调整专用工具如图6-4-2所示。

1）拆下调速器后壳上的后盖固定螺钉，取出后盖及密封垫。

2）拆下怠速限位螺钉和全负荷设定螺钉。

3）用专用工具拆下怠速弹簧组件和校正弹簧组件。

4）拆下怠速稳定组件。

5）拆下调速器后壳固定螺钉。

6）将调速器后壳稍向后移，拨开齿杆连接杆上的弹性锁片，并使油量调节齿杆与连接杆脱离。

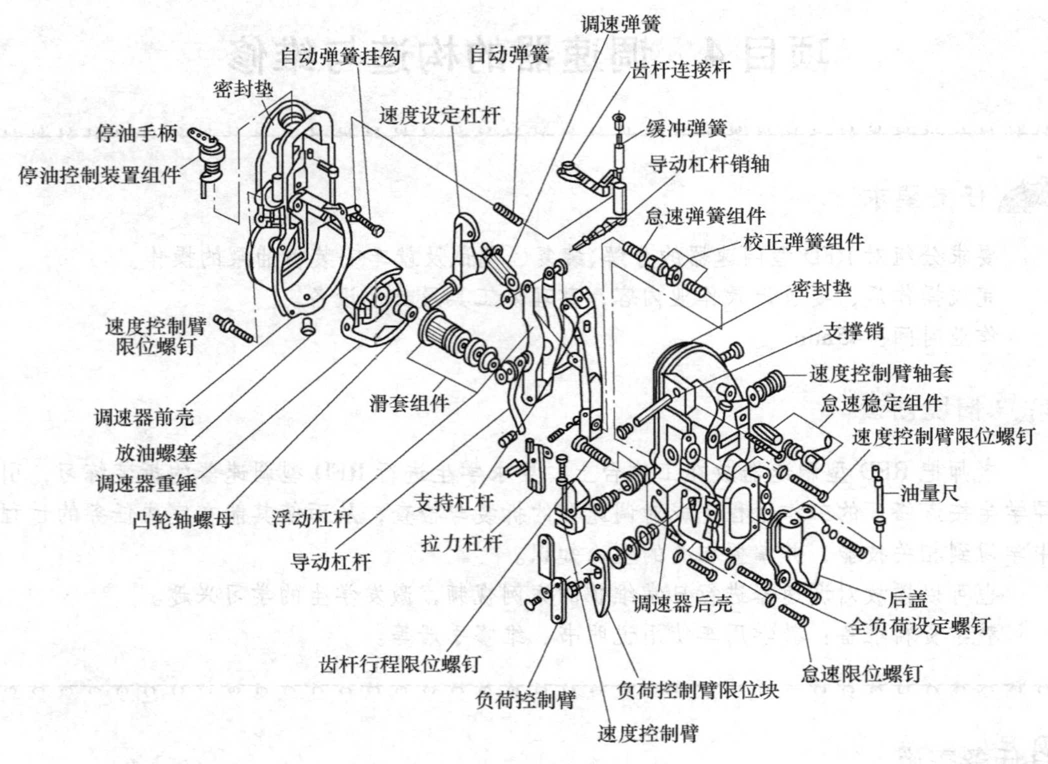

图 6-4-1　RFD 型调速器的零件

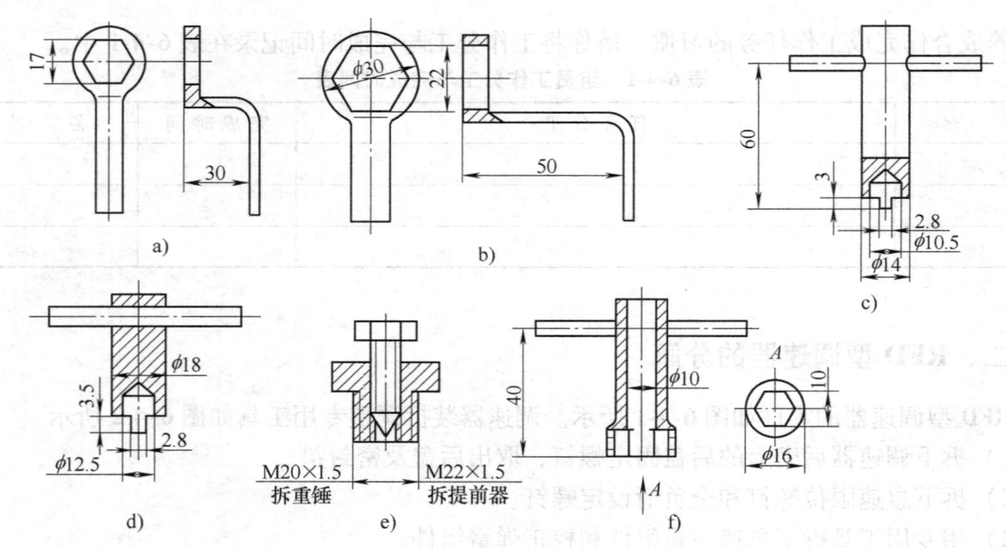

图 6-4-2　调速器装拆调整专用工具

a）校正器专用扳手　b）怠速紧固专用扳手　c）怠速调整扳手　d）凸轮轴螺母专用扳手
e）飞锤拆卸专用工具　f）大头调节螺钉专用扳手

7）用尖嘴钳从弹簧挂钩上取下起动弹簧(图 6-4-3)，然后取下后壳总成及密封垫。

8）用专用工具拆下凸轮轴螺母后，用顶拔器取出调速器重锤支座总成。

9）从调速器前壳上拆下停油控制装置组件。

10）用扳手将速度控制臂限位螺钉完全松出。

11）拆下拉力杠杆支撑销两侧的螺塞后，取出支承销(图6-4-4)。

12）从调速器后壳内取出导动杠杆、浮动杠杆和滑套组件。

13）拆下调速弹簧后，将拉力杠杆从后壳上方取出。

14）拆下负荷操纵臂和支持杠杆。

15）拆下速度控制臂。

16）拆下速度控制臂轴套上的卡环，拆出两端轴套，取出速度设定杠杆。

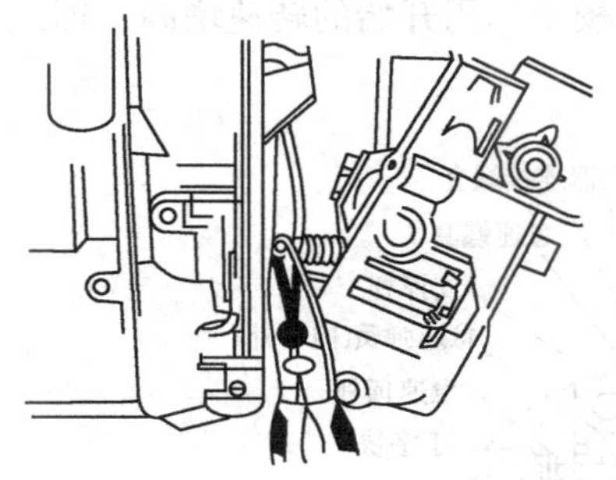

图6-4-3 起动弹簧的拆卸

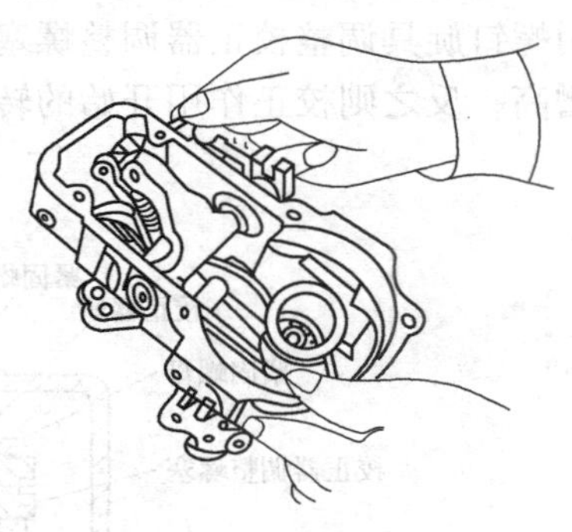

图6-4-4 支承销的拆卸

三、RFD型调速器的装复

1）将速度设定杠杆装入调速器后壳，然后套上速度控制臂轴套，并卡上卡环。

2）装上速度控制臂。

3）装上支持杠杆和负荷控制臂。

4）装上拉力杠杆(图6-4-5)、导动杠杆、浮动杠杆和滑套组件，并将调速弹簧一端挂接在速度设定杠杆上，另一端挂在拉力杠杆上。

5）装上拉力杠杆支撑销后，装上支撑销两侧的螺塞。

6）调节速度控制臂限位螺钉，初步设定速度控制臂的位置。

7）装上停油控制装置组件。

8）装上调速器重锤支座总成，用专用工具旋紧凸轮轴螺母。

9）装上密封垫后，将调速器后壳总成靠近调速器前壳，用尖嘴钳装上起动弹簧。

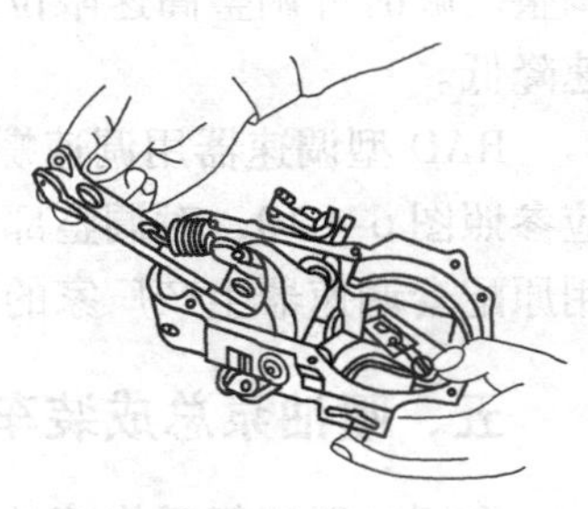

图6-4-5 装上拉力杠杆

10）将齿杆连接杆前端的连接销钉插入油量调节齿杆后端连接孔内，然后拨上弹性锁片。

11）装上调速器后壳固定螺钉，并用扳手拧紧。

12）用专用工具装上怠速弹簧组件和校正弹簧组件。

13）装上后盖及密封垫。

14）装上怠速稳定组件。

15）装上怠速限位螺钉和全负荷设定螺钉。

16）装上输油泵总成。

四、调速器的调整

1. 怠速工况调整

怠速调整部位见图6-4-6。拆下后盖，松开紧固螺母，拆下校正器座，用紧固专用扳手和怠速调整扳手(见图6-4-2b、c)调整怠速螺套的位置，向外调整，怠速升高，反之则怠速降低。

2. 校正工况调整

校正工况调整部位见图6-4-6。拆下后盖，用校正器专用扳手(见图6-4-2a)松开紧固螺母，再用螺钉旋具调整校正器调整螺塞。向内调整，校正作用开始的转速增高，即最大转矩的转速增高；反之则校正作用开始的转速降低。

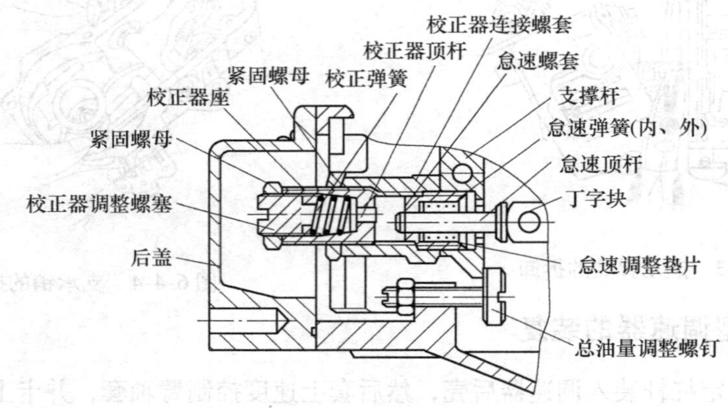

图6-4-6 调速器校正及怠速装置结构

3. 标定转速调整

标定转速调整部位参看图6-4-9。RFD型调速器用改变高速限位螺钉和限位螺钉的位置调整。顺时针调整高速限位螺钉标定转速增高，即调速器起作用转速增高。反之则使标定转速降低。

RAD型调速器用调速螺钉调速。向内拧进，标定转速增高，反之则降低。调整结束后，应参照图6-4-10，对调整部位进行铅封，使用中不准随意拆动。更换调速器零件时，必须使用原配套调速器生产厂家的配件。

五、喷油泵总成装车

在调速器装复后将喷油泵总成装合，然后将喷油泵总成装车。装车的顺序如下：

1）顺时针摇转曲轴，使发动机第一缸处于压缩行程，并使供油提前角记号对齐。

2）转动喷油泵凸轮轴，使万向节上的正时记号刻线与前轴承盖上的记号刻线(第一缸供油记号)对齐(图6-4-7)。

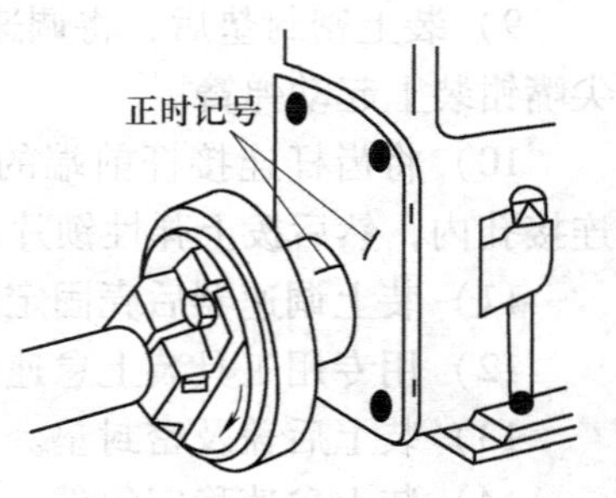

图6-4-7 第一缸供油记号

3）向前推动喷油泵，使喷油泵从动凸缘盘与万向节结合，并拧紧固定螺栓。

4）装上高压油管、回油管、低压输油管。

5）装上负荷控制拉杆、连接销和回位弹簧。

6）装上停油控制拉线。

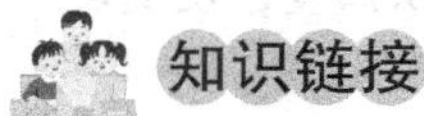

知识链接

一、调速器的功用和分类

1. 调速器的功用

调速器的功用是根据柴油发动机负荷及转速变化对喷油泵的供油量进行自动调节，以使柴油发动机能稳定运行并防止发动机超速。

2. 调速器的分类

（1）按控制的动力形式分

1）机械离心式调速器。它是利用喷油泵凸轮轴的旋转，使飞块产生离心力来实现调速作用的调速器。此种调速器结构复杂，但工作可靠，性能良好，故在各种柴油发动机上得到广泛应用。

2）复合式调速器。利用膜片感知进气管真空度的变化来自动调节供油量，通过机械离心力来防止发动机超速。

（2）按功能分

1）两速调速器。此类调速器只稳定和控制最低和最高转速，为一般条件下行驶的、转速变化较频繁的汽车柴油发动机所装用。在最低与最高转速之间调速器不起作用，此时柴油发动机转速由驾驶人通过加速踏板直接操纵喷油泵油量调节机构来实现，以保持怠速运转稳定及防止高速运转时超速飞车。

2）全速调速器。此类调速器不仅能控制柴油发动机的最低和最高转速，而且能控制从怠速到最高限制转速范围内任何转速下的喷油量，以维持柴油发动机在任一给定转速下稳定运转，主要用于拖拉机、大型载重车、工程机械、矿用车、船舶和机车等。

3）综合调速器。此类调速器构造与全速调速器相似，调速器只控制最低和最高转速，但也兼备全速调速器的功能。

安装调速器的必要性

柴油发动机工作时，我们要求它在外界负荷变化时能自动地维持较稳定的转速，但实际上由于喷油泵的速度特性（在油量调节拉杆位置不变时，供油量随转速变化的关系称为喷油泵的速度特性）对工况多变的柴油发动机是非常不利的。当发动机负荷稍有变化时，导致发动机转速变化很大。当负荷减小时，转速升高，转速升高导致柱塞泵循环供油量增加，循环供油量增加又导致转速进一步升高，这样不断地恶性循环，造成发动机转速越来越高，最后超速飞车；反之，当负荷增大时，转速降低，转速降低导致柱塞泵循环供油量减少，循环供油量减少又导致转速进一步降低，由此必然造成发动机转速越来越低，最后熄火。

要改变这种恶性循环，就要求有一种能根据负荷的变化，自动调节供油量，使发动机在规定的转速范围内稳定运转的自动控制机构。移动供油拉杆，可以改变循环供油量，使发动机的转速基本不变。因此，柴油发动机要满足使用要求，就必须安装调速器。

二、机械离心式两速调速器的工作原理

机械离心式两速调速器适用于一般条件下使用的汽车柴油发动机。它只能自动稳定、限制柴油发动机的最低和最高转速，而在所有中间转速范围内则由驾驶员控制。其工作原理如图 6-4-8 所示。

支承盘由喷油泵的凸轮轴带动旋转，其轴向位置是固定的。飞球铰接在支承盘上并随支承盘一起旋转，飞球在旋转时受离心力作用而张开，飞球臂给滑动盘一个向右的轴向力。滑动盘可沿轴向滑动，其轴与杠杆相连，轴的右端与一球面顶块接触。调速弹簧由两根组成，外弹簧又称高速弹簧，刚性较大；内弹簧又称低速弹簧，刚性小。未工作时，球面顶块与弹簧滑块之间有一定的间隙。供油齿杆不仅由操纵杆通过拉杆来操纵，也受滑动盘的轴向位置控制，因此实际工作时齿杆的位置是由操纵杆和滑动盘共同决定的。

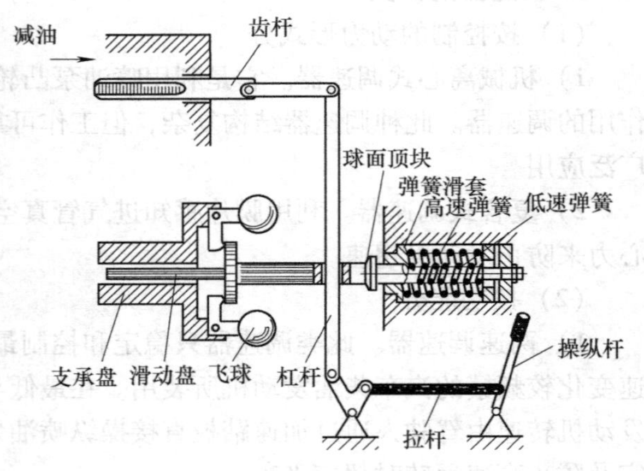

图 6-4-8　两速调速器的工作原理

调速器的飞球作为感应元件，滑动盘作为执行机构。当柴油发动机负荷发生改变时，转速发生变化，飞球的离心力即刻改变。飞球的离心力通过飞球臂作用到滑动盘上，产生一轴向分力 F_a，该力迫使滑动盘向右移动。滑动盘右端又受到调速弹簧的作用 F_p，因此滑动盘的位置取决于上述两力是否平衡。

其工作过程如下：当柴油发动机不工作时，滑动盘受低速弹簧的作用靠向最左端，若操纵杆处于自由状态，齿杆就处在供油量较大位置。柴油发动机起动后，转速上升，飞球离心力的轴向分力 F_a 克服低速弹簧的弹力 F_p 使滑动盘右移，带动齿杆右移减油。当转速升到某一定转速 n_d时，滑动盘推动球面顶块与弹簧滑套(实际上高速弹簧座)接触，由于高速弹簧刚性大、预压力也大，因此即使转速继续上升，飞球的离心力也不足以推动高速弹簧座右移。因此在转速大于 n_d后的一段范围内，滑动盘的位置将保持不变，这时节气门齿杆就完全由人工操纵操纵杆来控制。

如果此时外界负荷变化使转速下降(操纵杆仍呈自由状态)，飞球离心力下降，低速弹簧的弹力 F_n 就会推动滑动盘左移，带动齿杆向左移加油，以保持转速回升至 n_d稳定运转。

n_d就是最低空转转速，又称怠速。

当柴油发动机转速上升到标定转速 n_b时，飞球离心力足够大，其轴向力分力 F_a 与高、低速弹簧的弹力相平衡。此时如转速稍有上升，滑动盘即被推动右移，克服两弹簧的弹力带动齿杆减小节气门开度。如负荷继续减小，转速继续上升，则滑动盘继续右移减油，直到外界负荷为零时，滑动盘使齿杆处于某一操纵杆位置的最小供油量位置。若操纵杆置于最大供油位置，此时柴油发动机就在最高空载转速下运行。

由此可知：当柴油发动机转速在最低空载转速 n_d下运行时，调速器起作用，保证转速不再下降；当柴油发动机转速介于 n_d和 n_b之间时，调速器不起作用(滑动盘位置不变)，供油量只由操纵杆控制；当转速升至 n_b时，调速器又起作用，保证在柴油发动机负荷降低时适当减油，使柴油发动机不至于“飞车”，限制了最高空载转速。

一、常见机械离心式两速调速器的结构与原理

YC6105QC 和 YC6108Q 型柴油发动机配套的喷油泵用调速器有 RFD 型和 RAD 型两种，其结构基本相同，主要包括转速感应元件(飞锤部件)、杠杆系统(支架部件、滑套部件、上下拨杆和支撑杆等)、调节控制系统(节气门手柄、调速手柄或调速螺钉、停车装置、怠速及校正装置、各类弹簧等)。它们的主要区别是调速控制装置的部位不同：RFD 型调速器用调速手柄调节控制，装在调速器后壳侧面；RAD 型调速器用调速螺钉调节控制，装在调速器后壳端面。图 6-4-9 和图 6-4-10 所示分别为 RFD 型和 RAD 型调速器结构。

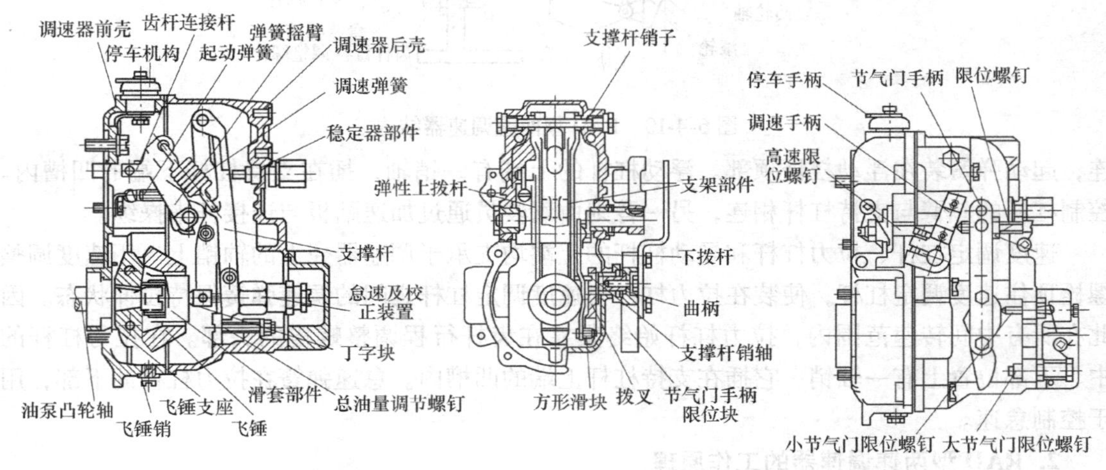

图 6-4-9　RFD 型两速调速器结构

1. RAD 型两速调速器的构造

如图 6-4-10 所示，调速器用螺钉与喷油泵联接。两个飞块装在喷油泵凸轮轴上，当飞块向外张开时，飞块臂上的滚轮推动滑套沿轴向移动。导动杠杆的上端铰接于调速器壳上，下端紧靠在滑套上，其中部则与浮动杠杆铰接。浮动杠杆上部通过连杆与供油调节齿杆相

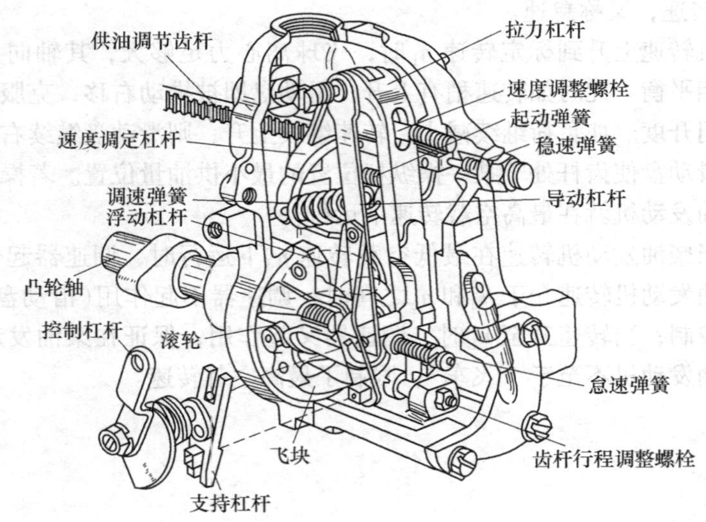

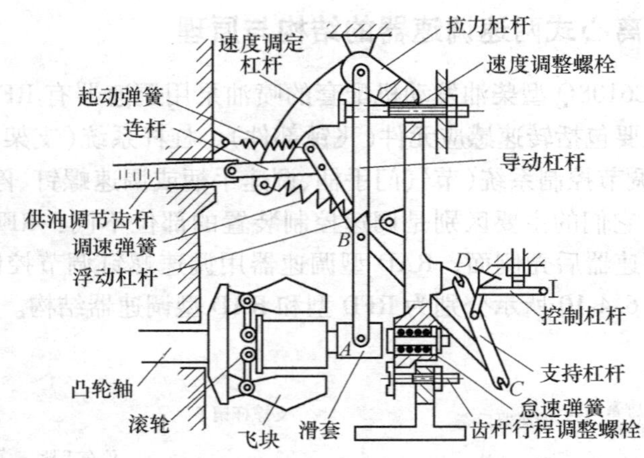

图 6-4-10　RAD 型两速调速器结构

连，起动弹簧装在浮动杠杆顶部。浮动杠杆的上端有一销轴，插在支持杠杆下端的凹槽内。控制杠杆的一臂与支持杠杆相连，另一臂则由驾驶员通过加速踏板与连接杆来操纵。

速度调定杠杆、拉力杠杆和导动杠杆的上端均支承于调速器壳上的轴销上。用速度调整螺栓顶住速度调定杠杆，使装在拉力杠杆与速度调定杠杆之间的调速弹簧保持拉伸状态。因此在所有中间转速范围内，拉力杠杆始终紧靠在齿杆行程调整螺栓的头部。在拉力杠杆的中、下部位置上有一轴销，它插在支持杠杆上端的凹槽内。怠速弹簧在拉力杠杆的下部，用于控制怠速。

2. RAD 型两速调速器的工作原理

YC6105QC 和 YC6108Q 柴油发动机配套的调速器均为两极式控制。调速手柄固定在标定转速位置，在柴油发动机未超过标定转速时，操作者可按柴油发动机负荷的需要，操作节气门手柄，通过上、下拨杆直接控制齿杆而改变喷油泵供油量。

（1）柴油发动机的起动和怠速工况　在柴油发动机停车状态时，将节气门手柄置于大节气门限位螺钉位置。飞块受调速弹簧、怠速弹簧和起动弹簧的弹力作用而完全合拢（见

图6-4-11）。此时，如将控制杠杆向增加供油量方向拉到底，在起动弹簧和怠速弹簧的作用下，供油调节齿杆被推到最大供油量位置，直到与限位器接触为止，齿杆处于起动加浓位置。

柴油发动机在起动过程中，当转速上升到使飞块离心力克服起动弹簧力作用时，滑套在离心力作用下，通过杠杆系统使齿杆向减油方向运动，起动过程结束。

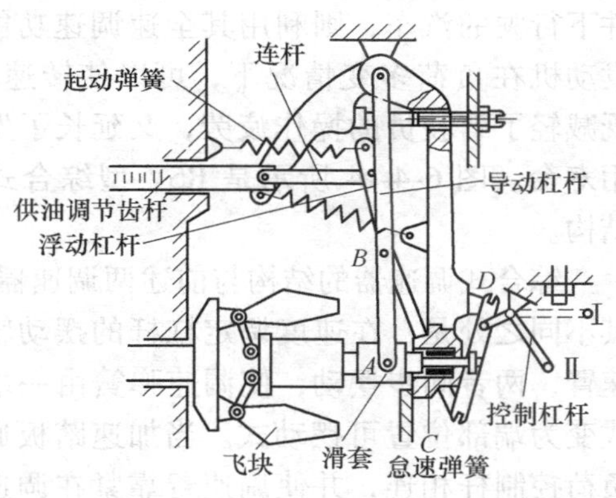

图6-4-11 两速调速器的怠速工作示意图

当柴油发动机起动后，驾驶员松开加速踏板，使控制杠杆回到小节气门限位螺钉位置(即怠速位置)。在怠速范围内运转时，飞块的离心力与怠速弹簧和起动弹簧的合力相平衡，保持供油调节齿杆处于某一位置，使柴油发动机能在怠速时平稳地运转。一旦柴油发动机转速发生变化，飞块的离心力也随着变化，通过杠杆系统作用，滑套经导动杠杆和浮动杠杆传给供油调节齿杆，使齿杆移动到怠速油量位置。柴油发动机怠速转速由怠速弹簧预紧力和控制杠杆的怠速位置决定。

（2）柴油发动机正常运转工况　当柴油发动机转速超过怠速控制范围时，怠速弹簧被完全压缩，于是滑套直接与拉力杠杆接触(图6-4-12)。依靠调速弹簧的作用力与最高转速时的飞块离心力相平衡，拉力杠杆被调速弹簧拉紧。在常用转速范围内，飞块的离心力较小，不足以推动拉力杠杆，其支点 B 不能移动，调速器不起作用。这样，当直接操纵控制杠杆时便可以经调速器的支持杠杆、浮动杠杆直接传递到调节齿杆上，可对柴油发动机转速进行直接控制。利用调节齿杆行程调整螺栓，即可改变供油调节齿杆的最大行程，从而调节喷油泵额定供油量。

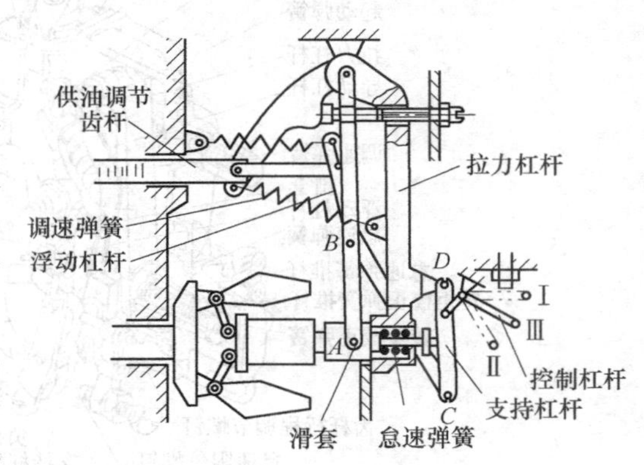

图6-4-12 两速调速器在正常工作范围内的工作示意图

（3）柴油发动机的最高转速控制　当柴油发动机转到规定的最高转速时，飞块的离心力克服调速弹簧的拉力，使滑套和拉力杠杆向右移动，支点 B(图6-4-13)移动至 B'，拉力杠杆 D 点则移到 D'，浮动杠杆的下支点 C 移向 C'，供油调节齿杆向减少供油量方向移动，使柴油发动机转速不超过规定的最高转速。

利用速度调整螺栓改变调速弹簧的预紧力，即可调节发动机的最高转速。

（4）柴油发动机停车装置的工作状态　RAD型调速器采用的停车方法，是在柴油发动机任何情况下，用力把喷油泵供油齿杆拉向减少供油量方向，使喷油泵供油停止，柴油发动机停车。

二、综合式调速器简介

综合式调速器兼具两速调速器和全速调速器的功能。在一般条件下行驶的汽车，多利用其两速调速功能，可获得加速踏板力小、加速性能好、加速时冒烟少的效果。在较复杂条件下行驶的汽车，则利用其全速调速功能，以保证发动机在负荷多变情况下，可以使转速基本稳定，既减轻了驾驶员的操作疲劳，又延长了发动机的使用寿命。图 6-4-14 所示是 RSV 型综合式调速器的结构。

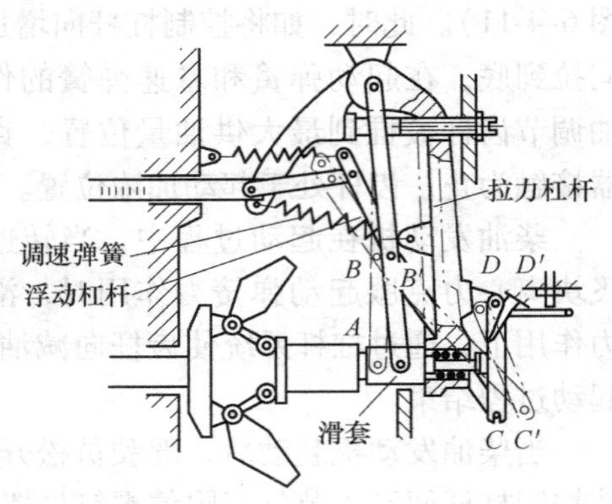

图 6-4-13　两速调速器限制超速的工作示意图

综合式调速器的结构与前述两调速器基本相同。其不同之处是：在速度调定杠杆的摆动轴上装有调速臂，两者同步摆动，使调速弹簧由一端位置固定式变为端部位置可摆动式。当加速踏板通过杆系与负荷控制杆相连，并使调速臂靠紧在调速限位螺钉上固定不动时，则为两速调速器。当加速踏板通过杆系与调速臂连接在一起时，驾驶员可通过加速踏板操纵调速臂摆动，控制调速弹簧产生一定的预紧力，调速器则在相应的转速下起作用，使柴油发动机在某一稳定的转速下工作。此时，加速踏板完全通过调速弹簧来控制供油调节齿杆，故调速器变为摆动弹簧式全速调速器。

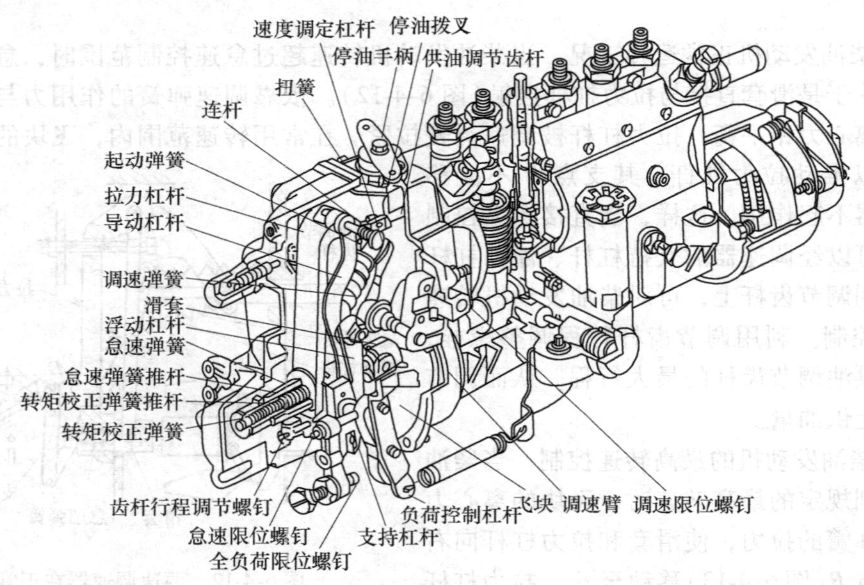

图 6-4-14　RSV 型综合式调速器结构

三、复合式调速器简介

RBD 型复合式调速器是同时利用气动作用和机械离心作用自动控制供油器而实现调速的。其中气动式调速器利用柴油发动机在不同转速时进气歧管内真空度的变化来控制中速和低速，机械离心式调速器则用来控制高速。它克服了单一的气动式调速器或机械离心式调速器的缺点，组合了它们各自的优点，使发动机在低速和高速时都更加稳定，从而改善调速器的性能。

目前在国外的一些汽车和叉车柴油发动机上，广泛采用了复合式调速器。如国产的跃进 NJD433A 柴油发动机就采用了复合式调速器。

1. RBD型复合式调速器的构造

如图6-4-15所示，RBD型调速器的供油齿杆通过螺栓同固定于膜片的插头相联接。膜片隔开了大气压室和真空负压室。在负压室内，装有调速弹簧，经常通过膜片将供油齿杆压向增油方向。另外，在负压室端部，通过推杆装有怠速弹簧。在低速时，由控制杆使凸轮旋转，旋转的凸轮便压缩怠速弹簧，使低速时稳定运转。反之，在高速时，由控制杆使凸轮脱离。

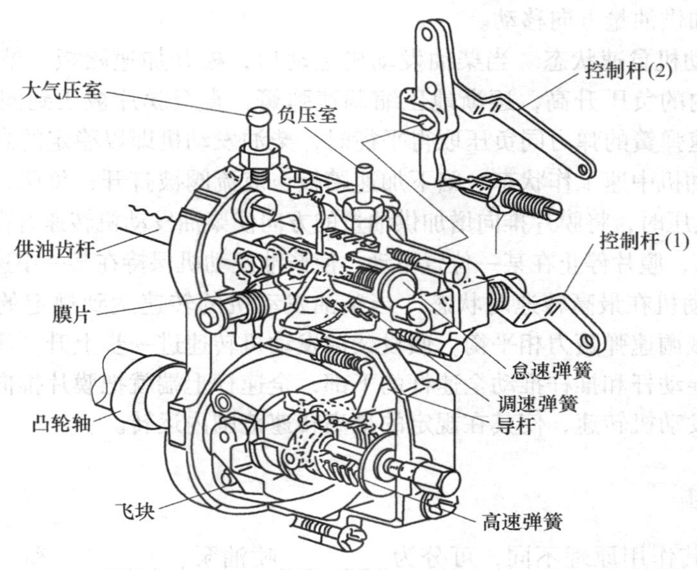

图6-4-15 RBD型复合式调速器的结构

柴油发动机的大气压室内，装有全速杆(图6-4-16)。全速杆以杠杆轴为支点，上端与膜片相接触，下端可与由飞块升程的滑动推杆相接触。全速杆旁边有制动杆，两者通过控制杆与杠杆轴连接。制动杆的销轴压着全速杆的上部，用以规定膜片的最大位置。

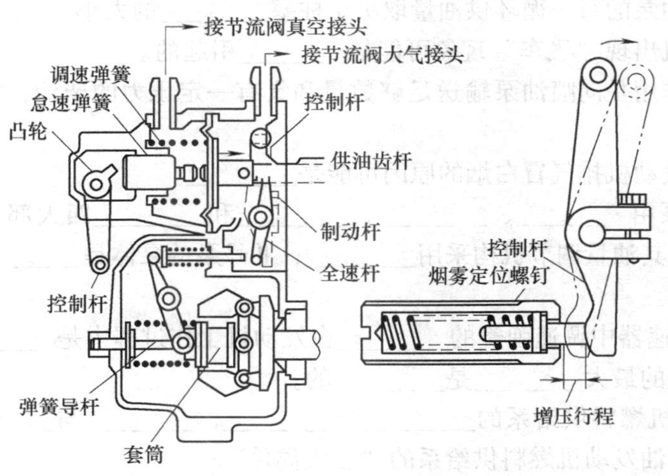

图6-4-16 柴油发动机的大气压室

飞块固定在凸轮轴上，飞块的滑动通过套筒和弹簧导杆，与机械调速部分的调速弹簧相接触。当飞块压缩调速弹簧的同时，也压动导杆，从导杆上通过推杆传给全速杆下端。

2. RBD 型复合式调速器的工作原理

(1) 柴油发动机起动状态　在柴油发动机起动前，膜片受调速弹簧的压力，使供油齿杆与全速杆相接触。当柴油发动机起动时，烟雾定位螺钉与旋转的控制杆的下部相接触。烟雾定位螺钉内部装有弹力较大的弹簧，当拉动控制杆时，压缩弹簧使供油齿杆在调速弹簧力的作用下，向增加供油量方向移动。

(2) 柴油发动机怠速状态　当柴油发动机起动后，松开加速踏板，节流阀处于几乎全闭状态，负压室内的负压升高，逐渐地压缩调速弹簧，直至膜片被压到同怠速弹簧接触为止。最后，当怠速弹簧的弹力同负压取得平衡时，柴油发动机即以稳定的怠速工作。

(3) 柴油发动机中速工作状态　踏下加速踏板，节流阀被打开，负压开始下降。当调速弹簧的弹力大于负压时，将膜片推向增加供油量的方向使柴油发动机转速升高，直至负压与调速弹簧力取得平衡，膜片停止在某一位置不动，使柴油发动机保持在某一中速稳定运转。

(4) 柴油发动机在最高转速时状态　当柴油发动机的转速达到规定的最高转速时，飞块的离心力与机械调速弹簧力相平衡。假设柴油发动机转速进一步上升，飞块将通过套筒压缩调速弹簧，经导动杆和推杆推动全速杆的下部，全速杆上端就把膜片推向供油量减少的方向，以降低柴油发动机转速，使其在规定的最高转速范围内运转。

思考与练习

1. 喷油泵按其作用原理不同，可分为________喷油泵、________和________喷油泵三类，目前大多数柴油发动机采用的是________喷油泵。

2. 输油泵的类型有活塞式、________、齿轮式和________等几种。

3. 柱塞式喷油泵柱塞上移可分为________、________、________、________四个行程。

4. 在柴油发动机全速调速器中，当离心力大于弹力时，供油拉杆向________方向移动。

5. 柱塞式喷油泵的每一循环供油量取决于柱塞________的大小。

6. 柴油发动机出现“飞车”现象可能是________引起的。

7. 输油泵的作用是向喷油泵输送足够数量和具有一定压力的柴油，它的供油压力一般为________。

8. 引起柴油发动机排气冒白烟的原因可能是________。

9. A 型喷油泵由________、________、________和________四大部分组成。其泵体采用________结构，其油量调节机构采用________，Ⅱ号泵的泵体是________结构，油量调节机构采用________。

10. 全速式调速器中调速弹簧的________在发动机工作过程中是________的，而两速式调速器中调速弹簧的最大________是________的。

11. 柴油发动机燃料供给系的________与________，________与________，________与________，称为柴油发动机燃料供给系的“三大偶件”。

项目5 供油(喷油)提前角调节装置与供油正时的调整

任务要求

要求分组对供油提前角进行正确的调整。

完成操作后，要求记录作业内容，整理好工具及其他设备。

作业时间：45min。

情境创设

老师引导学生按汽修厂的工作过程完成对喷油泵的检查调整、供油正时的调整，从而使学生能在完成任务的过程中学习到相关技能，并掌握相关的理论知识。

也可以播放对喷油泵进行日常维护的案例视频，激发学生的学习兴趣。

教学资料准备：教学用车使用说明书、维修手册等。

任务实施

一、工作安排

养成合作完成工作任务的习惯，请你将工作分工与完成时间记录在表6-5-1中。

表6-5-1 组员工作分工与完成时间表

姓　　名	任务分工	完成时间	备　注

二、供油正时标记的检查与调整

汽车行驶一定里程或在维修中喷油泵检修后经过调试重新安装时，必须检查供油正时。

为了便于调整供油提前角，一般柴油车通常在发动机和喷油泵上都有喷油正时标记，一般可分为三种，如图6-5-1所示。

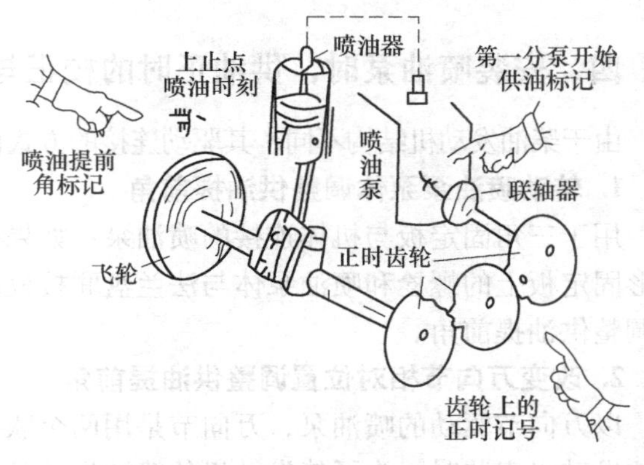

图6-5-1 喷油正时标记示意图

(1) 喷油泵的第一分泵开始供油标记 转动喷油泵凸轮轴，同时观察喷油泵第一缸出油管插头内燃油油面的状态，如果第一缸油面刚刚开始上升，此时喷油泵的位置即为第一缸供油位置；有的喷油泵壳体上有刻度线，当喷油泵凸轮轴刻度线与壳体上的刻度线对准时，喷油泵第一缸处于供油位置。

(2) 发动机供油提前角标记　它是第一缸活塞到达压缩行程上止点前供油提前角位置的标记。

(3) 喷油泵与发动机传动齿轮的啮合记号　其中有：传动齿轮配气正时标记；喷油泵与驱动部分的连接标记(有的发动机上没有此种标记)。不同车型的供油正时标记位置及符号也不一样。

三、供油正时的随车检查与调整

摇转曲轴使第一缸活塞处于压缩行程中，当固定标记对准飞轮或曲轴带轮上的供油提前角记号时，停止摇转曲轴。

检查喷油泵万向节从动盘上刻线记号是否与泵壳前端面上的刻线记号对正，如图 6-5-2 所示。若两刻线记号正好对正，说明喷油泵第一缸柱塞开始供油时间是准确的；若万向节与从动盘刻线记号还未到达泵壳前端面上的刻线记号，说明第一缸柱塞开始供油时间晚；反之，若万向节从动盘上记号已越过前端面上的刻线记号，说明第一缸柱塞开始供油时间早。

图 6-5-2　喷油泵第一缸开始供油记号

> 若万向节从动盘和泵壳前端面上没有记号，应拆下喷油泵第一缸高压油管，摇转曲轴，当第一缸柱塞快要高压供油时，缓慢摇转曲轴并注视第一缸压紧螺母出油口液面。当液面刚刚向上一动时，停止摇转曲轴，此时即为第一缸开始供油位置。为了以后检查方便，应在万向节从动盘上和泵壳前端面上补做一对记号。

四、安装喷油泵时，供油正时的校正与调整

由于柴油发动机结构不同，其驱动连接的方式也不同，因此调整部位与调整方法也不相同。

1. 转动喷油泵泵体调整供油提前角

用于三角固定板与机体连接的喷油泵：如果检测的供油提前角不符合规定，只需松开三角形固定板上的螺栓和喷油泵体与法兰盘联接处的螺母，通过弧形长孔，可以适当转动泵体来调整供油提前角。

2. 改变万向节相对位置调整供油提前角

以万向节驱动的喷油泵，万向节是用两个联接螺栓和主动凸缘盘结合的。调试后将喷油泵往发动机安装时，为了使发动机的喷油提前角符合规定，应按下列方法进行校准：

1）检查发动机正时齿轮安装得是否正确(如果只调试喷油泵,不拆卸发动机无需检查)。

2）顺时针方向摇转曲轴，使第一缸活塞处于压缩行程上止点，然后按发动机喷油提前角的角度倒转曲轴，使发动机一缸处于要求喷油的位置，即飞轮上或带轮上（或在其他处）的喷油正时记号对准的位置。

3）转动喷油泵凸轮轴，使喷油泵一缸处于刚刚开始喷油的位置或凸轮轴接盘上的记号与泵壳体上的记号对准的位置。

4）向前推入喷油泵，使从动凸缘盘的凸块插入万向节并与之接合，在固定主动凸缘和中间凸缘盘的两个螺钉时，使两凸缘盘上的“0”记号对正（或校正后重新作出划线记号）即可保证发动机的供油提前角符合要求。

发动机起动后如果发现喷油提前角不准，待停机后可松开万向节上的两个螺钉按需要进行调整；调整合适后也可另作记号，以便于下次安装。

3. 调整步骤

1）松开万向节两个固定螺栓，慢慢转动喷油泵凸轮轴一小刻度后，重新紧固万向节两固定螺栓。若试机后仍达不到要求，则应重复上述步骤直到达到要求。

2）顺着喷油泵凸轮轴转动方向转动为推迟喷油提前角，逆着喷油泵凸轮轴转动方向转动为提早喷油提前角。

3）用万向节驱动喷油泵的发动机，供油提前角可在30°以内调整。在“0”刻线的两侧各有五道刻线，每一格一般为曲轴转角3°。无万向节的发动机，可以转动喷油泵壳体以改变与发动机机体的位置来调整供油提前角，但调整的角度较小。

五、调整后的路试检验

为检验柴油发动机供油是否恰当，应进行道路试验。将汽车走热后，以高挡最低稳定车速行驶，然后将加速踏板踩到底，使汽车急加速运行。此时，若能听到柴油发动机有轻微的着火敲击声，且随着车速提高短时间后消失，则供油时间正确；如果发动机曲轴有倒转现象，活塞有清晰的“敲缸”响声，且车速提高后长时间不消失，则为供油时间过早；如果听不到着火敲击声，发动机起动困难，排气冒黑烟，加速无力，动力不足，水温高，则为供油时间过晚。

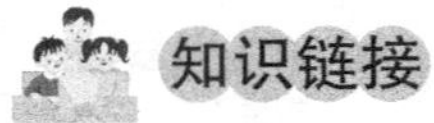

一、供油（喷油）提前角调节装置的功用

供油正时，是指喷油泵正确的供油时间，一般用供油提前角表示。供油提前角，是指喷油泵第一缸柱塞开始供油时，该缸活塞距压缩终了上止点的曲轴转角。供油提前角决定了喷油提前角的大小。如喷油提前角过大，由于燃料在气缸内空气温度较低的情况下喷入的，混合气形成条件较差，备燃期较长，会引起发动机工作粗暴。而喷油提前角过小，将使燃烧过程延后过多，燃烧在膨胀行程中进行，造成发动机过热、功率下降、燃烧不完全和排气管冒灰白烟等。因此，为保证发动机有良好的性能，必须选定最佳的喷油提前角。

供油提前角调节装置的功用是在柴油发动机整个工作转速范围内，使喷油泵供油提前角随柴油发动机转速改变而自动相应提前，使柴油发动机始终在最佳或接近最佳喷（供）油正时情况下工作。

最佳喷油提前角即是在转速和供油量一定的条件下，能获得最大功率及最小燃油消耗率的喷油提前角。任何一台柴油发动机的最佳喷油提前角都不是常数，而是随供油量和曲轴转速而变化的。供油量越大，转速越高，则最佳喷油提前角越大。

二、供油（喷油）提前角调节装置结构组成

D 型供油提前角调节装置的结构及零件分解图见图 6-5-3。供油提前角调节装置主要由驱动盘、从动盘部件、飞锤、弹簧、滚轮、滚轮套圈、盖板油封部件和密封圈等组成。其驱动端通过弹性万向节与空气压缩机连接，另一端安装于喷油泵凸轮轴上。供油提前角调节装置为一密闭体，内腔充有机油以供润滑。

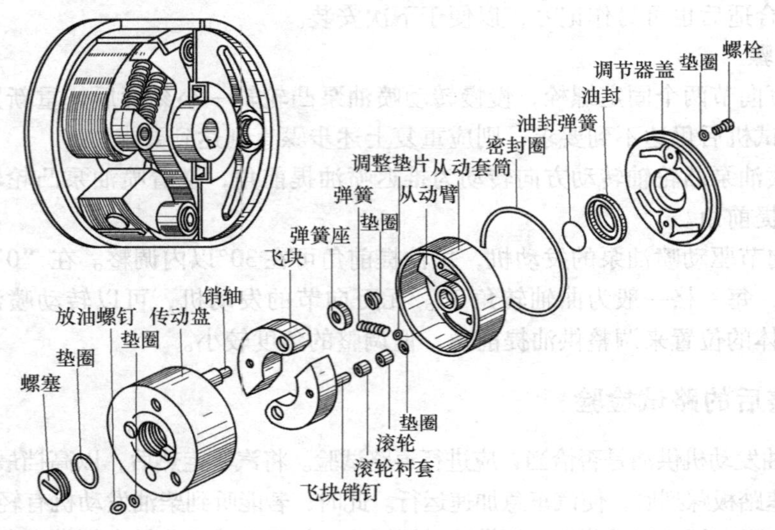

图 6-5-3　D 型供油提前角调节装置的结构及零件分解图

阅读知识

一、供油（喷油）提前角调节装置的基本工作原理

供油提前角调节装置的工作原理示意图见图 6-5-4。柴油发动机起动后，当供油提前角装置未达到起作用转速时，飞锤在弹簧和喷油泵驱动力的作用下处于合拢位置，见图 6-5-4a。

当柴油发动机转速上升至供油提前角装置起作用转速后，装在驱动盘上的飞锤离心力开始克服弹簧的预紧力和喷油泵驱动力向外张开。飞锤在张开的同时，通过飞锤上的滚轮推动与从动盘焊接成一起的弧形块运动，从而使与从动盘连接的喷油泵凸轮轴沿旋转方向相对于驱动盘转动一个角度 $\Delta\varphi$，如图 6-5-4b 所示，从而改变了喷油泵供油提前角度。转速越高，供油提前角改变量 $\Delta\varphi$ 也越大。发动机转速低时，飞锤活动端收拢，从动盘便在弹簧张力作用下相对于主动盘后退一个角度，供油提前角便相应减小。供油提前角调节装置在达到其起作用转速以后，每一个转速都有一个相对应的提前角值。起作用转速可用增减垫片厚度调整弹簧预紧力来改变。增加垫片，起作用转速升

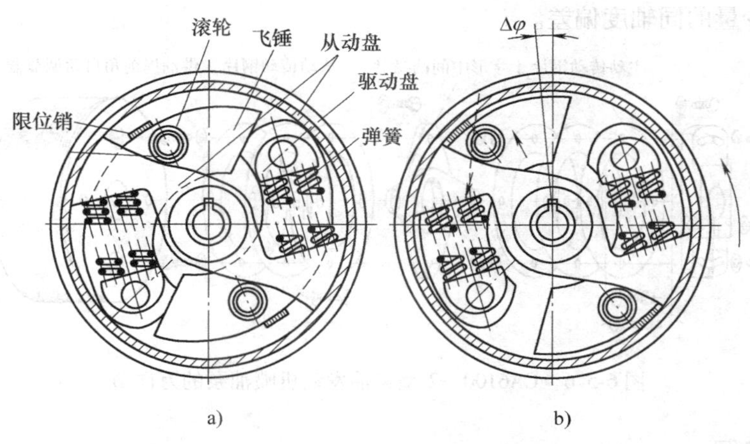

图 6-5-4　供油提前角调节装置工作原理示意图

a）静止时　b）最大提前角时

高，反之则起作用转速降低。

二、常见供油提前角调节装置的结构

在汽车行驶一定里程(如 15000km，约相当于发动机工作 500h)后，或在将喷油泵拆卸后重新安装时，必须检查并调整喷油提前角。为此可使连接喷油泵凸轮轴和驱动它的齿轮轴的万向节兼起调整喷油提前角的作用。常见的万向节有刚性十字胶木盘式和挠性钢片式两种。玉柴 YC6105QC 型柴油发动机喷油泵万向节采用十字胶木式结构，如图 6-5-5所示。

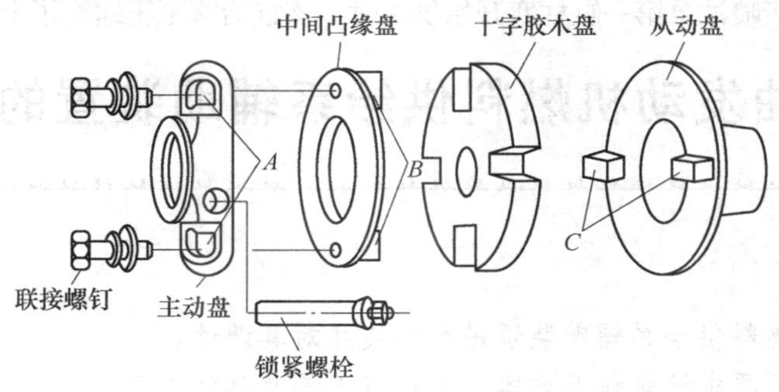

图 6-5-5　玉柴 YC6105QC 型柴油发动机喷油泵万向节

锁紧螺栓将主动盘固定在驱动轴上，两个螺钉穿过主动盘上的弧形孔 *A* 将主动盘和中间凸缘盘联接在一起，中间凸缘盘和从动盘上两个矩形凸块 *B*、*C* 分别插入十字胶木盘的矩形切口中，从动盘用键和喷油泵凸轮轴联接，从而将动力传到凸轮轴。若旋松螺钉，沿弧形孔 *A* 转动主动盘即可调节主动盘和中间凸缘盘之间的角度，从而调节供油正时。十字胶木盘切口径向长度大于中间凸矩形凸块的和从动盘上径向长度，传动时可以对主、从动盘之间的同轴度误差起补偿作用。

CA6100—2 型柴油发动机喷油泵的万向节采用挠性刚片式结构，如图 6-5-6 所示。与胶木盘式万向节相比，将凸缘盘改为主动、从动传动钢片，利用其圆形弹性钢片的挠性来补偿主、从动轴间少量的同轴度偏差。

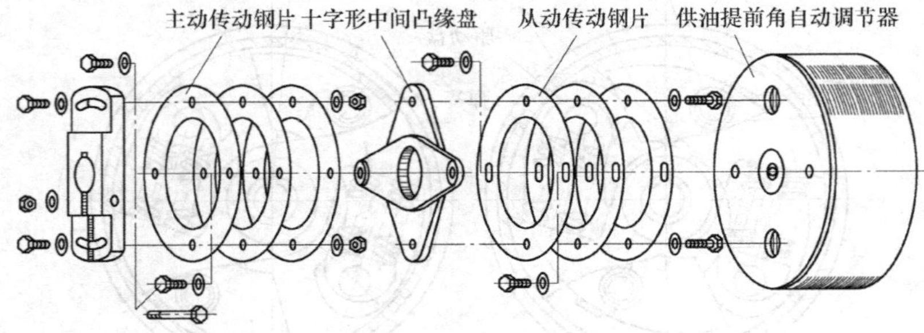

图 6-5-6　CA6100—2 型柴油发动机喷油泵的万向节

思考与练习

1. 柴油发动机的________固定，维持一定的________，测定性能指标随________变化的关系，称为柴油发动机的供油提前调整特性。________与最低耗油率点所对应的提前角为________。

2. 供油提前角的测定方法有________和________法两种。

3. 最佳喷油提前角即在转速和供油量一定的条件下，能获得________及________的喷油提前角。

4. 调速器中转矩校正装置的作用是________。

5. 供油提前角自动调节器的作用是________。

6. ________是指喷油泵正确的供油时间，一般用供油提前角表示。

7. ________是指喷油泵第一缸柱塞开始供油时，该缸活塞距压缩终了上止点的曲轴转角。

项目 6　柴油发动机燃料供给系辅助装置的构造与维修

任务要求

要求分组对燃料供给系辅助装置进行拆装并对其调试。

完成操作后，要求记录作业内容，整理好工具及其他设备。

作业时间：45min。

情境创设

老师把柴油发动机燃料供给系辅助装置总成及散件等放在工作台上，要求学生对其进行拆装练习，引导学生按汽修厂的工作过程完成对滤清器和输油泵进行拆装检查，从而使其能在完成任务的过程中学习到相关技能，并掌握相关的理论知识。也可以播放对滤清器和输油泵进行日常维护的案例视频，激发学生学习的兴趣。

教学资料准备：教学用车使用说明书、维修手册等。

任务实施

一、安排工作

养成合作完成工作任务的习惯，请你将工作分工与完成时间记录在表 6-6-1 中。

表 6-6-1 组员工作分工与完成时间表

姓 名	任务分工	完成时间	备 注

二、柴油滤清器保养

旋装式滤清器使用400h 后应拆下更换滤芯总成新件；螺母拉杆紧固式滤清器每工作 50h 清洗一次，400h 后更换滤芯。清洗滤芯时，应将滤芯两端严密封堵，以免滤芯外表面的污物进入滤芯内部，然后将滤芯在清洁的煤油或柴油中用毛刷轻轻清洗，如图 6-6-1 所示。如发现滤芯或密封件损坏，应及时更换。

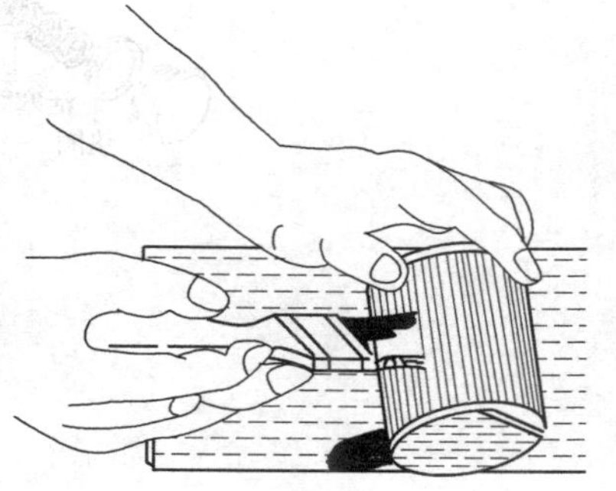

图 6-6-1 清洗滤芯

三、活塞式输油泵的拆装、检查与试验

1. 活塞式输油泵的分解（图 6-6-2）

1）从输油泵泵体上拆下卡环，拔出挺柱、滚轮弹簧和顶杆。

2）拆下手油泵总成，取出进油阀弹簧及进油阀。

3）拔出手油泵活塞杆销，取下手油泵手柄和手油泵弹簧。

4）拆下手油泵盖，取出手油泵活塞组件。

5）拆出出油管接头和接头座，取出出油阀弹簧和出油阀。

6）旋出输油泵螺塞，取出活塞弹簧及活塞。

2. 活塞式输油泵的装复

1）将手油泵活塞组件装入手油泵体，拧紧手油泵盖。

2）装上手油泵弹簧和手油泵手柄后，插上手油泵活塞杆销。

3）装上进油阀弹簧及进油阀后，将手油泵总成装入泵体。

4）装上出油阀弹簧和出油阀后，拧紧出油管接头座，装上出油管接头。

5）将活塞、活塞弹簧和螺塞装入泵体，并拧紧螺塞。

6）装上顶杆、滚轮弹簧和挺柱，卡上卡环。

3. 输油泵性能的检查与试验

图 6-6-3 所示是输油泵试验的各个参数。

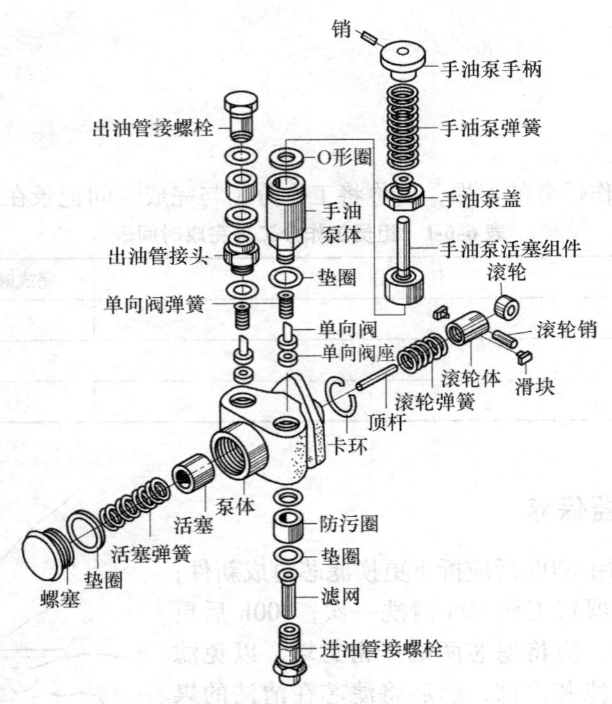

图 6-6-2　输油泵零件分解图

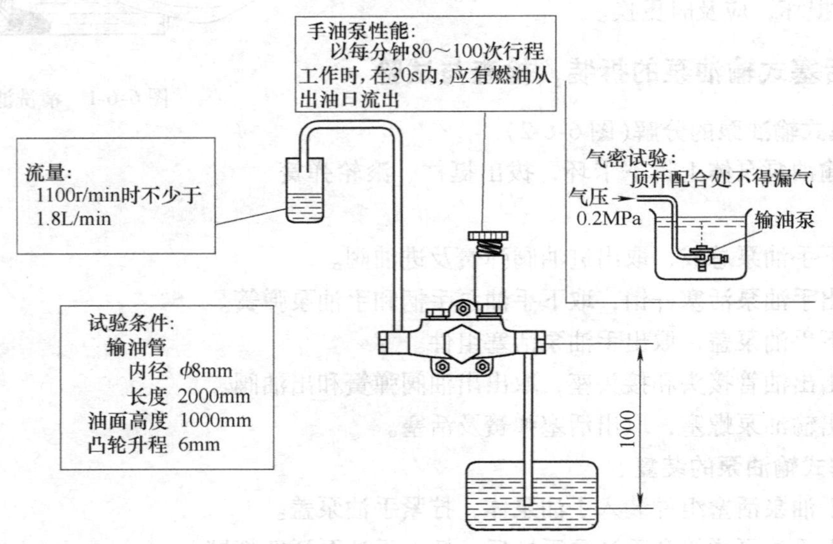

图 6-6-3　输油泵试验

（1）吸油、泵油能力的检查

1）随车检查。拆下输油泵、出油管，用手油泵泵油，若油柱粗、无气泡、出油急且能窜至 50cm 以上为好。

2）试验台检查。输油泵随喷油泵一起固定在喷油泵试验台上，将进油管与试验台油箱连接，将出油口与试验台低压表和流量表连接，转动喷油泵，观察怠速和额定转速时的出油压力及流量，并与标准值进行比较。

（2）手油泵的性能检查　拆下输油泵手油泵，先将手油泵活塞按到底不放，再用食指将手油泵口堵住，然后松开手油泵手柄，看手柄是否会被吸住。若手柄及活塞在其复位弹簧的作用下复位，则手油泵密封性能不良，应更换。

（3）进、出油单向阀密封性能试验　用塑料管将进油口与油桶连接，以较慢的速度用手油泵泵油。若塑料管内的油柱一上一下来回升降，则进油单向阀不密封，应拆下来在一级以上的平板上用金相砂纸研磨或更换。

继续以较慢的速度压手油泵，待出油口有油压出后，将手柄在最低位置锁住，看出油口的油平面是否会下降。若有明显的下降，则出油单向阀不密封，修理方法与进油单向阀相同。

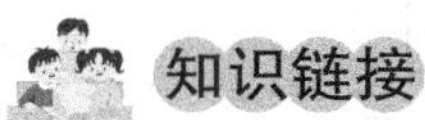

知识链接

一、柴油滤清器的结构

在柴油发动机供油系中，为保证喷油泵和喷油器工作可靠并延长其使用寿命，除使用前将柴油严格沉淀、过滤外，还采用柴油滤清器，以便过滤掉柴油中的机械杂质和水分。很多柴油发动机中，设有粗、细两级滤清器，有的只用单级滤清器。此外，还装有其他辅助滤清元件。

YC6105QC 型柴油发动机使用的柴油滤清器有旋装式和螺母拉杆紧固式两种，YC6108Q 型柴油发动机使用旋装式柴油滤清器，如图 6-6-4b 所示。柴油滤清器主要由纸质滤芯、壳体、滤座、密封件、溢流阀、管接头螺栓或螺母、拉杆等零件组成。

二、柴油滤清器的工作原理

输油泵泵出的柴油，经进油管接头进入壳体，再渗透过滤芯内腔，最后经出油管输出给喷油泵。在此过程中，柴油发动机中的机械杂质和尘土被滤去，水分沉淀在壳体底部。每工作 100h（约相当于汽车运行 3000km）后，即应拆下拉杆、螺母和滤芯，清除沉积在壳体内的杂质和水分，必要时还应更换滤芯。

当管路油压超过溢流阀的开启压力（0.1～0.15MPa）时，溢流阀便开启，使多余的柴油流回油箱，从而保证管路内油压保持在一定范围内。

纸质滤芯具有流量大、阻力小、滤清效率高、使用寿命长和抗水能力强等优良性能，还具有质量小、体积小、成本低和不需清洗保养等特点，故近年来，在柴油滤清器中获得广泛应用。

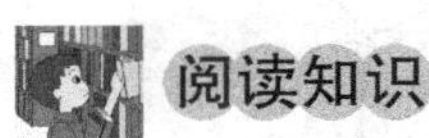

阅读知识

一、输油泵的功用与结构组成

输油泵的功用是输送足够数量及一定压力的柴油给喷油泵，保证柴油在低压油路内循环。其输油量应为全负荷最大喷油量的 3～4 倍。输油泵有活塞式、膜片式、齿轮式和叶片式等几种。活塞式输油泵由于工作可靠，目前应用广泛。

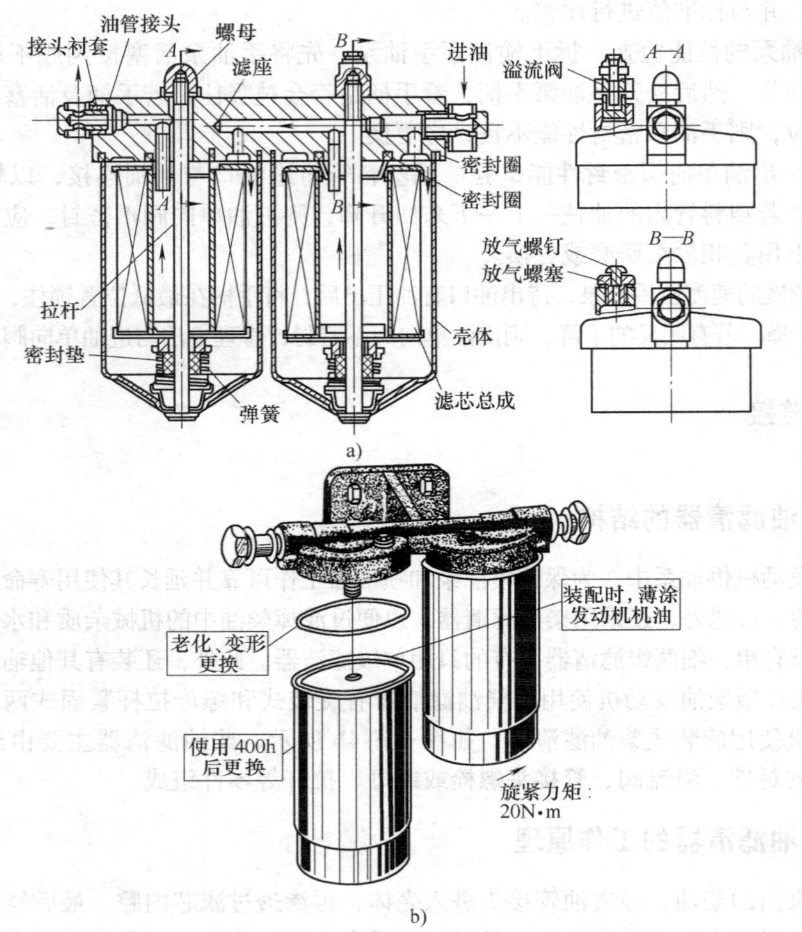

图 6-6-4 柴油滤清器结构图

a）螺母拉杆式 b）旋装式

YC6105QC 型、YC6108Q 型柴油发动机采用的输油泵是单作用活塞式输油泵，安装在喷油泵窗口一侧，由喷油泵凸轮轴上的偏心凸轮驱动工作。在输油泵上装有手油泵，可以用它作上下运动来泵油，能顺利地将柴油从油箱吸到输油泵内。打开喷油泵上的放气螺塞时，还可排除油路中的空气。当不使用时，将手柄拧紧，以防空气进入。

图 6-6-5 输油泵实物图

输油泵如图 6-6-5 和图 6-6-6 所示，主要由手油泵部件、泵体、活塞、滚轮、顶杆、单向阀、弹簧、管接头、螺栓等组成。

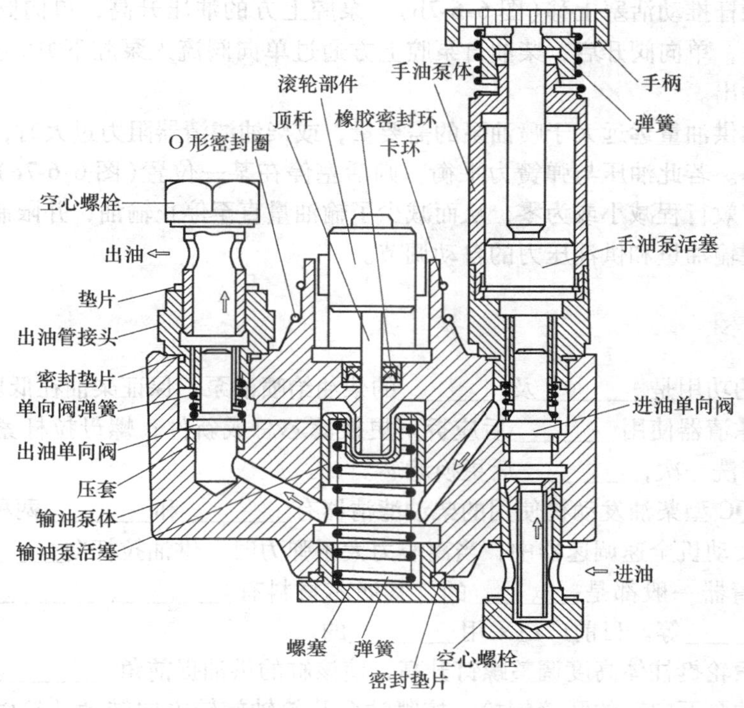

图6-6-6　活塞式输油泵

二、输油泵的工作原理

喷油泵凸轮轴转动时，轴上的偏心轮推动活塞做往复运动。当偏心轮转至最低点位置时，弹簧推动活塞下移(图6-6-7a)，活塞上方泵腔容积增大，产生真空，单向阀被(大气压)打开，柴油便从进油口吸入。与此同时活塞下方的泵腔容积减小，油压增高，单向阀关闭，泵腔下方的柴油从通道经出油口压送到柴油滤清器。当偏心凸轮由最低点转至最高点

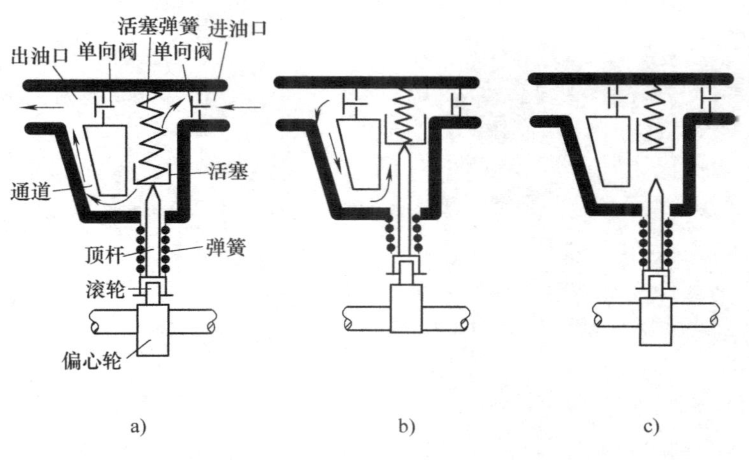

图6-6-7　活塞式输油泵工作原理

a）活塞下移　b）活塞上移　c）活塞停在某一位置时

时，滚轮通过顶杆推动活塞上移(图 6-6-7b)，泵腔上方的油压升高，单向阀关闭，同时泵腔下方产生真空，单向阀开启，柴油自泵腔上方通过单向阀流入泵腔下方。如此循环不断，将柴油吸入和输出。

当输油泵的供油量远远大于喷油泵的需要量，或柴油滤清器阻力过大时，输出油路及泵腔下方油压升高。若此油压与弹簧力平衡，则活塞停在某一位置(图 6-6-7c)不能回到下止点，即活塞的有效行程减小或为零，从而减少了输油量直至停止输油，并限制输油压力的进一步提高，实现输油量和供油压力的自动调节。

思考与练习

1. 输油泵的功用是________及________的柴油给喷油泵，保证柴油在低压油路内循环。

2. 旋装式滤清器使用________后应拆下更换滤芯总成新件；螺母拉杆紧固式滤清器每工作________清洗一次，________后更换滤芯。

3. YC6105QC 型柴油发动机使用的柴油滤清器有________和________两种。

4. 在柴油发动机全速调速器中，当离心力大于弹力时，供油拉杆向________方向移动。

5. 柴油滤清器一般都是________的，其滤芯材料有________、________、________、________及________等。目前广泛采用________的。

6. 喷油泵滚轮挺柱体高度调整螺钉升高，使该缸的供油提前角________。

7. 松开喷油泵万向节的联接螺栓，按喷油泵凸轮轴旋转方向转动凸轮轴，可以使供油提前角________。

单元7 涡轮增压系统

7

教学建议

1. 教学环境：要求在理论实践一体化的专业教室中完成，最好能实现小班制教学。

2. 教材使用：

（1）任务引导——引导文，由学生根据“知识链接”和教师讲解在实训前完成。

（2）任务实施——实训任务，先由教师示范关键步骤，再由学生根据具体步骤完成实训任务，也可以由学生自行探索，教师在组织过程中根据需要进行示范和讲解。

（3）知识链接——必要的理论知识，建议采用多媒体动画教学。

知识目标

1. 熟悉涡轮增压系统的组成和工作原理。

2. 通过完成对涡轮增压器的拆装练习，熟悉涡轮增压器的结构，学会拆装步骤、检测项目和检修方法。

能力目标

1. 正确拆、装涡轮增压器，并熟悉其拆、装注意事项及步骤。

2. 正确检测各零件，并用简单的试验方法检验装配质量。

情感目标

1. 体验安全生产规范，遵守操作规程，感受合作与交流的乐趣。

2. 在项目学习中逐步养成自主学习新知识、新技术的良好习惯。

项目 涡轮增压系统的组成与工作原理

任务要求

1. 熟悉涡轮增压系统的组成和工作原理。

2. 掌握对涡轮增压的要求及其他增压类型。

3. 掌握涡轮增压器的正确拆、装步骤及注意事项。

情境创设

1. 涡轮增压工作室，配备多媒体教学设备。

2. 播放涡轮增压系统的结构和其工作原理视频，为学生营造实训气氛，激发学生的学习兴趣。

3. 教学资料准备：教学用涡轮增压器及其工作原理光盘。

任务实施

一、工作安排

养成合作完成工作任务的习惯，请你将工作分工与完成时间记录在表7-1-1中。

表7-1-1　组员工作分工与完成时间表

姓　名	任务分工	完成时间	备　注

二、涡轮增压器的拆装

1. 拆卸步骤

1）拆开蓄电池负极接线。排放冷却液，拆下空气滤清器。

2）拆下空气流量计与涡轮增压器进气口的夹箍，然后拆下进气导管。盖住空气流量计与涡轮增压器的开口端。

3）松开涡轮增压器与排气软管夹箍以及节气门体进气口与进气软管夹箍。拆下涡轮增压器-节气门体软管，塞住各个开口端。

4）拆下涡轮增压器与中排气软管联接螺母以及连接前排气管与涡轮增压器的螺母。

5）拆开并塞住冷却液管口。

6）拆去固定机油供油管于涡轮增压器的螺栓，拆下连接涡轮增压器与机油回流臂的夹箍，并拆下回流软管。

7）从排气管处拆下涡轮增压器。注意：在拆卸涡轮增压器时，应拆开机油回流软管。

2. 安装步骤

安装过程是拆卸过程的逆操作，在安装前，先用清洁发动机机油注入涡轮增压器。

如有必要，一定换用新密封垫，起动发动机并检查泄漏，如有必要应进行校正。

知识链接

涡轮增压是利用发动机排放废气的能量，冲击装在排气系统中的涡轮，使之高速旋转，同时带动压气机一同旋转，压气机压缩进气，强制地将进气增压后压送到气缸中。由于发动机功率与进气量成正比，因此可提高发动机功率。根据增压方式不同，可分为机械式与涡轮式，前者已被淘汰，现代的增压发动机一般是指涡轮增压发动机。

涡轮增压的英文名字为“Turbo”，通常我们在轿车尾部看到“Turbo”或者“T”，即表明该车采用的发动机是涡轮增压发动机，如奥迪 A6 的 1.8T、帕萨特 1.8T、宝来 1.8T 等。

一、涡轮增压的作用

涡轮增压的主要作用就是提高发动机进气量，从而提高发动机的功率和扭矩，让车子更有劲，可以提高燃油经济性和降低尾气排放。一台发动机装上涡轮增压器后，其最大功率与未装增压器的时候相比可以增加40%甚至更高。这样也就意味着同样一台发动机在经过增压之后能够产生更大的功率。如 1.8T 涡轮增压发动机，经过增压之后，动力可以达到 2.4L 发动机的水平，但是耗油量却比 2.4L 发动机低很多。

在经过了增压之后，发动机在工作时候的压力和温度都大大升高，因此发动机寿命会比同样排量没有经过增压的发动机要短，而且机械性能、润滑性能都会受到影响，这样也在一定程度上限制了涡轮增压技术在发动机上的应用。

二、增压原理

涡轮增压装置其实就是一种空气压缩机（图 7-1-1），通过压缩空气来增加发动机的进气量，通常涡轮增压都是利用发动机排出的废气惯性冲力来推动涡轮室内的涡轮，涡轮又带动同轴的叶轮，叶轮压送由空气滤清器管道送来的空气，使之增压进入气缸。当发动机转速增快时，废气排出速度与涡轮转速也同步增快，叶轮就压缩更多的空气进入气缸，空气的压力和密度增大可以燃烧更多的燃料，相应增加燃料量和调整发动机的转速，就可以增加发动机的输出功率了。

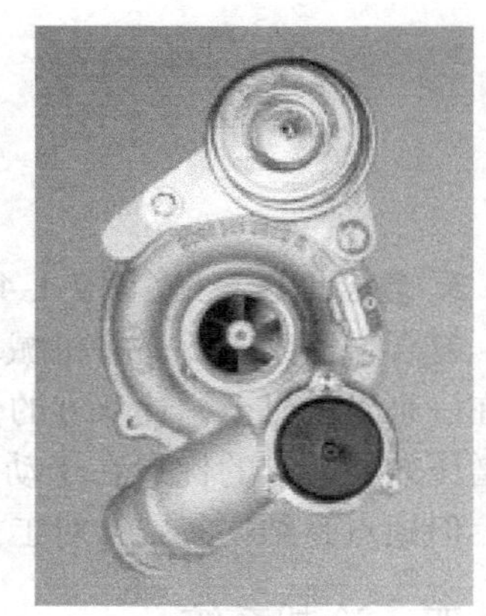

图 7-1-1 涡轮增压装置

涡轮增压装置主要由涡轮室和增压器组成。首先是涡轮室的进气口与发动机排气歧管相连，排气口则接在排气管上；然后增压器的进气口与空气滤清器管道相连，排气口接在进气歧管上；最后涡轮和叶轮分别装在涡轮室和增压器内，二者同轴并刚性连接。

三、其他增压类型

1. 机械增压系统（图 7-1-2）

这个装置安装在发动机上并由传动带与发动机曲轴相连接，从发动机输出轴获得动力来驱动增压器的转子旋转，从而将空气增压吹到进气岐管里。其优点是转子的转速与发动机转速是相对应的，所以它的动力输出没有滞后。但它的缺点同样明显，因为它会消耗一部分发

图 7-1-2 机械增压系统

动机动力，故增压效率不高。

2. 气波增压系统（图 7-1-3）

气波增压系统是利用废气的高压通过一种特殊的旋转小室，靠空气压力波的传播给进气的新鲜空气加压，是一种新型的增压器。这种系统低速增压性能好、加速性好、工况范围大，但尺寸大、笨重且噪声大。

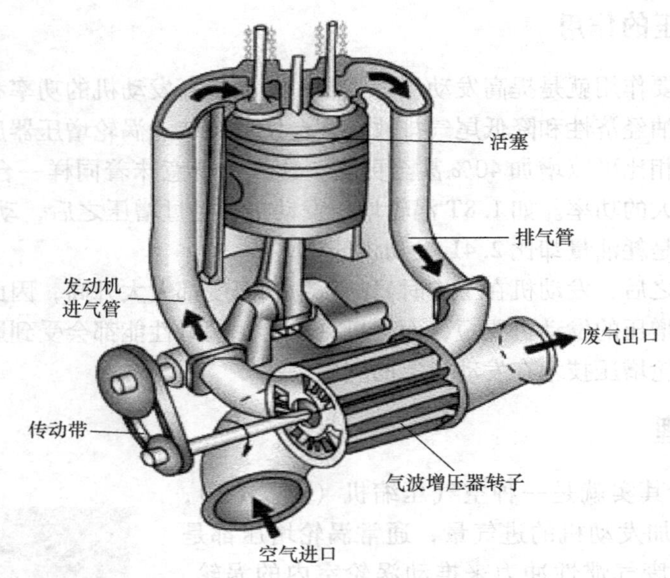

图 7-1-3　气波增压系统

3. 复合增压系统（图 7-1-4）

复合增压系统就是将机械增压和涡轮增压两套系统集合在一个发动机上，让双方的优缺点相互补充，达到更好的增压效果。它的优点在于动力输出更大、油耗低、噪声小，但缺点是结构复杂，对工艺要求高。

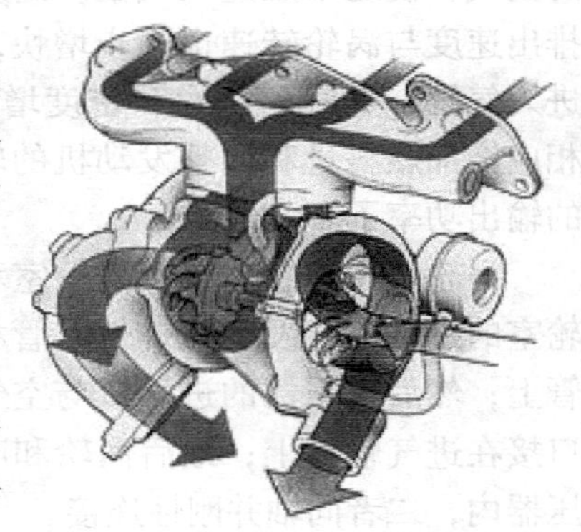

图 7-1-4　复合增压系统

四、冷却系统

中冷器是增压系统的一部分。当空气被高比例压缩后会产生很高的热量，导致空气膨胀密度降低，而同时也会使发动机温度过高造成损坏。为了得到更高的容积效率，需要在注入气缸之前对高温空气进行冷却。按它的位置不同大致分为三种。

（1）前置　这是为高增压发动机设计的，目的是为了在高速行车时利用更强的空气流动为中冷器的压缩空气降温，提高压缩空气含氧量，而具体位置是在保险杠后端下端，散热器前端。

（2）侧置　这是为了低增压比发动机设计的，因为经过低增压比涡轮增压后的压缩空气温度较高增压比时低，不需要大型中冷器为其降温，所以可以更有效地减小其在发动机室内占用的空间。

（3）顶置　这是拉力赛车惯用的安装位置，目的是避免赛车高速行驶在杂草丛生的荒野地带中中冷器被飞来的石子、树枝等扎穿而产生更大的麻烦。这类车型发动机盖上一般都设有进气孔。

五、涡轮增压工作原理简图（图7-1-5）

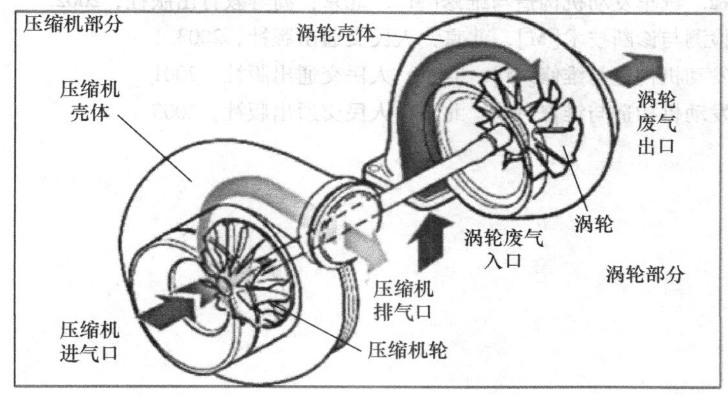

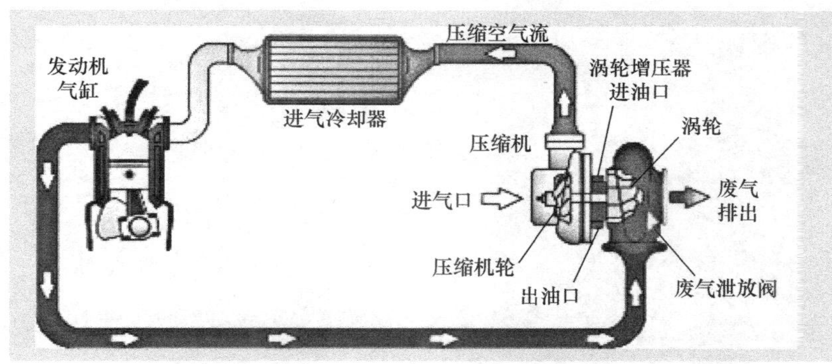

图7-1-5　涡轮增压工作原理简图

思考与练习

1. 安装涡轮增压以后会不会对车辆有什么损害呢？
2. 涡轮增压会增加车辆的故障率吗？
3. 安装涡轮增压以后对机油有什么要求吗？
4. 安装涡轮增压后还有什么注意事项呢？

参考文献

[1] 陈家瑞. 汽车构造：上册[M]. 5版. 北京：人民交通出版社，2006.

[2] 张西振. 汽车发动机构造与维修[M]. 北京：机械工业出版社，2005.

[3] 蔡兴旺，付晓光. 汽车构造与原理实训[M]. 机械工业出版社，2006.

[4] 杨成可，孔宪峰. 汽车发动机构造与维修[M]. 北京：高等教育出版社，2002.

[5] 张建俊. 汽车检测与诊断技术[M]. 北京：人民交通出版社，2003.

[6] 陈文华. 汽车发动机构造与维修[M]. 北京：人民交通出版社，2001.

[7] 汤定国. 汽车发动机构造与维修[M]. 北京：人民交通出版社，2003.